清华法律评论

TSING

第十卷　第一辑

《清华法律评论》编委会　编

法律出版社 LAW PRESS · CHINA

清華大學法學院

TSINGHUA UNIVERSITY SCHOOL OF LAW

1·29

清华法律评论

TSINGHUA LAW REVIEW

第十卷　第一辑

《清华法律评论》编委会　编

法律出版社 LAW PRESS · CHINA

目 录

清华法律评论(第十卷第一辑)
第 1 ~4 页

卷首语

一、疑惑与探索

法律总是滞后于时代发展,而法学研究不可不引导发展方向。20 世纪的“法与社会”研究运动强调关注社会现实,解决现实问题,促进法律制度与社会秩序的变革。其中以诺内特与塞尔兹尼克为代表的伯克利学派在《转变中的法律与社会:迈向回应型法》中提出了法律与政治秩序和社会秩序的关系的不同范式类型,指出从崇尚政治权威的“压制型法”到强调程序正当的“自治型法”,再到关注规则内在价值和实体正义的“回应型法”的法律发展进程。[①] 迈向“回应型法”的主张成为法治发展的新理想,一经引介即在我国法学界引起热议。经过四十余年,“回应型法”的主张历久弥新。法律发展的根基在于社会发展,而社会的进步、民生福祉的增进也依赖法律的变革。当下人工智能、大数据、公共卫生治理体系等带来巨大的社会变迁,尤其是 2020 年新冠肺炎疫情的暴发,给现行法制带来诸多的挑战和冲击,同时也向法律学人提出了诸多新问题。为此,《清华法律评论》第十卷第一辑以“疫情防控与

① 参见[美]诺内特、[美]塞尔兹尼克:《转变中的法律与社会:迈向回应型法》,张志铭译,中国政法大学出版社 1994 年版。

法律回应”为专题,结合备受学界关注的其他问题,精心甄选13篇佳作刊发,着重回应当下的热点问题。

二、论文摘要

“疫情防控与法律回应”专题栏目共有6篇文章,其中4篇论文,1篇笔谈,1篇随笔。王晨光教授的《以问题探讨为导向　以制度建构为目的——〈传染病防治法〉修订的路径建议》从现行传染病防控法律的文本体系和现行制度运行两个角度对《传染病防治法》进行了深入的梳理和分析,提出“明确具有相关决策权的主体和程序”等六项主要修法建议。周光权教授的《疫情防控与刑事司法政策的尺度》通过对疫情防控期间刑事司法政策的回顾和检视,肯定了在疫情防控期间刑事司法政策总体上的合理性,但也指出了其中存在的部分问题,并就存在的问题给出了行之有效的解决方案。劳东燕教授的《疫情防控中个人信息的刑法保护》指出,疫情防控中信息技术的广泛运用,在给疫情防控提供助力的同时,对个人信息的法律保护带来的巨大挑战也值得警惕,应避免对疫情风险进行过度控制与预防,从而造成对公民个人信息权的不当侵害。陈杭平副教授等人的《论“善意执行”的内涵——以应对新冠疫情为切入点》指出,在新冠肺炎疫情时期,“善意执行”理念在实务中存在被误解、误用现象,应将其分解为“一个重心、一项核心原则、一种利益平衡方法”,阐释各构成要素的内容。高其才教授的《重大突发公共卫生事件对城乡基层社会治理的挑战》认为,城乡基层社会治理是防控新冠肺炎疫情的基础,是重大突发公共卫生事件应急管理的关键;依法进行城乡基层社会治理是防控疫情的根本。陈云良教授的《湘雅、协和为什么是教会创办的——兼论医疗卫生的公益性》通过对湘雅、协和医院创办的历史考察,总结了我国防控新冠肺炎疫情取得巨大成功的原因——“正是因为我们坚持疫情防控的公共性,国家履行了积极义务,保障患者都能及时得到救治,有效控制了疫情的传播”。上述文章对当下疫情的常态化防控提供了有益思路,值得理论界以及实务界的重视与参考。

“评论”栏目共有4篇论文。黎宏教授的《论中国受贿罪中的“为他人谋取利益”》通过对“为他人谋取利益”要件的历史沿革的考察以及不同学说的评析,认为不管是将"为他人谋取利益"作为犯罪成立的客观要件还是主观要件,将履职时未被请托,事先也没有约定,但事后基于该履职事由收受他人财物的行为一概认定为受贿罪,无论如何都有违反罪刑法定原则的嫌疑。李冠煜副教授的《客观归责论的理性反思》对客观归责论在不同层面都进行了批判性思考,认为我国刑法在维持现行犯罪论体系的前提下,不应全面借鉴德国刑法学中的客观归责论。刘东辉博士的《强制盈余分配的类型化研究——以〈公司法司法解释(四)〉第 15 条为基础》认为,盈余分配涉及公司自治原则与禁止权利滥用原则、股东平等原则之间的冲突与平衡,应该借鉴动态体系论的方法,综合考量控股股东的过错程度、小股东利益受侵害的程度、公司分配股利的财务能力等要素。赵丽君博士的《我国行政主体职权法定的法定机构模式》主要研究了简政放权原则指导下的权力下放问题,为行政主体理论的重构、行政主体职权法定提供了一种新的论证途径。

"实务研讨"栏目有 2 篇论文,均对实务处理相关问题有重要的参考意义。吕翰岳博士的《受强迫行为中刑事责任的认定——章某某受迫杀人案鉴定式分析》通过对具体案件的鉴定式案例分析完整地展示了鉴定式案例分析的撰写方法。陈文涛博士的《虚假诉讼"关联犯罪"的教义学展开及实务检讨》立足于近年来在实务中关于虚假诉讼"关联犯罪"的判决,以类型化的方式将虚假诉讼"关联犯罪"的主要事实类型明确化。

"调查报告"栏目的《大图之谓——中国法学院藏书情况调查》是由金文璇、赵曜、张碧珊、关雯月等人合作完成的。该文为衡量一个大学法学院的实力提供了一个不太被注意的侧面——图书馆的藏书情况。文章提出,大学不仅要有"大楼"与"大师"之谓,也应当有"大图"之谓,揭示了衡量法学院实力的一个创新标尺,为老师和学生了解法学院校提供了另一可能的视角。

三、致谢

《清华法律评论》创办十多年来,在学术影响力、社会影响力上取得了较好的成绩,已发展为独具特色的学术刊物。有赖于申卫星院长、龙俊老师等学院领导、老师们的厚爱和热心扶助,《清华法律评论》才能肩负新时代的使命,在 2020 年重新扬帆起航。在本辑组稿过程中,我们收到了广大学者的诸多投稿以及王晨光老师、高其才老师、黎宏老师、周光权老师、劳东燕老师、陈杭平老师、陈云良老师等慷慨赐稿。本辑的审稿、校对等工作倾注了编委会同仁的诸多心血与付出。此外,本辑的出版也离不开法律出版社高山老师、曲杰老师的有益建议和辛勤编辑。在此,谨向诸位表示衷心的感谢,也期盼诸君能继续关照成长中的《清华法律评论》! 身处改革永无止境的时代,中国法学要走向何种意义的法律现代化仍需学人不倦探索。《清华法律评论》希冀以自己微薄之力,继续在这"你来之前悠悠岁月已逝,未来数千年在静默中等待"的探索中撑起一方天地。

编者　谨识

2020 年 5 月 1 日

【专　题】

疫情防控与法律回应

清华法律评论(第十卷第一辑)
第3～22页

以问题探讨为导向　以制度建构为目的

——《传染病防治法》修订的路径建议

王晨光*

目　次

摘　要　新冠肺炎疫情是中华人民共和国成立以来面临的最严峻的公共卫生事件,是对我国公共卫生法律体系,尤其是对传染病防控法律体系的最大挑战,也是对我国国家治理体系和治理能力的考验。作为防控传染病疫情最主要的法律,《传染病防治法》既提供了较为全面的法律支撑,又暴露出来一些自身的短板和弱项。因此,修订该法已成为社会共识。修订法律必须有明确的修法路径指引。本文从对现行传染病防控法律的文本体系和现行制度运行两个角度对《传染病防治法》进行深入的梳理和分析,以发现问题为导向,以建构制度为目的,意图通

*　清华大学法学院教授,博士生导师。

过修订法律,建构更加完善的制度体系;并在这种梳理和分析基础上,进一步提出对现行法律进行修订的主要建议。

关键词 突发公共卫生事件;传染病防控;法律文本体系;制度运行

此次新冠肺炎疫情是中华人民共和国成立以来面临的最严峻的公共卫生事件,也是对我国公共卫生法律体系,尤其是对传染病防控法律体系的最大挑战,更"是对国家治理体系和治理能力的一次大考"①。习近平总书记指出,疫情防控"既要立足当前,科学精准打赢疫情防控阻击战,更要放眼长远,总结经验、吸取教训,针对这次疫情暴露出来的短板和不足,抓紧补短板、堵漏洞、强弱项,该坚持的坚持,该完善的完善,该建立的建立,该落实的落实,完善重大疫情防控体制机制,健全国家公共卫生应急管理体系"②。通过对新冠肺炎疫情的成功防控,我们取得了宝贵的经验,同时也需要认真反思现有传染病防控法律体系的弱项、短板和缺项。只有在发现和反思现有体系中的弱项、短板和缺项的基础上,才能够通过修订《传染病防治法》,强化弱项,修复短板,补全缺项,全面加强和完善传染病防控法律体系。

一、修订《传染病防治法》的整体思路

任何法律的制定和修订都源自其深层的社会背景和动因。因此,制定或修订一部好的法律,就必须洞悉深层的社会背景,厘清背后的动因。

现行《传染病防治法》是经过1989年制定、2004年修订、2013年修正的一部应对传染病疫情的特别法,是我国应对突发事件,尤其是应对公共卫生突发事件法律体系中的一部极为重要的法律。在吸取2003年"非典"疫情经验教训的基础上③,其内容更加丰富,在应对此次突发新冠肺炎疫情中发挥了积极作用。但是,在这次疫情防控中,它也暴露出来不少自身的问题,遭受了

---

① 习近平:《2020年2月14日在中央全面深化改革委员会第十二次会议上的讲话》,载中华人民共和国中央人民政府网,http://www.gov.cn/xinwen/2020-02/29/content_5484903.htm。

② 习近平:《2020年2月14日在中央全面深化改革委员会第十二次会议上的讲话》,载中华人民共和国中央人民政府网,http://www.gov.cn/xinwen/2020-02/29/content_5484903.htm。

③ 高强:《关于〈中华人民共和国传染病防治法(修订草案)〉的说明》,载中国人大网,http://www.npc.gov.cn/zgrdw/npc/ztxw/crbfz/2004-04/30/content_1804038.htm。

很多质疑和批评。在疫情过后的适当时机及时修订该法也成为一种社会共识。

法律修订,必须有清晰的路径指引。什么是恰当可行的路径指引呢?"头疼医头,脚疼医脚",当然是一种应急的方法,但却缺乏顶层设计的高瞻远瞩,难以有清晰的修法路径。法律修订不是简单的文字修法,更不是概念的更新和修饰。法律的背后是制度,每一个条文,甚至每一个概念和每一个表述都会作用到现实的制度上。因此,立法必须有明确的制度蓝本及通过立法和修法要建立和实施的具体制度和机制设想,而且要进一步把这些制度和机制相互衔接起来,形成一套完备的制度体系。

就制度体系而言,突发传染病疫情是突发公共卫生事件中的一类,而突发公共卫生事件又是突发事件中的一个类别。因此对现行《传染病防治法》的修订,必须从我国传染病防控法律体系的全局着眼去考察。

构成我国传染病防控法律体系的法律主要有三部,即《突发事件应对法》、《传染病防治法》和《国境卫生检疫法》;两部行政法规,即《突发公共卫生事件应急条例》和《国境卫生检疫法实施细则》;多部部门规章,包括《传染病防治法实施办法》《突发公共卫生事件与传染病疫情监测信息报告管理办法》等,以及国务院《突发事件应急预案管理办法》《突发事件公共卫生风险评估管理办法》及原卫生部《全国不明原因肺炎病例监测、排查和管理方案》等规范性文件。其中《传染病防治法》是应对传染病疫情最主要的特别法。

上述法律法规等构成了较为完备的突发传染病疫情应对的基本法律框架。虽然从整体上看,法律框架比较完备,但是这些法律法规制定于或修订于不同的时期,有其特定的社会背景和针对性,因此这些法律文本用语、程序及具体机制都有一些不同。这些不同导致此次疫情防控中,出现了一些法律适用上的不一致,以致在实施中产生混乱。

另外,从本次疫情防控的实践看,这些法律法规在某种程度上缺乏具体程序和机制规定,较为粗泛,从而导致在实践中缺乏可操作性。有一些制度存在明显的短板,制度设计得不严谨导致在实施中捉襟见肘,甚至无所适从。还有一些制度虽然在法律上规定了,在实践中却无人问津,导致制度失灵。因此从制度运行角度看,现行《传染病防治法》设计和建立的种种制度,在运行中都暴露出一定的缺陷,存在制度弱项、短板和空缺。

可见,现行传染病防控法律体系虽然较为完备,但还远远谈不上完善和健全。

当代社会是一个具有与中世纪社会风险不同性质风险的社会。[④] 防范风险也是国家治理体系和治理能力现代化的一个重要方面。从此次新冠肺炎疫情防控中总结经验和吸取教训,进一步完善传染病防控法律体系和制度体系,也是进一步完善国家治理体系、提升国家治理能力的必要之举。

修订《传染病防治法》可以从不同的角度梳理出不同的路径指引。例如,从文本体系、制度运行、传染病全周期防控模型、重大制度建构、国际应急体系比较、应急权与个人权利间的紧张关系、在实践中暴露的重大问题等不同角度,可以有不同的修法路径指引。限于篇幅,本文仅从现行法律文本体系和现行制度运行的角度,梳理现行《传染病防治法》的一些短板和缺陷,意在从这两个角度为修法提供路径指引。具体而言,本文不采取具体条文修改的老路,而是以发现和探讨现行制度问题为导向,以进一步完善现行传染病防控体系和制度为目的。方法上,通过把抽象的制度框架和理想模型与我国现行传染病防控体系及其运行相结合,从宏观到制度,再到制度运行,探寻现行制度问题,然后按照法治理论和理想制度模式修改和完善现行法律文本,并通过修订草案,建立更完善的传染病防控体系、制度和机制。

二、对现有传染病防控法律体系的文本审视

如前所述,从文本体系上看,现有传染病防控法律体系存在诸多问题。造成这种局面的最主要原因就是《突发事件应对法》《传染病防治法》《国境卫生检疫法》等法律法规制定的时期、要解决的问题和要实现的目的有所不同,从而导致这些法律法规相互间并不完全匹配,缺乏整体性,相互间关系不甚清楚,一些概念、主体和程序也不完全一致。

概括而言,存在如下几方面的不一致。而这些不同是我们在下一步修订《传染病防治法》和相关法律法规时,应当着重给予关注的要点问题。

(一)立法背景和目的略有不同

《突发事件应对法》制定于 2007 年 8 月,其目的是“预防和减少突发事件

---

④ 参见[德]乌尔里希·贝克:《风险社会》,何博闻译,译林出版社 2004 年版,第 6 ~ 9 页。

的发生……维护国家安全、公共安全、环境安全和社会秩序”⑤。《传染病防治法》制定于1989年,修订于2004年,2013年做了进一步修正,其目的是“预防、控制和消除传染病的发生与流行,保障人体健康和公共卫生”⑥。《国境卫生检疫法》制定于1986年,修正于2007年12月,并于2009年、2018年进行第二次、第三次修正,其目的是“防止传染病由国外传入或者由国内传出”⑦。

《传染病防治法》是专门针对传染病防治而制定的特别法,制定的时间也早于《突发事件应对法》;而《突发事件应对法》则是针对更广泛的国家、公共安全、环境安全和社会秩序制定的一般法,其制定的时间却晚于作为特别法的《传染病防治法》。两个法律的位阶相同,如果二者规定不一致,传染病防控是适用特别法还是适用新法就成为一个难题。

《国境卫生检疫法》仅适用于国境卫生检疫,为了与国际上通行做法保持一致,对标《国际卫生条例》而制定,显然是特别法。此次疫情防控经历了国内集中暴发到国内趋于平缓而国外疫情蔓延的过程,因此在适用《传染病防治法》之后,《国境卫生检疫法》又成为主要适用的法律。但是《国境卫生检疫法》的某些规定与《传染病防治法》的类似规定有所不同,从而引发了对入境人员采取的防控措施不衔接的问题。

(二)信息主管和收集主体略有不同

《突发事件应对法》把突发事件信息系统纳入国务院和各级人民政府的事权范围,明确规定“县级以上地方各级人民政府应当建立或者确定本地区统一的突发事件信息系统”⑧,“通过多种途径收集突发事件信息”⑨,“获悉突发事件信息的公民、法人或者其他组织,应当立即向所在地人民政府、有关主管部门或者指定的专业机构报告”⑩,并“在居民委员会、村民委员会和有关单位建立专职或者兼职信息报告员制度”⑪。《传染病防治法》则把传染病信息收集和预警纳入卫生行政部门的事权范围,更加重视专业机构的信息收

⑤ 《突发事件应对法》第1条。
⑥ 《传染病防治法》第1条。
⑦ 《国境卫生检疫法》第1条。
⑧ 《突发事件应对法》第37条第2款。
⑨ 《突发事件应对法》第38条第1款。
⑩ 《突发事件应对法》第38条第3款。
⑪ 《突发事件应对法》第38条第2款。

集，规定“疾病预防控制机构、医疗机构和采供血机构及其执行职务的人员发现本法规定的传染病疫情”⑫，“任何单位和个人发现传染病病人或者疑似传染病病人时，应当及时向附近的疾病预防控制机构或者医疗机构报告”⑬。原国家卫计委颁布的《突发公共卫生事件与传染病疫情监测信息报告管理办法》也进一步明确，“国务院卫生行政部门对全国突发公共卫生事件与传染病疫情监测信息报告实施统一监督管理。县级以上地方卫生行政部门对本行政区域突发公共卫生事件与传染病疫情监测信息报告实施监督管理”⑭。

（三）信息报告程序略有不同

由于信息主管部门不同，报告程序也就有所不同。《突发事件应对法》规定“专业机构、监测网点和信息报告员应当及时向所在地人民政府及其有关主管部门报告突发事件信息”，“地方各级人民政府应当按照国家有关规定向上级人民政府报送突发事件信息”⑮。《传染病防治法》则规定了向同级人民政府和上级卫生主管部门双渠道报告的制度，即“应当遵循疫情报告属地管理原则，按照国务院规定的或者国务院卫生行政部门规定的内容、程序、方式和时限报告”⑯；疾病预防控制机构“接到甲类、乙类传染病疫情报告或者发现传染病暴发、流行时，应当立即报告当地卫生行政部门，由当地卫生行政部门立即报告当地人民政府，同时报告上级卫生行政部门和国务院卫生行政部门”⑰。《突发公共卫生事件应急条例》进一步详细规定了突发公共卫生事件应急报告由医疗机构和有关部门向所在地县级卫生行政部门报告，县级卫生行政部门应向同级人民政府和上级卫生行政部门及国务院卫生行政部门进行双渠道报告的程序。⑱

（四）对信息研判和评估的程序不同

《突发事件应对法》第40条规定，“县级以上地方各级人民政府应当及时汇总分析突发事件隐患和预警信息，必要时组织相关部门、专业技术人员、专家学者进行会商，对发生突发事件的可能性及其可能造成的影响进行评估；

---

⑫ 《传染病防治法》第30条。

⑬ 《传染病防治法》第31条。

⑭ 《突发公共卫生事件与传染病疫情监测信息报告管理办法》第4条。

⑮ 《突发事件应对法》第39条第1款。

⑯ 《传染病防治法》第30条。

⑰ 《传染病防治法》第33条。

⑱ 参见《突发公共卫生事件应急条例》第20条。

认为可能发生重大或者特别重大突发事件的，应当立即向上级人民政府报告”⑲。《突发公共卫生事件应急条例》规定“突发事件发生后，卫生行政主管部门应当组织专家对突发事件进行综合评估，初步判断突发事件的类型，提出是否启动突发事件应急预案的建议”⑳。但是《传染病防治法》并没有规定组织专家进行会商或评估的程序，只规定了疾控机构具有分析职责和政府防控预案应包括分析制度㉑。这是该法中的一个缺项。

（五）信息发布的规定有所不同

《突发事件应对法》规定：“履行统一领导职责或者组织处置突发事件的人民政府，应当按照有关规定统一、准确、及时发布有关突发事件事态发展和应急处置工作的信息。”㉒在发布预警后，县级以上地方人民政府“定时向社会发布与公众有关的突发事件预测信息和分析评估结果”㉓。《传染病防治法》的规定是“国务院卫生行政部门定期公布全国传染病疫情信息”，“省、自治区、直辖市人民政府卫生行政部门定期公布本行政区域的传染病疫情信息”，“传染病暴发、流行时，国务院卫生行政部门负责向社会公布传染病疫情信息，并可以授权省、自治区、直辖市人民政府卫生行政部门向社会公布本行政区域的传染病疫情信息”㉔。前者规定的是各级人民政府有权公布，而后者则规定国务院和省级卫生行政部门有权公布。在此次疫情防控中，有关地方人民政府未及时公布疫情信息，导致公众普遍不满。这一教训应当在今后修法中给予充分注意，应当统一和完善信息公布制度。

（六）预警机制的规定不同

《突发事件应对法》明确规定“国家建立健全突发事件预警制度”，并划分了四级预警，在“可以预警的……公共卫生事件即将发生或者发生的可能性增大时，县级以上地方各级人民政府应当根据有关法律、行政法规和国务院规定的权限和程序，发布相应级别的警报，决定并宣布有关地区进入预警期，同时向上一级人民政府报告，必要时可以越级上报”㉕。《突发公共卫生

⑲ 《突发事件应对法》第40条。
⑳ 《突发公共卫生事件应急条例》第26条。
㉑ 参见《传染病防治法》第18条第1款第2项。
㉒ 《突发事件应对法》第53条。
㉓ 《突发事件应对法》第44条第4项。
㉔ 《传染病防治法》第38条第2款、第3款。
㉕ 《突发事件应对法》第43条。

事件应急条例》规定,“国家建立统一的突发事件预防控制体系。县级以上地方人民政府应当建立和完善突发事件监测与预警系统。县级以上各级人民政府卫生行政主管部门,应当指定机构负责开展突发事件的日常监测,并确保监测与预警系统的正常运行”㉖。但是,《传染病防治法》第19条规定“国务院卫生行政部门和省、自治区、直辖市人民政府根据传染病发生、流行趋势的预测,及时发出传染病预警,根据情况予以公布”㉗与《突发事件应对法》不同,发布预警的权力在国务院卫生行政部门和省级人民政府。这里就出现了明显的不同,即《突发事件应对法》规定县级以上人民政府可以发布预警,而《传染病防治法》则规定国务院卫生行政部门和省级人民政府有权发布传染病预警。

无论是“非典”还是此次新冠肺炎疫情,预警机制从来没有被启用。尽管有在疫情初期对于病毒及其传染渠道不了解从而无法判断的客观原因,但是预警机制恰恰是应对这种突发原因不明的传染病的有效手段。预警机制虽存在却被束之高阁,实属遗憾。

(七)应急机制启动的主体和程序不同

由于发布预警的主体和程序不同,应急机制启动的主体和程序也就不同。《突发事件应对法》规定,在发布预警后,“县级以上地方各级人民政府应当根据即将发生的突发事件的特点和可能造成的危害”㉘采取措施,第一项就是“启动应急预案”㉙。《突发公共卫生事件应急条例》规定:卫生行政主管部门在专家综合评估后,“初步判断突发事件的类型,提出是否启动突发事件应急预案的建议”㉚。“启动全国突发事件应急预案,由国务院卫生行政主管部门报国务院批准后实施”,启动省级应急预案,“由省、自治区、直辖市人民政府决定,并向国务院报告”㉛。《传染病防治法》并没有明确规定启动应急预案的程序,仅规定:“地方人民政府和疾病预防控制机构接到国务院卫生行政部门或者省、自治区、直辖市人民政府发出的传染病预警后,应当按照传染病

㉖ 《突发公共卫生事件应急条例》第14条。
㉗ 《传染病防治法》第19条。
㉘ 《突发事件应对法》第44条。
㉙ 《突发事件应对法》第44条第1项。
㉚ 《突发公共卫生事件应急条例》第26条。
㉛ 《突发公共卫生事件应急条例》第27条。

预防、控制预案，采取相应的预防、控制措施。”㉜这就表明，必须要在国务院卫生行政部门或省级人民政府发出预警后，地方人民政府才能启动预案，进入应急状态。

《突发事件应对法》采用“宣布突发事件的命令、决定”“启动应急预案”的表述，而《传染病防治法》则采用“按照预案”“采取相应措施”的表述，并没有启动预案的规定。现有法律法规都缺少一个明确宣布进入应急状态的程序规定，且用语不统一，导致其可操作性不强，使得决策部门在应急情况下无法找到清晰的法律路线图，出现某些手足无措的现象。此现象的出现与立法粗泛不无关系。

（八）应急措施的规定有所不同

《突发事件应对法》规定，在发布一、二级预警后，县级以上地方人民政府可以“关闭或者限制使用易受突发事件危害的场所，控制或者限制容易导致危害扩大的公共场所的活动”，采用“法律、法规、规章规定的其他必要的防范性、保护性措施”㉝。在公共卫生事件发生后，履行统一领导职责的人民政府可以“封锁危险场所，划定警戒区，实行交通管制以及其他控制措施”，“禁止或者限制使用有关设备、设施，关闭或者限制使用有关场所，中止人员密集的活动或者可能导致危害扩大的生产经营活动以及采取其他保护措施”；在发生危害社会安全的事件时，可以“封锁有关场所、道路，查验现场人员的身份证件，限制有关公共场所内的活动”以及采取“法律、行政法规和国务院规定的其他必要措施”㉞。

《传染病防治法》规定传染病暴发流行时，县级以上地方人民政府应当“按照预防、控制预案进行防治，切断传染病的传播途径，必要时，报经上一级人民政府决定，可以采取下列紧急措施并予以公告：（一）限制或者停止集市、影剧院演出或者其他人群聚集的活动；（二）停工、停业、停课；（三）封闭或者封存被传染病病原体污染的公共饮用水源、食品以及相关物品；（四）控制或者扑杀染疫野生动物、家畜家禽；（五）封闭可能造成传染

㉜ 《传染病防治法》第20条。

㉝ 《突发事件应对法》第45条第7项、第8项。

㉞ 《突发事件应对法》第49条第1款第2项、第4项，第50条第1款第3项、第5项。

病扩散的场所”[35]。

(九)划定“危险区域”或“疫区”及相应措施

《突发事件应对法》规定:县级以上地方人民政府“应当对本行政区域内容易引发……公共卫生事件的危险源、危险区域进行调查、登记、风险评估,定期进行检查、监控,并责令有关单位采取安全防范措施”。依法“登记的危险源、危险区域,应当按照国家规定及时向社会公布”[36]。《传染病防治法》则根据防控疫情的客观规律,规定了疫区的划定和对策。在“甲类、乙类传染病暴发、流行时,县级以上地方人民政府报经上一级人民政府决定,可以宣布本行政区域部分或者全部为疫区;国务院可以决定并宣布跨省、自治区、直辖市的疫区”,省级“人民政府可以决定对本行政区域内的甲类传染病疫区实施封锁”,国务院决定“封锁大、中城市的疫区或者封锁跨省、自治区、直辖市的疫区,以及封锁疫区导致中断干线交通或者封锁国境”[37]。较为遗憾的是,此次疫情防控中并没有采用划分疫区的措施。

最有效的切断新冠病毒传播渠道的办法是“封城”,但是现有法律中并没有“封城”这样一个应急措施。《传染病防治法》规定,只有在宣布了疫区后,国务院和省级人民政府才可以对疫区进行封锁。尽管《突发事件应对法》规定县级以上人民政府也可以登记并公布危险区域,但并没有规定对于危险区域可以采用何种措施。如果没有宣布危险区域或疫区,该法规定的应对措施只有“封锁危险场所,划定警戒区,实行交通管制”,“关闭或者限制使用有关场所”[38],在发生危害社会安全的事件时,可以“封锁有关场所、道路”[39]。《传染病防治法》规定的措施包括“封闭可能造成传染病扩散的场所”[40]。可见,两部法律都没有直接授权采取“封城”措施。但是,如果综合运用上述法律规定的应急措施,通过封锁场所道路,也可以达到切断病毒传染渠道的效果。事实证明了这种措施的有效性,因而也被多国效仿。

---

[35] 《传染病防治法》第 42 条。在现实中,地方政府在防疫期间采取了封闭公共交通,在公共场所必须佩戴口罩,如实向社区报告个人健康状况,暂时关闭影院、剧场、体育馆等公共场所,甚至停工停产等措施。

[36] 《突发事件应对法》第 20 条。

[37] 《传染病防治法》第 43 条。

[38] 《突发事件应对法》第 49 条第 2 项、第 4 项。

[39] 《突发事件应对法》第 50 条第 1 款第 3 项。

[40] 《传染病防治法》第 42 条第 1 款第 5 项。

(十)防控措施相对人的概念略有不同

《突发事件应对法》并没有对应急措施相对人做具体界定。《突发公共卫生事件应急条例》使用了"病人"、"疑似病人"和"传染病病人密切接触者"的概念,规定他们为"需要接受隔离治疗、医学观察措施的"相对人。[41] 并具体规定"对传染病病人和疑似传染病病人,应当采取就地隔离、就地观察、就地治疗的措施"[42],对"密切接触者采取医学观察措施"[43]。

《传染病防治法》使用的概念为:"传染病病人""疑似传染病病人""病原携带者",并对这些概念进行了界定。[44]

《国境卫生检疫法》把传染病分为两大类:一类是检疫传染病(包括鼠疫、霍乱、黄热病以及国务院确定和公布的其他传染病);另一类是监测传染病(国务院卫生行政部门确定和公布的传染病)。针对检疫传染病使用了"检疫传染病染疫人"和"检疫传染病染疫嫌疑人"的概念,并进一步规定对检疫传染病染疫人要将其隔离,对检疫传染病染疫嫌疑人应当将其留验。[45] 针对监测传染病使用了"患有监测传染病的人"、"来自国外监测传染病流行区的人"或者"与监测传染病人密切接触的人"的概念,并具体规定"国境卫生检疫机关应当区别情况,发给就诊方便卡,实施留验或者采取其他预防、控制措施,并及时通知当地卫生行政部门"[46]。

《国境卫生检疫法实施细则》不仅使用了"传染病病人""疑似病人""密切接触人员"的概念,[47]还使用了"染疫人"和"染疫嫌疑人"的概念,并进行了具体界定。"染疫人"指"正在患检疫传染病"或者"认为已经感染检疫传染病或者已经处于检疫传染病潜伏期的人";"染疫嫌疑人"指接触过检疫传染病的感染环境并可能传播检疫传染病的人。[48]

与《传染病防治法》对比,《国境卫生检疫法》规定的"染疫嫌疑人"包括的范围更广泛,不仅包括疑似病人,而且也包括密切接触者。但是两部法律

---

[41] 参见《突发公共卫生事件应急条例》第44条。
[42] 《突发公共卫生事件应急条例》第41条。
[43] 《突发公共卫生事件应急条例》第39条第3款。
[44] 参见《传染病防治法》第16条。
[45] 参见《国境卫生检疫法》第12条。
[46] 《国境卫生检疫法》第17条。
[47] 参见《国境卫生检疫法实施细则》第98条第9项。
[48] 参见《国境卫生检疫法实施细则》第2条。

和法规都没有对“密切接触者”进行法律上的界定。

(十一)现行法律法规的协调统一问题

由于多部法律、法规和规章都适用于传染病防控,在重大传染病疫情突发时,人们必然在这些法律法规中寻找法律指引,而这些法律法规的具体条文用语略有不同,程序也存在模糊之处,造成不同地域的政府和决策者乃至民众忙于从这些繁杂的条文中寻求答案,但或难以找到清晰的路径,或各取所需。

从上述对国家法律文本的梳理中可见,虽然它们的法律位阶相同,但又具有一般法与特别法、新法与旧法的区别,二者存在的不一致之处相互抵触,因此在适用时孰高孰低,无以定论;再加上法规和规章,使本应上下分明、左右有序的法律体系显得杂乱无序,不利于在应急状态下捋出清晰的法律思路。因此在修订《传染病防治法》时,应当有更高站位,解决其中的不同规定,捋顺这些法律、法规和规章之间的关系,建构统一的传染病防控法律体系。

它们之间的逻辑关系应当是:《突发事件应对法》是规范包括突发公共卫生事件在内的所有突发事件的框架性法律,《传染病防治法》是专门规范应对传染病疫情的特别法,《国境卫生检疫法》则是专门在出入境领域的传染病防控特别法;两部相应的法规和众多规章则是前三部法律的具体实施细则和办法。鉴于突发传染病已经对公众健康和社会经济发展构成了最主要的威胁,除了要抓紧全面修订《传染病防治法》以外,还要对《突发事件应对法》《国境卫生检疫法》和相关的诸如《野生动物保护法》等法律,以及其他相关的行政法规和规章作出相应的修改。还应修订早就过时的原卫生部制定的《传染病防治法实施办法》,将其升格为国务院制定的行政法规。

三、从制度运行看传染病防控法律体系的问题

现行法律法规不仅在文本上存在上述诸多不一致或矛盾的问题,从制度运行角度,尤其是从此次新冠肺炎疫情防控制度运行的角度看,还存在法律规范和建立的制度不健全、不衔接、失灵和缺失等问题。法律不仅表现为文字、概念和条文,还体现在概念和条文背后的制度,而立法中出现的问题必然

导致制度缺陷和运行障碍。

(一)制度不健全的问题

从现行法律规定和制度设置上看,似乎非常完备,但实际上并不完善。我国立法有个传统——"宜粗不宜细"。但是随着社会发展和治理体系的完善,应当根据实际情况,该粗得粗,该细应细,不宜把"宜粗不宜细"这一20世纪改革初期的立法理念作为当前包治百病的"灵丹妙药"。法到用时方恨粗,现行法律规定缺乏具体的程序规定,导致相应制度不完善,在实践中出现运行障碍。

例如,在专家评估方面,《突发事件应对法》规定,政府在"必要时组织相关部门、专业技术人员、专家学者进行会商,对发生突发事件的可能性及其可能造成的影响进行评估;认为可能发生重大或者特别重大突发事件的,应当立即向上级人民政府报告"[49]。而《传染病防治法》并没有相应的规定,只提到疾控机构有分析职责,政府防控预案应包括分析制度。[50] 而在此次疫情防控的最初阶段,有关部门对于这种原因不明传染病如何定性和如何防控存在不同意见。尽管疾控机构和其他部门的专家进行了实地考察,但得到的资料有限,分析和判断也就不可能准确。《传染病防治法》提到的分析制度过于笼统,即便是《突发事件应对法》中的规定也显得笼统,都缺少有关参与人员资格、专家组的法律地位、论证结论效力等具体实体规定,也缺乏诸如实地调查、收集信息、分析情况、送达结论、决策参考等具体程序规定。不仅法律中缺少具体程序规定,其他实施办法、细则和预案中也缺乏相应具体实体和程序上的规定。再加上"必要时"[51]的条件,专家论证并参与决策的作用,就被大打折扣。传染病防治是具有高度专业性的科学工作,如果没有传染病学和医学专家的参与,仅仅靠行政决策部门是无法胜任这一工作的。习近平总书记指出,依法科学有序防控至关重要[52];最终战胜疫情,关键要靠科技[53]。但

---

[49] 《突发事件应对法》第40条。

[50] 参见《传染病防治法》第33条。

[51] 参见《传染病防治法》第42条。

[52] 参见《习近平主持召开中央全面依法治国委员会第三次会议强调　全面提高依法防控依法治理能力　为疫情防控提供有力法治保障》,载中国共产党新闻网,http://cpc.people.com.cn/n1/2020/0206/c64094-31573224.html。

[53] 解放军报评论员:《最终战胜疫情,关键要靠科技》,载《解放军报》2020年3月3日,第2版。

是法律规定却并没有强化专家在其中的作用,导致在实践中专家的参与和作用也就流于形式。因此在修订《传染病防治法》的时候,需要更加重视实体和程序上的具体规定,使其具有可操作性,保障各项制度的顺畅运行。

又如,现有法律法规规定的应急措施不足以应对传染病,尤其是出现原因不明传染病的大规模暴发和蔓延的局面。此次疫情防控中最有效的办法就是"封城""小区封闭式管理"等。《传染病防治法》规定的与此相似的紧急措施包括:限制或者停止人群聚集的活动、封闭可能造成传染病扩散的场所;《突发事件应对法》规定的相似措施包括:封锁危险场所,实行交通管制以及其他控制措施,关闭或者限制使用有关场所,中止人员密集的活动,关闭或者限制使用易受突发事件危害的场所,控制或者限制容易导致危害扩大的公共场所的活动,封锁有关场所、道路,查验现场人员的身份证件等。上述应急措施都没有包括"封城"和"小区封闭式管理"。法律仅规定对"疫区"进行封锁。尽管我们可以对上述应急措施做扩大解释,并利用法律所规定的"法律、行政法规和国务院规定的其他必要措施"来进行论证,但是在没有宣布"疫区"的情况下,现有法律制度中有关大规模封锁城市和住宅区的封闭式管理缺乏明确的规定。

另外,在疫情信息公布的主体和期限、疾控机构的地位和权限、应急机制启动或应急状态宣布的主体和程序等方面,或是规定过于严格,或是缺乏具体的规定,导致相应制度不健全,应对时捉襟见肘。这些也都是需要在修订《传染病防治法》时,应当进一步完善的地方。

(二)制度不衔接的问题

如前文所述,由于有几部不同的法律法规对传染病疫情防控进行规范,而这些法律法规制定的背景和用语不同,现实中就出现了法律规定的相应程序不完全一致的问题,从而导致制度不衔接,运行出现障碍。

例如,在发布预警期的主体问题上,《突发事件应对法》规定的宣布进入预警期的主体是县级以上地方各级人民政府;《突发公共卫生事件应急条例》规定的也是县级以上地方人民政府;但是《传染病防治法》则将这一权限授予国务院卫生行政部门和省、自治区、直辖市人民政府。

同样的,在宣布应急状态的主体问题上,《突发事件应对法》规定宣布进入应急状态的主体为县级以上人民政府;而《传染病防治法》则规定国务院卫生行政部门或省级人民政府发出预警后,地方人民政府才能启动预案，也就是说有权启动应急预案进入应急状态的机构是国务院卫生行政部门和省级人民政府。这些规定明显不一致，从而导致在实践中制度不衔接的问题。

在应急措施相对人称谓问题上，各部法律和行政法规的规定都有不同。《传染病防治法》采用的称谓是传染病病人、疑似传染病病人、病原携带者、密切接触者；而《国境卫生检疫法》则采用传染病病人、传染病染疫嫌疑人、与监测传染病人密切接触的人等称谓。这种不同的称谓，所涵盖的范围略有不同。《传染病防治法》所称的"疑似传染病病人"是根据"传染病诊断标准符合疑似传染病病人诊断标准的人"，即经过诊断怀疑染病的人；"病原携带者"指感染病原体无临床症状但能排出病原体的人。而《国境卫生检疫法》所指的"传染病染疫嫌疑人"则指接触过检疫传染病的感染环境，并且可能传播检疫传染病的人。也就是说传染病染疫嫌疑人不仅包括"疑似病人"，也包括各种与传染病病人、感染区域和环境接触过且有可能传播检疫传染病的人，其范围比《传染病防治法》规定的与病人和疑似病人等密切接触过的密切接触者还要广泛，包括不仅与人接触过，而且与环境等密切接触过的人。这种在对待进出国境的人员时，密切接触者的概念会产生歧义，从而涵盖不同的人群，带来相应的预防措施不衔接的问题。

（三）制度缺失的问题

制度缺失是指在法律上缺乏某项应当具有的制度。一般而言，立法是对过去经验和现实情况的总结。虽然立法应当具有一定的前瞻性，能够把未来将要发生的情况及相应制度纳入立法考虑之中，但是由于认知局限，前瞻性立法在实践中很难做到先知先觉，洞悉未来。《传染病防治法》也难以完美解决这一难题。

例如，在此次新冠肺炎疫情暴发初期，由于检测新冠病毒的试剂盒必须送到省级疾控机构检测，造成了检测标准高、程序长、速度慢的问题，导致大量病人或疑似病人无法及时得到检测，延误病情。根据《病原微生物实验室生物安全管理条例》的要求，一级、二级实验室（设立一级、二级实验室应当向设区的市级人民政府卫生主管部门或者兽医主管部门备案）不得从事高致病性病原微生物实验活动。三级、四级实验室（设立三级、四级实验室要经过国务院科技主管部门审查同意，通过实验室国家认可）可以从事高致病性病原微生物实验活动。[54] 为了解决这种积压和确诊严重延误的问题,国家卫健委发布的《新型冠状病毒感染的肺炎防控方案》(第3~5版)要求,收治病例的医疗机构要采集病例的相关临床标本,尽快将标本送至当地指定的疾控机构或医疗机构或第三方检测机构实验室进行相关病原检测,从而解决了这一"瓶颈"难题。其他国家如美国也碰到类似问题,因为检测标准高,检测盒必须要送到疾控中心验证,导致很多人不能接受检测,严重延误了检测的速度。最后也是通过下放检测权限,允许其他符合条件的实验室和检测机构进行检测,问题才得以解决。

针对上述缺陷,本文建议在修订《传染病防治法》时增加一条:"传染病暴发、流行时,国家卫生健康主管部门可以批准符合法定条件的医疗机构、实验室和其他检测机构开展病原检测。"建立在主管部门批准下,下放实验室检测权限的变通制度。因为现有制度在应对法定传染病时比较有把握,但是风险最大的往往是原因不明传染病,用既定法律制度处理未知的原因不明传染病,往往需要制定一些灵活的变通制度。由于高致病性病原微生物实验活动有很大风险,为了保障生物安全,必须要制定严格的实验室标准和准入门槛,严加管理;但是在应急状态下,与常态不同,需要调动和使用更多资源,以解决突发的传染病蔓延问题,及时诊断病情,因此就需要设置灵活的制度,以应对这种特殊情况。

又如,《突发公共卫生事件应急条例》是2003年制定的。这部法规规定的内容比较宽泛,它对接的上位法是《突发事件应对法》,但由于传染病疫情是影响最大的公共卫生事件,所以应该考虑修改这部条例,使其更好对接《传染病防治法》。

通过这次疫情,我们不仅要反思传染病防治的体制机制问题,还要站在医药卫生体制改革全局的角度,思考传染病防控制度与常态医疗服务和公共卫生服务制度之间的制度空缺问题。2009年启动的医药体制改革,至今一直在强调"强基层、保基本",虽然有明显的成绩,但仍有很大的改进空间。人们有个头疼脑热就往三甲医院跑,对医疗制度来讲不是个好事,说明分级诊疗制度没有建立、不够完善,至少没有发挥其应有的制度功效。如果出现疫情,病人都挤向三甲医院,很容易造成集中感染。"非典"时期几所三甲医院暴发

[54] 参见《病原微生物实验室生物安全管理条例》第21条。

疫情，而这次疫情中几所三甲医院再次出现集中感染，很大原因在于基层医疗机构没有发挥应有的作用。

应当加强基层医疗机构的作用，出现传染病疫情时，基层医疗机构能够起到大范围筛查的作用，将传染病患者转移到专门的呼吸科医院和三甲医院，由此防止疫情扩散。同时还要考虑从常态化转入应急状态的过渡机制问题。此次疫情防控初期，很多病人或疑似病人无法被收治，物质条件、医疗资源和收治场所是一个显著的短板，如何在突发原因不明传染病时迅速启用储备医疗资源，也需要建立相应的制度。这一制度需要规定确定且权威的协调指挥部门，规定能够及时转入应急状态的预案和机制，规定平战结合的物资、药物、人力和技术储备事项。

除了反思医疗体制，还应反思公共卫生建设。健康中国战略已经明确提出，全面推动以治病为中心向以健康为中心转变。但在很长时间以来，疾控中心等公共卫生机构不被重视，人员待遇差，人才流失严重。公共卫生机构要“养兵千日用兵一时”，只有建立完善的体制机制，加强公共卫生人员的能力建设，才能在疫情发生时及时、有效地应对。

另外，公共卫生要推动健康促进。不久前颁布的《基本医疗卫生与健康促进法》首次在国家法律层面明确了“健康权”，规定“国家尊重、保护公民健康权”，把“坚持以人民为中心，为人民健康服务”作为医疗卫生与健康事业的根本方针。“健康权”对政府机构和社会组织提出了相应的提供服务的职责和义务，规定了“国家建立基本医疗卫生制度，建立健全医疗卫生服务体系，保护和实现公民获得基本医疗卫生服务的权利”，以及“建立健康教育制度，保障公民获得健康教育的权利，提高公民的健康素养水平”等一系列法定职责。[55]

（四）制度失灵的问题

如果不能够在实践中得以实施，即使有了完善的制度也形同虚设。在此次疫情初期防控就暴露出制度失灵的问题。

这次疫情信息的报告，仍然依赖传统的逐级上报机制。现在信息技术发达，逐级上报本来也应当很快，但初期为什么会失灵？这是因为每一级的决

---

[55] 参见王晨光、张怡：《〈基本医疗卫生与健康促进法〉的功能与主要内容》，载《中国卫生法制》2020 年第 2 期。

策人都有不同的考虑。面对一种新的病毒,决策人作出科学判断确实需要一定的时间。同时,决策人也要考虑避免造成恐慌,最主要的判断依据是流行病学的原理,以是否造成人际间传播为标准。否则就会造成疫情信息报告的延误,反而会造成社会恐慌。

在实施中因为种种原因个人和单位报告制度也失灵了。《传染病防治法》《突发事件应对法》都规定,任何单位和个人发现传染病病人或者疑似传染病病人时,应当及时向附近的疾病预防控制机构或者医疗机构报告。现在看来,此制度基本上是被虚置了。当然,法律没有具体规定单位和个人如何报告,报告后有什么后果,缺乏可操作性,这也是导致个人和单位报告制度失灵的原因之一。

在2003年"非典"疫情之后,我国花费了大量的资金和人力,建立了传染病网络直报系统,基层医疗机构和疾控机构都可以将发现的病例直接上报至国家疾控中心。但在这次疫情初期,直报机制也被虚置,没有起到应有的作用。原因是多方面的,比如,在日常状态下缺少演习,应急状态时就想不到去使用;医院领导担心上报以后会封闭医院,造成经济损失和不良社会影响等。《传染病防治法》在2013年修正时,这套直报系统尚没有写入法律。在《传染病防治法》及相关法律修订时,需要在法律上明确直报制度,在实践中落实此项制度。

四、小结——发现与建议

立法和修法需要系统性分析。尽管本文仅仅沿着上述两条路径进行的分析并不全面,依旧可以提炼出以下几项主要修法建议:

第一,明确具有相关决策权的主体和程序。主要思路是,要有顶层设计的全局观,在比较现行各部法律法规不同规定的基础上,统一《传染病防治法》和其他相关法律法规(如《突发事件应对法》《国境卫生检疫法》《突发公共卫生事件应急条例》等)中的不同概念和规定。例如,统一有关疫情信息收集分析和发布的主体和程序、发布预警的主体和程序、宣布进入应急状态或启动应急机制的主体和程序、决定并公布采取应急措施的主体和程序、决定和公布疫区及相应应急措施的主体和程序。基本的想法是,面对大规模的传染病暴发，这些权限应当与其他法律法规的权限相同，下放给县级以上地方人民政府。

第二，要加强专业机构的地位和能力，如疾病预防控制机构独立进行流行病学调查、科学分析信息的能力、提出采取应急措施和对策的建议权、参与决策权等。

第三，完善应急防控措施，尤其是吸取“非典”和本次新冠肺炎疫情防控中的有益经验和教训，如“封城”“居家隔离”“封闭式管理”“闭环管理”等新措施，在法律层面上提供可以依据的法律根据。

第四，疫情信息的收集和分析要广开言路，不仅要把现有的上报制度和网络直报系统的作用充分发挥出来，而且要把职业人员和社会渠道所传播的信息，都及时纳入信息收集的正式渠道内，打破仅有一条官方信息收集渠道的路径依赖。

第五，大力推动“全生命周期应急管理”“部门协作”“联防联控”等新的传染病疫情防控方针，建立统一有效的指挥和管理机制，对传染病疫情防控进行全周期的科学化布局，鼓励更多政府部门、社会组织、法人和个人参与到传染病疫情防控工作中。

第六，把应急状态下的应急措施与医药卫生体制改革中的基本制度建构密切沟通，把公共卫生突发事件应对与常态下的公共卫生项目（如改水改厕）和相关机制（如健康促进和健康生活方式）等结合起来。例如，此次疫情防控初期，大量人员涌向几个三甲医院，不仅得不到及时救助，而且造成了大范围交叉感染。如果能够建立、完善有效的基层医疗服务机构，如家庭医生制度，即可通过电话或网络预约的方式进行预检，而后按照分诊制度，有序分流到有关专门医院；由此有效避免大量病人或疑似病人拥堵或集中到医疗机构，造成院内交叉感染和资源严重短缺的问题。又如防疫过程中的一些卫生习惯应当和常态下的公共卫生活动结合在一起，并长期保持下去，营造一个文明健康的社会环境。

Problem Discussion Oriented, Institution Construction Purposed Suggestions for the Revision of Law of the Peoples Republic of China on the Prevention and Treatment of Infectious Diseases

Abstract: The epidemic of COVID - 19 is the most serious public health event in China ever since 1949. It is the greatest challenge for the public health legal system, especially the legal system of prevention and treatment of infectious diseases, and a test to the national governance system and governance capacity as well. As the most important law for the prevention and control of epidemic, Law of the Peoples Republic of China on the Prevention and Treatment of Infectious Diseases, on one hand, provided a relatively comprehensive legal support, on the other hand, exposed some shortcomings and weaknesses. Therefore, the revision of this law has become a social consensus. As is known, the revision of law must have a distinct guidance. Primarily, this paper analyzes deeply into the legal text and the operation of the institutions. Then this paper orients towards problem discussion and takes institution construction as purpose, so as to revise the law and construct a better system. Furthermore, on the basis of analysis, this paper offers major suggestions on the revision of the current law.

Key words: Public Health Emergencies; Prevention and Treatment of Infectious Diseases; Legal Text System; the Operation of Institutions

清华法律评论(第十卷第一辑)
第 23 ~41 页

疫情防控与刑事司法政策的尺度

周光权*

目　次

摘　要　对疫情防控期间的刑事司法政策进行回顾和检视,对于坚守法治立场,把刑事案件办对、办好,实现不枉不纵,具有重要意义。刑事司法政策从最初的从严惩处迅速转向宽严相济,总体上坚守了罪刑法定原则,且紧扣防疫主题、聚焦突出问题,为疫情防控提供了有力的司法保障。但是,在个别案件处理上,对罪与非罪界限的把握还有可商榷之处,量刑不当问题值得关注,刑事程序推进过快与刑事诉讼法的内在精神相抵触,还可能埋下错案隐患。未来在处理涉疫情案件时,应当特别强调构成要件观念的重要性,对宽严相济刑事政策予以精准化,进一步增强程序意识,杜绝争先恐后办理各种所谓"第一案"现象出现,防止司法"政绩观"扭曲,以展示刑事司法的国家

* 清华大学法学院教授,博士生导师。

理性。

关键词 疫情防控;刑事政策;罪刑法定原则;量刑失衡;程序限制

从2020年1月底至今,全国司法机关及时办理了大量涉及新冠肺炎疫情防控的刑事案件。最高人民检察院前后发布了五批《全国检察机关依法办理妨害新冠肺炎疫情防控犯罪典型案例》及五批《全国检察机关依法办理涉新冠肺炎疫情典型案例》,最高人民法院发布了两批《人民法院依法惩处妨害疫情防控犯罪典型案例》,这些案例基本涵盖了妨害疫情防控的主要犯罪类型,问题意识很强,为地方各级检察院、法院依法办理相关案件提供了指导。从总体上看,各级司法机关对相关案件的处理坚持了罪刑法定、证据裁判、罪刑相适应原则,能够积极服务于防疫大局,为及时、有效地控制疫情传播、稳定社会秩序提供了有力司法保障,值得给予高度评价。

本文拟结合最高人民法院、最高人民检察院(以下简称"两高")发布的典型案例以及经媒体报道的相关案例,对疫情防控期间的刑事司法政策进行回顾和检视,相信这样的研究在重大疫情突发时期以及未来的疫情常态化防控阶段对于如何进一步坚持罪刑法定原则,把刑事案件办对、办好,实现不枉不纵,有一定参考价值。

一、涉疫情防控刑事司法政策的亮点

(一)从最初的"高举高打"迅速转向宽严相济

在最高人民检察院发布的前四批27个典型案例中,适用妨害传染病防治罪定性的案件占据了相当部分。在这次疫情暴发之初,侦查机关对类似案件大多按照以危险方法危害公共安全罪进行立案,采取的是"高举高打"的司法对策,这反映了刑事政策早期忙于应对、严厉粗放的特点。针对这种情况,最高人民法院、最高人民检察院、公安部、司法部迅速反应,于2020年2月6日发布了《关于依法惩治妨害新型冠状病毒感染肺炎疫情防控违法犯罪的意见》(以下简称"两高两部"《意见》),其中强调对以危险方法危害公共安全罪的适用要从严把握。刑事政策由此从一开始的忙乱中得以迅速调整、及时纠偏。

在这次疫情防控期间,对于以危险方法危害公共安全罪的严格限制适用是值得充分肯定的。虽然该罪是重罪,且《刑法》第114条、第115条对其适用从主、客观方面都做出了明确规定,但是,过去在实务上对这个罪名确实存在适用不当的情形,使之成为"口袋罪"。对于妨害传染病防治的案件,在这次疫情刚发生时,有的地方的侦查部门在法律界限没有厘清之前按照以危险方法危害公共安全罪立案侦查,所采取的是突发事件刚开始发生时的应急措施,在定性上并不妥当。而后"两高两部"《意见》明确规定,对于已经确诊的新冠肺炎病人、病原携带者,拒绝隔离治疗或者隔离期未满擅自脱离隔离治疗,并进入公共场所或者公共交通工具的,以及新冠肺炎疑似病人拒绝隔离治疗或者隔离期未满擅自脱离隔离治疗,并进入公共场所或者公共交通工具,造成新冠病毒传播的,才认定为以危险方法危害公共安全罪。从客观上看,适用本罪要求行为人拒绝隔离治疗或者隔离期未满擅自脱离隔离治疗,进入公共场所或者公共交通工具,其中,新冠肺炎疑似病人还要求其造成新冠病毒传播的后果。此外,对成立本罪的主体有特殊要求,如果行为人并未根据《传染病防治法》第78条以及国务院卫生行政部门发布的《传染病防治法规定管理的传染病诊断标准》,由医疗机构出具的诊断结论、检验报告认定为"已经确诊的新冠肺炎病人"和"新冠肺炎疑似病人",不能构成本罪。

《刑法》第114条、第115条所规定的以危险方法危害公共安全罪是与爆炸、投放危险物质等罪并列的,在手段上这些犯罪必须具有相当性、同类性。此外,行为人必须具有故意,对于明知自身已经确诊为新冠肺炎病人或者疑似病人,出于报复社会、发泄不满等动机,以其他方法恶意传播病毒,情节恶劣,危害公共安全的,按以危险方法危害公共安全罪惩处应该没有争议。但在实践中,大量患者(包括确诊和疑似病人)都是出于对疾病的恐惧或者为了及时得到救治而进入公共场所,因此,传播病毒的直接故意基本不可能存在,其间接故意在多数场合也很难认定,因为间接故意的"放任"虽然是对结果发生或者不发生都无所谓,但行为人对发生危害结果是不拒绝、乐于接受的。而就目前发生的这些案件来看,引起新冠病毒传播的结果,其实都是违背在案被告人本意的,其间接故意也难以认定。

因此,在这次防疫过程中,行为人故意传播病毒或者以暴力方法妨害疫情防控且危害公共安全的情形,应当限于极其罕见的个案。如"支某某驾车冲撞案"。2020年2月,北京市昌平区北七家镇人民政府按照统一部署,落实新冠肺炎疫情防控措施,在该镇某小区西门设立防疫帐篷作为疫情防控工作站,严格核实登记小区出入人员、车辆。2月17日8时30分许,被告人支某某驾驶轿车在防疫工作站办理进入小区登记手续时,认为登记时间过长,与现场的疫情防控工作人员刘某某发生言语冲突。为发泄不满情绪,支某某驾驶白色雷诺汽车加速冲撞疫情防控工作人员、办证群众所在人群及防疫帐篷(用于防控人员办公、休息、存放防疫物资,从外部无法看到内部情况),将防疫工作人员刘某某和邢某某直接撞入防疫帐篷并致帐篷坍塌,车辆被帐篷覆盖。支某某在视线被遮挡的情况下,倒车后再次加速冲撞。两次冲撞致刘某某手部、膝部多处挫伤,邢某某面部擦伤、右侧鼻骨骨折以及体表擦挫伤,被损坏的办公电脑、执法仪、体温计等防疫物资价值人民币6580元。案发时,现场有10多名疫情防控人员及办理出入小区登记的群众在支某某车辆周围,支某某为发泄个人情绪,驾车冲撞人群和办公帐篷,置不特定多数人的生命健康安全于不顾,性质恶劣,严重危害了公共安全。

对于本案,2020年2月20日,北京市昌平区人民检察院以涉嫌以危险方法危害公共安全罪批准逮捕支某某,并于2月25日以涉嫌以危险方法危害公共安全罪向昌平区人民法院提起公诉。3月12日,昌平区人民法院开庭审理此案,采纳了检察机关指控的犯罪事实、罪名及量刑建议,当庭以以危险方法危害公共安全罪判处支某某有期徒刑5年6个月。[①]

在本案中,被告人驾车冲撞不特定多数人的行为,与放火、决水、爆炸、投放危险物质的社会危害性相当,行为具有公共危险性和一定程度的公然性,波及范围、危害后果都无法预料和控制。对类似行为定以危险方法危害公共安全罪,在以往的司法实践中也基本成为惯例。[②] 因此,对类似行为如此定性大致是合适的。

除了类似于本案的情形,针对疫情防控期间发生的犯罪,要对被告人适用以危险方法危害公共安全罪通常而言是很难想象的。特别是对于因行为人的原因引起病毒传播的案件,总体上还是以妨害传染病防治罪定罪处罚为宜,对于之前公安机关按照以危险方法危害公共安全罪侦查,或者公诉部门以该罪起诉到法院的案件,都有必要改变罪名。

---

① 参见最高人民检察院《全国检察机关依法办理涉新冠肺炎疫情防控典型案例》(第九批),案例1。

② 参见周光权:《刑法各论》(第3版),中国人民大学出版社2016年版,第163页。

(二)总体上坚守了罪刑法定原则

刑事司法政策必须受法治的制约,罪刑法定原则是不可动摇的"铁则"。越是防疫的关键时刻,就越应该坚守法治立场。疫情防控期间司法机关对案件的处理,基本贯彻了罪刑法定原则。尤其是"两高"发布的典型案例,体现了检察机关、人民法院坚持罪刑法定原则,以事实为根据、以法律为准绳,严格依法办案,准确把握刑事政策的价值取向。

比如,在"田某某妨害传染病防治案"中,法院认定被告人田某某违反传染病防治法规定,在国家卫生行政主管机关宣布对新冠肺炎采取甲类传染病预防、控制措施后,明知应当报告武汉旅居史,却故意隐瞒,拒绝配合医护人员采取防治措施,造成新型冠状病毒传播的严重危险,致37人被隔离观察,其行为构成妨害传染病防治罪。③ 这一判决对法律适用的尺度把握得很到位。一方面,妨害传染病防治罪是危害公共卫生犯罪,行为必须对不特定多数人的健康有危险才能定罪。法院认定被告人田某某的行为导致37人被隔离观察,具有造成新型冠状病毒传播的严重危险,因此,其行为构成妨害传染病防治罪,对犯罪构成要件结果的审查判断是准确的。另一方面,这一判决有助于厘清本罪和以危险方法危害公共安全罪的界限。本案被告人不构成以危险方法危害公共安全罪,因为田某某不属于已经确诊的新冠肺炎病人、病原携带者拒绝隔离治疗或者隔离期未满擅自脱离隔离治疗,并进入公共场所或者公共交通工具的情形,其也没有在确认疑似之后擅自脱离隔离治疗并进入公共场所或者公共交通工具,进而造成新冠病毒传播,所以难以认定其构成以危险方法危害公共安全罪。

又如,对为数不少的编造、故意传播虚假信息案,司法机关能够严格按照该罪的构成要件要求,对利用社交工具、互联网等编造、传播虚假疫情信息的行为结合其传播范围、对社会秩序的影响程度等依法予以认定,既重视对危害行为的评价,又注重对危害结果、行为危险性的判断,还对行为是否符合构成要件进行了认真比对,从而确保定性准确和量刑适当。

(三)紧扣防疫主题,聚焦突出问题

在实务中处理的大量案件,都属于直接妨害疫情防控、给疫情扩散带来重大风险、给人民群众生命健康造成巨大威胁、给社会造成极大恐慌、给大局

③ 参见最高人民法院《人民法院依法惩处妨害疫情防控犯罪典型案例》(第一批),案例1。

稳定造成严重破坏的类型,与防疫主题丝丝入扣。

1. 对涉防护物资的诈骗行为予以“严打”。在防范新冠肺炎疫情的特殊时期,可以有效阻隔病毒传播、防止疫情扩散的防治、防护用品、物资等成为紧缺商品。被告人利用民众对口罩等防护物资的渴求心理,通过传播面广、实施相对便利、被害人为不特定多数人的电信网络诈骗手段,实施涉及口罩等防护物资的诈骗犯罪,情节极其恶劣。例如,在“赵某某虚假口罩诈骗案”中,法院认为,被告人赵某某以非法占有为目的,谎称其有稳定的口罩来源,通过微信等网络多次骗取他人财物 34 万余元,其行为构成诈骗罪。④ 这一典型案例对防疫期间电信诈骗的行为类型、犯罪认定标准等予以明确,有助于各级审判机关处理类似案件,也有助于实现积极的一般预防。

2. 在疫情防控期间,通过对刑事案件的处理,切实维护好人民群众的人身权、财产权。在防疫期间,发生了一些“浑水摸鱼”的严重犯罪,如绑架罪、抢劫罪等,对此,司法机关都予以严厉打击,因为若不对这类犯罪予以从严处置,既不利于保护公民的人身权、财产权,也可能扰乱防疫总体安排。例如,“肖某某抢劫案”。2020 年 3 月,犯罪嫌疑人肖某某为偿还因网络赌博所欠赌债,预谋抢劫。3 月 10 日下午,肖某某携带事先准备的封口胶带、绳子、防护服等,开车至武汉市洪山区一花园小区,翻墙进入并于当晚藏在小区楼顶寻找作案目标。11 日 10 时许,肖某某冒充社区工作人员到小区 D 座 902 室谎称排查体温,在取得被害人潘某某的信任进入室内后,趁其不备猛力击打被害人的头部致其倒地。因被害人激烈反抗,肖某某用力掐其颈部致被害人死亡。肖某某在屋内搜得人民币、美元、日元现金,各国纪念币若干,以及不同面额的购物卡等财物,后逃离现场。次日下午,肖某某被公安机关抓获。武汉市洪山区人民检察院第一时间介入案件侦查,引导公安机关围绕作案现场情况、犯罪嫌疑人在小区的活动轨迹及其网上赌博等情况收集完善证据,并针对案件中所反映的疫情防控期间网上赌博等非法网站的监管、社区人员管控、车辆通行证使用等管理问题,及时向相关单位提出了改进工作的检察建议。3 月 21 日,武汉市洪山区人民检察院以涉嫌抢劫罪对肖某某批准逮捕。⑤ 而在“孙某某、蒋某诈骗案”中,法院认定被告人假冒慈善机构骗取疫情募捐,

---

④ 参见最高人民法院《人民法院依法惩处妨害疫情防控犯罪典型案例》(第一批),案例 5。

⑤ 参见最高人民检察院《全国检察机关依法办理涉新冠肺炎疫情防控典型案例》(第九批),案例 4。

以赈灾募捐为由,欲骗取公私财物,情节严重,其行为均构成诈骗罪,同时对其因被及时查获而未得逞的情形依法认定为犯罪未遂。[⑥] 从上述两个案例中不难看出,通过审判权的行使,人民法院在确保防疫期间公民人身、财产安全的同时,积极维护了防疫秩序和慈善机构的形象,实现了社会效果和法律效果的有机统一。

3.严厉打击破坏野生动物资源犯罪。在最高人民法院《人民法院依法惩处妨害疫情防控犯罪典型案例》(第一批)中有两个关于野生动物资源保护的具体案件,在"黄某某非法制造枪支、非法猎捕、杀害珍贵、濒危野生动物、非法持有枪支案"中,对被告人自制枪支猎杀果子狸、小灵猫等野生动物的行为定罪处罚;在"陈某某非法收购珍贵、濒危野生动物案"中,对介绍他人非法收购穿山甲的行为认定为非法收购珍贵、濒危野生动物罪,同时在分案处理的背景下将本案被告人认定为从犯,实现了处罚上的不枉不纵。

司法上将处罚重点聚焦到与病毒传播有关的野生动物的保护问题上,回应了疫情防控期间民众的期待,因为按照一些科学家的研究成果,果子狸、穿山甲等野生动物可能是病毒传播的中间宿主。这些动物同时也是大自然的重要组成部分,是人类的朋友。保护这些特定的野生动物,禁止实施猎捕、杀害、走私、贩卖等行为,维护生物多样性和生态平衡,就是在维护我们的生存环境,与疫情防控的总体部署遥相呼应。同时,注重源头治理,着眼于长远,也是在切实维护我们自身的身体健康和生命安全。

4.维护社会大局稳定。各级司法机关依法严惩了一批扰乱医疗秩序、防疫秩序、市场秩序、社会秩序等违法犯罪行为。严厉打击车匪路霸、插手物流运输、破坏正常交通秩序的黑恶势力。依法严惩破坏轨道、桥梁、隧道、公路、机场、航道、灯塔、标志或进行其他破坏交通设施等违法犯罪。此外,还依法打击违反国家有关市场经营、价格管理等规定,囤积居奇,哄抬疫情防控急需的口罩、护目镜、防护服、消毒液等防护用品、药品或其他涉及民生的物品价格,严重扰乱市场秩序的非法经营犯罪行为。其中,由最高人民检察院、公安部联合发布的《全国检察机关依法办理涉新冠肺炎疫情防控典型案例》(第七批)就集中公布了四个涉及哄抬疫情防控急需物品价格,扰乱市场秩序的非法经营犯罪案件,将定罪量刑标准予以明确化。

---

⑥ 参见最高人民法院《人民法院依法惩处妨害疫情防控犯罪典型案例》(第一批),案例6。

二、涉疫情防控刑事司法政策的检讨

在总体上肯定疫情防控期间刑事司法政策合理性的同时,还有必要对其中存在的一些问题进行反思和检讨,以确保未来的刑事司法少走弯路。

(一)对罪与非罪界限的把握有不当之处

1. 对造谣生事行为法律界限的划定尚可斟酌

对某些案件的处理,存在定性不当的疑问,反映了少数司法机关存在将某些行政违法行为升格为犯罪,在处理上存在“用力过猛”的倾向。例如,“靳某某谎称‘从武汉返回’案”。2020 年 1 月 26 日 22 时许,被告人靳某某到内蒙古自治区呼伦贝尔市阿荣旗人民医院急诊科谎称自己近期从武汉返回,后趁医院工作人员带其至发热门诊进行隔离检查时,自行离开医院。在被阿荣旗公安局民警带回阿荣旗人民医院就诊检查后,仍向疾控中心工作人员编造其近期从武汉回来的详细返程信息。随即阿荣旗人民医院将此事逐级汇报给阿荣旗新冠肺炎疫情防控指挥部。同日,阿荣旗疾病防控中心、阿荣旗公安局相继启动紧急应对措施。1 月 27 日 12 时许,阿荣旗公安局工作人员通过技术手段核查靳某某旅店住宿、铁路、航运购票等信息,未发现靳某某近期在武汉的活动轨迹,且医学检验结果显示靳某某未感染新冠肺炎。2020 年 2 月 20 日,阿荣旗人民法院开庭审理本案,被告人对公诉机关指控的事实、罪名均无异议,且自愿认罪认罚。阿荣旗人民法院认为,被告人靳某某在新冠病毒肺炎疫情防控期间,编造与疫情有关的虚假恐怖信息,致使公安、防疫等部门采取紧急应对措施,严重扰乱社会秩序,其行为构成编造虚假恐怖信息罪,判处其有期徒刑 1 年。⑦

对于本案,即便被告人认罪认罚,法院的处理是否妥当?最简单的道理,事关武汉疫情的信息无论真假,均不属于恐怖信息,谎称自己从武汉回来也不可能达到编造、传播恐怖信息的后果。应当承认,被告人的行为造成了一定范围内的社会恐慌,对于社会管理秩序有不良影响,但是,其行为并不符合

⑦ 参见《呼伦贝尔市首例疫情期间编造虚假恐怖信息案宣判》,载搜狐网 2020 年 2 月 21 日,https://www.sohu.com/a/374628016_100007104。

编造虚假恐怖信息罪的客观构成要件,法益侵害性也没有达到需要动用刑罚处罚的程度,对被告人予以治安拘留就能够实现有效的惩罚。

这样说不等于对疫情防控期间的造谣生事行为予以放纵,关键是需要做到罚当其罪。对于编造感染新型冠状病毒在公共场所传播的虚假信息的行为,符合相应犯罪构成要件的,必须予以严惩。例如"刘某某编造、故意传播虚假信息案"。2020 年 1 月 24 日,被告人刘某某在北京市通州区某小区暂住地内,利用微信号编造其感染新冠肺炎后到公共场所通过咳嗽方式向他人传播的虚假信息,发送至其另一微信号,并将聊天记录截图后通过微信朋友圈、微信群、QQ 群传播,直接覆盖人员共计 2700 余人,并被其他个人微博转发。公安机关掌握该信息后,采取了相应紧急应对措施。北京市通州区人民法院经审理认为,被告人刘某某在疫情防控期间编造虚假疫情信息,在信息网络上传播,严重扰乱社会秩序,其行为构成编造、故意传播虚假信息罪。刘某某如实供述自己的犯罪事实,认罪认罚。据此,法院以编造、故意传播虚假信息罪判处被告人刘某某有期徒刑 8 个月。⑧ 本案属于无中生有编造事实的情形,系严厉惩处的对象,法院对于犯罪构成要件的把握以及处刑都是妥当的。

2. 对妨害公务罪的认定存在泛化现象

从学理上看,对于妨害公务罪的认定,无论在任何时候都必须严格按照《刑法》第 277 条的规定执行。在这次防疫期间,对本罪的适用也必须严格依法办事,不能降低法律标准。对此,有两点在实务上值得注意:

一方面,对妨害公务罪的犯罪对象结合疫情防控的实际进行理解,但是,也不能过于扩大化。执行公务的主体是国家机关工作人员,立法解释对此有明确界定,除在国家机关从事公务的人员外,还包括在依照法律、法规规定行使国家有关疫情防控行政管理职权的组织中从事公务的人员、受国家机关委托代表国家机关行使疫情防控职权的组织中从事公务的人员,以及虽未列入国家机关人员编制但在国家机关中从事疫情防控公务的人员等。在此次防疫过程中,大量居(村)委会、社区等组织落实防控职责,实施管控措施,上述组织中的人员,如果是协助同时在场的国家机关工作人员从事防控工作,其当然可以认定为本罪的侵害对象。但是,在其单独从事有关疫情防控工

---

⑧ 参见最高人民法院《人民法院依法惩处妨害疫情防控犯罪典型案例》(第一批),案例 4。

作时,难以认定为“在受国家机关委托代表国家机关行使疫情防控职权的组织中从事公务的人员”,不宜成为妨害公务罪的对象。此时,被告人主观上对于对方属于执行公务的人也缺乏认识,犯罪主观要件不具备。“当人们发现,街道和居委会的人员以及在其指挥下的小区物业保安,从为业主提供服务的社会角色忽然间变成对业主实施各项检查并提出各种命令要求(如出入戴口罩)的强力管理者,不仅在心理上不易迅速接受,而且在社会一般人的认识能力上,也很难认识到对方已经临时性地化身为一个‘国家机关工作人员’。”[⑨]然而,从全国范围内来看,法院判处了一些仅针对社区群防群治人员进行妨害就构成妨害公务罪的案件。司法上将民间社会、基层组织单独开展的“群防群治”和公务执行行为完全等同,是否妥当,确实还值得深究。

另一方面,公务执行必须合法,被告人才可能成立本罪。新冠病毒具有传染性强、传播速度快、防控难度大的特点。为有效阻断病毒传播,防止疫情蔓延,各级政府依据相关法律法规制定了防控疫情的措施,包括加强对重点疫情发生地区返回人员排查、登记、随访,重点追踪、督促来自疫情发生地区人员的健康状况监测;对社区(村)、楼栋(自然村)、家庭进行全覆盖落实防控措施,要求从疫区返回人员到社区进行登记,并进行体检、主动隔离;等等。对于类似公务执行活动,相关组织和个人依法负有配合的义务。但是,有的地方采取所谓的“硬核”(硬来)手段,例如,用大货车堵住并无确诊或疑似病例情形的居民楼单元出口处,或者擅自将群众出入的单元楼的铁门上锁,严重侵害公民基本权利,行为人为此与公务执行人员、社区管理人员发生口角后厮打的,不宜认定被告人构成妨害公务罪,至多根据其行为性质和危害后果,按照故意伤害罪、寻衅滋事罪、侮辱罪予以追诉。

对于公务执行没有重大违法情形,但存在明显瑕疵,对被告人行为的诱发存在紧密关联的,认定为妨害公务罪也必须慎重。如“王某某妨害公务案”。2020年2月2日上午,被告人王某某在浙江省湖州市南浔区旧馆镇罗汉村蔡家巷自然村租房门口,不听从疫情防控巡查的旧馆镇联村干部徐某某等人对其遵守居家隔离规定的劝导,并与工作人员发生争执。后旧馆镇派出

⑨ 车浩:《刑事政策的精准化:通过犯罪学抵达刑法适用——以疫期犯罪的刑法应对为中心》,载《法学》2020年第3期。

所社区民警朱某某协助开展劝导工作,被告人王某某仍不予配合,并在朱某某阻止其拍视频时,直接攻击朱某某,抓伤其脸部、颈部。2020 年 2 月 9 日,湖州市南浔区人民法院开庭审理本案,采纳检察院提出的罪名及量刑建议,以妨害公务罪判处王某某有期徒刑 9 个月。[⑩] 本案被告人认罪认罚,对其定罪似无问题。但是,疑问在于:在没有任何证据证明本案被告人存在发热或其他任何疑似新冠肺炎的症状时,为什么国家工作人员一定要对被告人进行居家隔离?这种带有强制性的"劝导"对被告人的行动自由存在不当限制,极易引起对方的过激反应。因此,在被害人的行为存在明显瑕疵,能够在一定程度上对其分配危险时,对于被告人的行为未必要认定为妨害公务犯罪。即便认为对类似行为有必要处罚,给予治安罚款、拘留等行政处罚也能够达到相应教育、惩罚效果。

(二)量刑不当问题值得关注

应当说,在疫情防控期间,绝大多数案件的量刑是妥当的。如"业某某抢劫案"。2020 年 2 月 11 日 14 时许,被告人业某某经事先踩点,携带水果刀、透明胶带到南京市江宁区禄口街道某小区,冒充疫情防控人员,以登记疫情为由骗得小区住户赵某某(女)打开房门。业某某闯入室内,采取胶带捆绑、持刀威胁等方式向赵某某强行索要 8000 元。赵某某被迫通过微信向他人借款 2000 元,后通过支付宝将 2000 元转入业某某的赌博游戏账户内。业某某威胁赵某某不准报警后逃离现场。南京江宁经济技术开发区人民法院经审理认为,被告人业某某在疫情防控期间,冒充疫情防控人员,骗开小区住户房门,持刀入户抢劫,其行为构成抢劫罪,应依法从严惩处。业某某如实供述自己的犯罪事实,认罪认罚。据此,于 2020 年 3 月 4 日以抢劫罪判处被告人业某某有期徒刑 11 年。[⑪] 入户抢劫的起刑点是有期徒刑 10 年,在防疫期间,冒充疫情防控人员持械入户抢劫,且有 2000 元属于犯罪既遂,对被告人从重处罚的情节很多,但法院在量刑时还是坚持了罪刑相适应原则,而不是一味从重从严,这是非常值得肯定的。

不可否认的是,在实践中,也出现了一些量刑明显失衡的情形。例如,"覃某某虚假口罩诈骗案"。在防控新冠肺炎疫情期间,被害人刘某在网络上

⑩ 参见最高人民检察院《全国检察机关依法办理妨害新冠肺炎疫情防控犯罪典型案例》(第一批),案例 3。

⑪ 参见最高人民法院《依法惩处妨害疫情防控犯罪典型案例》(第一批),案例 3。

发布求购口罩信息,被告人覃某某予以回应,向被害人刘某谎称自己有医用口罩卖,骗取财物3.9万元。2020年2月21日上午,广西壮族自治区柳州市柳南区人民法院开庭审理了本案。法院认为,被告人覃某某以非法占有为目的,在疫情防控期间假借销售疫情防控用品的名义,利用网络技术手段骗取他人财物,数额巨大,其行为已构成诈骗罪,判处其有期徒刑3年6个月,并处罚金人民币2万元,同时退赔被害人经济损失。⑫ 对于本案,法院的定性没有疑问,但是,将其作为电信诈骗处理未必合适。根据最高人民法院、最高人民检察院、公安部《关于办理电信网络诈骗等刑事案件适用法律若干问题的意见》第1条的规定,电信诈骗数额巨大的起点是3万元。将覃某某的行为认定为电信诈骗适用起点较低的"数额巨大"标准,存在适用法律错误、量刑过重的问题。电信诈骗是被告人利用网络技术对不特定的被害人实施欺骗。本案系被害人刘某先在网络上发布求购口罩信息,被告人覃某某单纯针对这一特定信息予以回应,这与利用信息网络所实施的"广种薄收"型电信诈骗存在根本差异。如果不能认定为电信诈骗,对于被告人的量刑就应当适用普通诈骗罪的数额标准,其刑期就只能在3年以下考虑。

又如,"毛某某、胡某某抢劫案"。2020年1月29日18时50分许,被告人胡某某乘坐被告人毛某某驾驶的摩托车经过湖北省通城县教育局附近路段时,见被害人付某某(防疫工作人员)肩挎提包在花坛内侧行走,便提出由被告人毛某某负责驾驶摩托车,被告人胡某某负责夺取被害人提包,以便筹集资金偿还胡某某购买毒品的欠款,毛某某未反对,并掉转摩托车行驶方向朝被害人行走方向靠近。两被告人驾驶摩托车靠近付某某后,胡某某拽住付某某的提包肩带强行拉扯,付某某拒不松手,胡某某为强行夺取提包与付某某多次争夺、拉扯,致付某某扑面倒地受伤,摩托车侧翻在地。后付某某抱住提包大声呼救,两被告人遂驾车逃离现场。经法医鉴定,付某某主要损伤为面部、眼部软组织挫伤及外伤性鼻出血,其损伤程度为轻微伤。2020年2月7日,通城县人民法院开庭审理本案,当庭宣判两被告人犯抢劫罪,均判处有期徒刑4年,并处罚金人民币3000元。⑬ 对于本案,办案部门认为,在疫情防控

⑫ 参见《柳州首例假借销售口罩诈骗案当庭宣判 诈骗人被判三年六个月》,载新浪网,http://news.sina.com.cn/c/2020-02-24/doc-iimxyqvz5406715.shtml。

⑬ 参见最高人民检察院《全国检察机关依法办理妨害新冠肺炎疫情防控犯罪典型案例》(第一批),案例10。

期间针对与防控疫情有关的人员实施违法犯罪的,要作为从重情节予以考量,依法体现从严的政策要求,有力惩治、震慑违法犯罪。但是,即便如此,对本案的量刑仍有偏重嫌疑:被告人犯罪未遂,是对被告人量刑时需要特别予以考虑的从轻处罚情节(根据这一情节,对被告人似乎就应在3年以下量刑);被告人对于被害人的防疫人员身份并不知情,更重要的是,防疫人员身份与本案行为人所侵害的财产权利无关,被害人不是在执行防疫任务或从事防疫医疗活动时被抢劫,因此,该身份既不能影响对被告人所判处的预防刑,也不能影响责任刑。

类似于前述两个案件量刑偏重或畸重的情形,在对涉疫情防控刑事案件的处理中还有不少。这也说明,如何更好地坚持罪刑相适应原则,实现精准量刑,是司法机关今后需要补齐的"短板"。

(三)刑事程序推进过快可能留下错案隐患

对普通刑事案件的处理,必须尊重刑事程序自身规律,办案不是越快越好。但是,在这次防范新冠疫情期间,从立案到判决期间只有二三十个小时的案件的数量很多,在更短时间内"极速"办结案件的也不是少数。

根据所承办案件法院的官方宣传,前述"靳某某谎称'从武汉返回'案",从2月19日9时检察机关将案件移送法院立案,到最终宣判只用了27个小时。更为夸张的是,前述"覃某某虚假口罩诈骗案",法院从立案到宣判仅用了不到3个小时。

案件审理如此"神速",从刑事程序法的角度看是经不起推敲的。法院一方面适用速裁程序或简易程序审理案件,使案件审理程序不受送达期限,讯问被告人,询问证人、鉴定人,出示证据,法庭辩论程序规定的限制;另一方面又认为公众很关注这些案件,有重大社会影响。这明显是自相矛盾的。《刑事诉讼法》第215条规定,案件有重大社会影响的,不适用简易程序;第223条规定,案件有重大社会影响的,不适用速裁程序。但是,上述法院在其公开宣传中都无一例外地认为其正在审理的涉疫情防控案件属于本地区"第一案"或公众关注的、有重大社会影响的案件。如果对于这些案件进行快速审理,从立案到宣判仅经历几个小时或几十个小时,与刑事诉讼法的内在精神是相抵触的。同时,从实体法的角度看,案件办得越快,听取被告人、辩护人辩解的机会也就越少,错案概率增大,留下的隐患也多。对于前述"覃某某虚假口罩诈骗案",法院错误地将仅属于普通诈骗的情形认定为电信诈骗,在一定程度上就是办案过快的负面效果。

对死刑案件的审理,更应该慎之又慎,绝对杜绝“加速度”式办案。如“马某某故意杀人案”。2020年2月5日,马某某与社区防疫人员发生冲突,当场持刀杀害两名防疫卡点工作人员。2020年3月1日,法院一审开庭审理,认定马某某在疫情期间杀害两名疫情防控工作人员,主观恶性极深,犯罪手段残忍,情节极其恶劣,后果特别严重,遂以故意杀人罪判处被告人马某某死刑,剥夺政治权利终身。[⑭] 谁都不会否认马某某在特殊时期杀害两人的严重社会危害性,对其适用极刑也符合当前的死刑政策。但是,“人死不能复生”,对死刑案件的审理容不得任何瑕疵,办案速度过快可能伴随的风险不容忽视。对此,学者指出,要有效减少死刑错案的发生,就应当考虑尽量延长死刑案件的审理期限,不要匆忙做出死刑判决,以体现对死刑适用的慎重。死刑案件办理过快,便极有可能导致错案,这是之前的司法实践已经反复证明了的:在呼格吉勒图案中,从案发到呼格吉勒图被冤杀,为时62天。因此,在我国当前形势下,对死刑适用不能简单地“以暴制暴、以恶治恶”,必须体现国家理性,即国家适用死刑本是为了谴责杀人者、彰显生命的尊贵,因此,国家在万不得已而选择死刑时,也应当万分慎重,最起码在审理时限上不要太过仓促和任性。[⑮]

三、面向未来的思考

目前,还有一些在疫情防控措施严厉化时期发生的刑事案件没有进入审查起诉、审判程序,而在今后疫情防控常态化之后,还有大量新发涉疫情案件需要处理,因此,需要认真考虑:为处理相关案件,如何建构合理的刑事司法政策。

(一)构成要件观念的坚守

1. 准确适用妨害传染病防治罪

在未来的实务中,对于如何严格按照《刑法》第330条的规定处理案件,还有一些问题值得研究:(1)如何认定妨害传染病防治罪中的“违反传染病防

⑭ 参见最高人民法院《人民法院依法惩处妨害疫情防控犯罪典型案例》(第一批),案例2。

⑮ 参见黎宏:《死刑案件审理不宜片面强调从快》,载《中外法学》2015年第3期。

治法的规定”和“卫生防疫机构依照传染病防治法提出的预防、控制措施”？一般而言,《传染病防治法》和地方政府、有关部门的规范性文件,均可作为认定妨害传染病防治罪中“违反传染病防治法规定”的依据。但是,地方政府和有关部门在疫情防控期间发出的明显违法指令或过于严苛的政策、办法等,难以作为定罪的前置规定。(2)妨害传染病防治罪是危害公共卫生罪,行为必须对不特定多数人的健康有危险才能定罪,行为人仅造成共同生活的家人、友人之间传播危险的,不应作为犯罪处理。(3)本罪同时规定了结果犯和危险犯,在造成危害结果的场合,可以认为其与过失以危险方法危害公共安全罪之间存在法条竞合关系,本罪作为特别法条应当优先适用。

2. 不宜将销售伪劣口罩的行为认定为销售不符合标准的医用器材罪

医用口罩、护目镜、防护服等医用器材事关医护人员和人民群众人身安全,生产、销售伪劣医用器材危害极其严重,必须依法严惩。但是,在实践中,值得研究的是生产、销售伪劣一次性使用医用口罩问题。对此,检察机关的立场是:根据国家行政主管部门发布的《医疗器械分类目录》,一次性使用医用口罩属于医疗器械;国家药监局和各省级药监局也都对一次性使用医用口罩进行注册管理。办理相关刑事案件就可适用《刑法》第145条的规定。对于“足以严重危害人体健康”的认定,检察机关主张:根据2003年“两高”《关于办理妨害预防、控制突发传染病疫情等灾害的刑事案件具体应用法律若干问题的解释》等规定,在办案中审查认定是否“足以严重危害人体健康”应当从是否具有防护、救治功能,是否可能造成贻误诊治,是否可能造成人体严重损伤,是否可能对人体健康造成严重危害等方面,结合医疗器械的功能、使用方式和适用范围等,综合判断。据此,如果行为人宣称为“医用口罩”并通过仿制证明材料、包装、标识等让人误以为是“医用口罩”出售,或者购买人明确购买“医用口罩”而行为人默认的,就可以将销售伪劣一次性使用医用口罩的行为认定为销售不符合标准的医用器材罪。

按照这种立场起诉的案件在实践中也确实存在。如“纪某某涉嫌销售不符合标准的医用器材案”。2020年1月29日,被告人纪某某(健身馆经营者)得知新冠肺炎疫情在一些地区呈扩散、蔓延势头,预判具有防护功能的医用口罩市场需求量巨大,遂通过网络联系到某旅游用品厂(非医疗器械经销商),以0.5元一只的价格购买了9600只在保质期内的“飘安”牌一次性使用医用口罩,并于当日晚销售完毕。此后,纪某某看到销售口罩利润可观,明知该厂另有6万只“飘安”牌一次性使用医用口罩为过期产品,仍以0.1元一只的价格购买并现场结清货款。为掩盖口罩已过期的事实,1月30日凌晨,纪某某将上述口罩存放于自己所经营的健身游泳馆内,将每包口罩的外包装袋撕开,销毁标注有生产日期及有效期的合格证。1月30日至31日,纪某某通过微信朋友圈发布销售信息,以一只0.5元至2元不等的价格将上述口罩出售给被害人曹某等人,得款55,100元。经检验机构检验,涉案口罩的细菌过滤效率不符合相关规定标准的要求,系不合格产品。

扬州市公安局经济技术开发区分局对纪某某以销售伪劣产品罪立案,并于2020年2月1日对其取保候审。检察机关介入侦查后,引导公安机关对涉案口罩的性质、功能用途、销售口罩时的主观故意等方面强化证据收集,确定了涉案口罩系医用器械,且销售时纪某某主观故意明确,根据“两高两部”《意见》,建议公安机关变更涉案罪名。2月22日,公安机关以纪某某涉嫌销售不符合标准的医用器材罪移送审查起诉。检察机关依法保障被告人诉讼权利,听取了被告人及其辩护人意见,被告人认罪认罚并同意适用速裁程序。2月24日,扬州经济技术开发区检察院以被告人纪某某销售不符合标准的医用器材罪提起公诉。⑯

但是,对于被告人纪某某能否以销售不符合标准的医用器材罪提起公诉是存在疑问的。问题的关键并不在于一次性使用医用口罩是否被作为医疗器械管理,而在于其“足以严重危害人体健康”。“足以严重危害人体健康”是生产、销售不符合标准的医用器材罪的客观构成要件,表明该罪是具体危险犯。对于是否达到“足以”的程度,需要在个案中具体判断,不能仅仅以口罩不具有防护功能就认定销售行为足以严重危害人体健康,否则就是将具体危险犯转换为抽象危险犯处理。如果要对销售一次性使用医用口罩的行为适用本罪,需要证明被害人佩戴这种口罩具有感染新冠肺炎的紧迫性、现实危险性。但是,对于具体案件中生活在没有传染源、不是疫区的口罩使用人而言,控方要证明佩戴这种不合格口罩就存在足以严重危害人体健康的现实危险,这是非常困难的。因此,结合口罩的功能、适用范围等综合判断,对于行为人宣称为“医用口罩”并通过仿制证明材料、包装、标识等让人误以为是

---

⑯ 最高人民检察院《全国检察机关依法办理妨害新冠肺炎疫情防控犯罪典型案例》(第四批),案例4。

"医用口罩"出售,或者购买人明确购买"医用口罩"而行为人默认的,都未必适宜认定为销售伪劣的医用器材,对被告人还是应当认定为销售伪劣产品罪较为稳妥。

(二)宽严相济刑事政策的精准把握

"'政策'是一种给思想贴上标签的方式,以及证明实践和组织安排的正当性的方式。"⑰没有妥当的刑事政策的指引,具体的司法活动就难以实现刑法的功能性目标。

1. 严的一面:加大对破坏野生动物资源犯罪的惩处力度

"没有买卖就没有伤害。"野生动物是大自然的重要组成部分,是人类的朋友,保护野生动物,维护生物多样性和生态平衡,就是在维护我们的生存环境。

在此次防疫过程中,公众对新冠肺炎如何传播、是否存在中间宿主、如何保护野生动物极为关心。因此,依法严惩破坏野生动物资源犯罪,是当前社会关注度比较高的问题。2020 年 2 月 24 日,全国人大常委会通过《关于全面禁止非法野生动物交易、革除滥食野生动物陋习、切实保障人民群众生命健康安全的决定》提出全面禁止以食用为目的猎捕、交易、运输在野外环境自然生长繁殖的陆生野生动物的新要求。司法机关必须勇于担当保护野生动物资源、保障人民群众生命健康安全的职责使命。

应当说,从刑法立法上看,我国对野生动物的保护所规定的罪名并不少,包括非法捕捞水产品罪,非法猎捕、杀害珍贵、濒危野生动物罪,非法收购、运输、出售珍贵濒危野生动物、珍贵濒危野生动物制品罪,非法狩猎罪,以及走私珍贵动物、珍贵动物制品罪。此外,对于违反国家规定,非法经营非国家重点保护野生动物及其制品(包括开办交易场所、进行网络销售、加工食品出售等),扰乱市场秩序,情节严重的,应当以非法经营罪定罪处罚;知道或者应当知道是非法狩猎的野生动物而购买的,以掩饰、隐瞒犯罪所得罪定罪处罚。但是,毋庸讳言,我们历来对于野生动物保护的重要性认识不足,总觉得它们和人类生存的关联性不是特别强,滥捕、滥食危害很小,在之前的刑事司法中,也对类似犯罪存在打击不严的问题。因此,在今后的司法活动中,对于破坏野生动物资源犯罪,司法机关应当加大执法力度,将《刑法》相关规定以及全国人大常委会《关于全面禁止非法野生动物交易、革除滥食野生动物陋习、

⑰ [英]H. K. 科尔巴奇:《政策》,张毅、韩志明译,吉林人民出版社 2005 年版,第 10 页。

切实保障人民群众生命健康安全的决定》贯彻落实好,依法运用刑事手段对破坏野生动物资源的行为予以严厉打击。

2. 宽的一面:考虑被告人疫情期间的惶恐、可谅解之处

在阶层犯罪论体系中的责任阶层,不仅考虑可谴责性的罪责内容,而且还要考虑预防必要性。[18] 在功能性的责任概念中,罪责被赋予边裁的角色;在罪责所划定的范围之内,预防必要性发挥着功能性的调节作用。[19] 如此一来,动用刑罚去惩罚一个人,不仅是因为他有罪责,而且因为有预防的必要。具体到疫情期间的犯罪,当行为人抗拒防疫措施并造成传播后果之后,就符合了妨害传染病防治罪的不法,且具备了罪责。但是,对于那些因为惶恐而传播虚假信息、因担心被歧视而隐瞒疾病或行踪信息、已经保持了足够谨慎但仍然引起疾病传播的行为人,在确定其责任大小时,要注意特殊预防的效果。对这类行为人是否需要判刑,收监执行能够达到何种教育改造的效果,都是需要慎重思考的。在具体案件中,如果行为人没有特殊预防的必要性,则可以考虑减轻甚至免除其责任。

基于上述刑法教义学思考,在贯彻宽严相济刑事政策"宽"的侧面时,就需要注意把握:(1)对传播虚假疫情信息的案件,如果是因为轻信而传播虚假信息,危害不大的,不以犯罪论处。(2)因疫情防控需要,为赶工期导致产品标注不符合相关规定,生产销售的产品经鉴定符合国家相关卫生、质量标准,未造成实质危害的,原则上从轻处理(可以不认定为犯罪)。(3)对于因生产经营需要复工复产,引发新型冠状病毒传播或有传播风险的,如果企业已按照有关部门的要求采取了有关疫情防控措施,建立了严格的岗位责任制,不宜认定为犯罪。(4)对于在社区(物业)管理人员、独自执行任务的辅警等开展防疫检查任务时,以暴力、威胁方法进行阻碍,但并未造成轻伤以上后果,也没有造成社会管理秩序混乱,不构成故意伤害或寻衅滋事罪的,应当依法宣告无罪,建议公安机关进行治安处罚。

(三)增强程序意识,防止扭曲的"司法政绩观"

前已述及,刑事案件的处理,必须顾及人权保障问题,要给予被告人充分的时间和机会行使辩护权,唯有如此,才不会形成冤假错案。这主要是因为

---

[18] 参见[德]克劳斯·罗克辛:《德国刑法学总论》第1卷,王世洲译,法律出版社2005年版,第557页。

[19] 参见车浩:《"扒窃"入刑:贴身禁忌与行为人刑法》,载《中国法学》2013年第1期。

刑事案件的处理环环相扣,有一定周期,有自身规律,办案一定不是越快越好。在防范新冠肺炎疫情期间,各级检察院、法院服务于疫情防控的大局,办案积极性很高,司法公正性也得到了实现。

为了充分展示国家理性,司法机关今后对所有涉疫情案件的办理都一定要严格按照刑事诉讼法的规定。即便是按照认罪认罚程序处理的案件,对被告人的辩护权也一定不能进行不当限制,司法人员一定要留出足够时间反复论证被告人是否有无罪可能,厘清此罪、彼罪界限,不能在仓促和任性中草草下判,从而形成一些涉疫情防控的"隐性"错案。

说到底,办案不能过快的问题,并非"小事一桩",其与正确的司法政绩观有关,与程序意识有关,更涉及被告人的人权保障和国家理性问题。"萝卜快了不洗泥",兹事体大,不可不察。

Epidemic Prevention and the Yardstick of Criminal Justice Policy

Abstract: It is of great significance to review the criminal policy during the epidemic prevention and control period. The criminal policy has quickly shifted from Hard-striking campaign to Combining punishment with leniency. On the whole, it adheres to the principle of legality, and it is providing a strong judicial guarantee for epidemic prevention and control. However, in some individual cases, the boundary between crime and non-crime still be controversial, the problem of inappropriate sentencing is worthy of attention, and the rapid progress of criminal procedures is conflict with the criminal procedure law. In the future, it should emphasize the importance of the Tatbestand, in addition, the criminal policy should be accurate, and enhance the consciousness of criminal procedure. It should eliminate the phenomenon of various so-called first cases to prevent the distortion of judicial achievements, so as to demonstrate the national rationality of criminal justice.

Key words: Epidemic Prevention and Control; Criminal Policy; the Principle of Legality; Improper Sentence; Limitation of Judicial Process

清华法律评论(第十卷第一辑)
第42~56页

疫情防控中个人信息的刑法保护

劳东燕*

目　　次

摘　要　我国当前的疫情防控在广泛运用信息技术的同时,也给个人信息的法律保护带来巨大的挑战,必须警惕对疫情风险进行过度控制与预防的问题。信息社会中,围绕个人信息而展开的利益博弈结构,涉及政府、企业与个人的三方关系,个人处于绝对弱势的地位,故有必要强化对个人信息的法律保障。我国法律主要通过包括刑法在内的公法对个人信息进行保护,但现行的法律保护框架存在一些明显的不足,存在需要调整的空间。刑法中有多个罪名来保护公民的个人信息,侵犯公民个人信息罪则作为首要的保障个人权益的罪名而存在。从强化对个体信息权益的保护考虑,对侵犯公民个人信息罪的保护法

*　清华大学法学院教授,博士生导师。

益宜采个人导向的法益观;对信息权内容的界定,应有助于数据主体对流通环节的个人信息的控制。同时,在理解相关构成要件时,在防止过度犯罪化的同时,需要注意避免刑法保护不足的问题;基于我国的现实情况,适度扩张该罪的处罚范围是合理的选择。

关键词 个人信息;个人信息权;数据治理;侵犯公民个人信息罪;实行行为

一、疫情防控背景下的风险预防举措

这次新冠肺炎的全面暴发与蔓延,确凿地表明我们身陷全球风险社会的事实。每一个社会,社会中的每一个部分,都不是孤岛式的存在,而是复杂系统的组成部分。"'系统'意味着相互连通。系统中的事物是相互纠结的,直接或者是间接地连接到一个共同的命运①。"复杂性的不断增加,无疑给当代的社会治理带来严峻的挑战。无论是在全球治理层面,还是在国家治理层面,均存在诸多需要反思和调整的空间。就治理的角度而言,传统的工程式控制思维正显现越来越多的短板,难以顺应社会系统复杂性的急剧提升,而需要实现向生态式适应思维的转变。② 与此相应,所有的学科都在经历重大转型,从将世界视为高度有序的、机械的、可预见的、在某种程度上静态的,转变为将世界视为不断进化的、有机的、不可预测的、处于永远发展中的。③ 这也正是阿瑟提出复杂经济学的缘由所在。

对于中国而言,疫情防控的阶段性成功,相当程度上是借助于网络与数据技术的支持而实现。信息技术的广泛运用,使对大规模人口的追踪与隔离成为可能,从而大大提高了疫情防控的成效。可以想象,在复杂性急剧增加的风险社会中,社会治理势必需要借助信息技术的力量,以此实现包括疫情在内的各式风险的控制与预防。然而,风险社会的悖谬之处在于,用以控制与预防风险的技术或制度,本身也不可避免地成为新的风险来源。不止如

---

① [美]凯文·凯利:《失控》,张行舟、陈新武、王钦等译,电子工业出版社2016年版,第212页。

② 参见劳东燕:《网络时代刑法体系的功能化走向》,载《中国法律评论》2020年第2期。

③ 参见[美]布莱恩·阿瑟:《复杂经济学》,贾拥民译,浙江人民出版社2018年版,第18页。

此,即便这样的技术或制度是被需要的,相应的风险控制与预防机制,也始终面临如何保持适度的问题。如果说社会类似于一个有机的生态系统,那么,过度预防同样可能对社会的基本生态带来严重伤害,就像过度免疫有害于人体的健康那样。

我国在当前的疫情防控中前所未有地运用了信息技术,这虽然使对于大规模的流动人口的控制成为可能,但海量地收集与使用个人信息,全方位地追踪流动人口的行踪,本身也会带来很多的风险。抛开是否由此而走向全景敞视式的社会不论,最为直接与可见的风险在于,个人信息的泄露与滥用的现象相伴而生。实际上,在当前对疫情的防控过程中,就已经不断地出现相关人员个人信息被泄露的问题。典型的例子,如青岛胶州中心医院就诊名单上 6685 人的个人信息被泄露,内容包括姓名、电话、身份证号码、个人详细住址与就诊类型。这份名单是因该院发现确诊病例,相关人员应疫情防控工作指挥部的要求而做的登记。④ 这一个人信息泄露事件,所呈现的不过是冰山之一角。可想而知,这次疫情中对海量个人信息的收集、保管与使用,包括各式健康码的推广等,都会对个人信息权利方面的保障提出更为严峻的冲击与挑战。一旦疫情过去,便会迅速面临在此期间收集的海量个人信息如何保管与处理的问题。

不难发现,在涉及个人信息的利益博弈中,作为数据主体的个人、作为数据收集者与处理者而代表产业利益的企业与承担双重角色的政府,形成了三方关系的基本结构。所谓政府承担双重角色,是指它既可能作为数据收集者与处理者的身份出现,也可能作为个人与企业之间发生利益冲突时的调停者或监督者。就我国而言,在三方关系的利益博弈中,历来强势的政府,依靠技术力量的支持,其优势地位得以进一步巩固与强化;而掌握信息技术的互联网企业在得到商业利益的同时,也获得全新的支配实力。归结而言,政府与互联网企业都属于信息社会结构中的获益方,依靠信息技术的发展与使用,提升并扩张了自身的控制实力。与此同时,除了代表新媒体精英的少部分人员之外,绝大多数个人乃是作为信息技术的被支配者出现。基于此,虽说个人是数据主体,是大数据得以形成的最主要的来源,因为绝大部分的数据都

---

④ 参见诸未静:《6685 人名单泄露!警方紧急侦办》,载《南方都市报》2020 年 4 月 17 日,第 10 版。

源于人类本身或相应的活动,但个人显然是三方关系结构中最为弱势的一方,这种弱势的地位,因信息技术的飞速发展而日益加剧,其处境也有不断恶化的趋势。对于绝大多数个人而言,其既不拥有监控性的权力,也难以依靠技术的力量而扩大自己的话语权。因此,这样的个人往往是为异化的信息社会结构所反噬的对象。⑤

这意味着,就现实层面而言,围绕个人信息而展开的利益博弈中,个人是最弱势的一方;而疫情防控如果趋于常态化,将进一步加剧个人的不利境况,使原本就不平衡的三方关系呈现极端化的局面。这是因为,在疫情防控的背景下,除了通常所考虑的企业利益、产业发展与国家安全之外,还要权衡公共卫生方面的因素。公共卫生利益的凸显,势必为大范围收集与使用个人信息的做法提供新的合理化根据,并反过来贬抑个人信息的保护需求,后一需求很容易被认为已为公共卫生的利益超越。

关键在于,疫情不可能一直持续下去,我们终将回归常规化的社会。对于当下为防控疫情所采取的一些权宜之计,显然有必要认真考虑,此类举措在疫情之后会造就怎样的一个世界的问题。就个人信息的问题而言,在疫情防控的背景之下,如何强化对个人信息的法律保护显得迫在眉睫。本质上,它不仅涉及数据治理的问题,也是治理能力现代化命题中的重要组成部分。在对个人信息的法律保护中,刑法显然可以起到重要的作用。刑法属于硬法的范畴,并且可能是硬法中最为坚硬的部分。数据治理的普遍性、技术性、复杂性和应时性,决定了其对软法有着非常大的需求;但这并不意味着单凭软法或主要依靠软法即可使数据治理趋于合理化,数据治理若没有硬法规定基础性规范,软法也难以发挥真正有效的作用。⑥

二、个人信息概念与我国实务之概览

根据《网络安全法》第76条第5项的规定,个人信息是指以电子或者其他方式记录的能够单独或者与其他信息结合识别自然人个人身份的各种信

⑤ 参见陆宇峰:《信息社会中的技术反噬效应及其法治挑战——基于四起网络舆情事件的观察》,载《环球法律评论》2019年第3期。

⑥ 参见沈岿:《数据治理与软法》,载《财经法学》2020年第1期。

息,包括但不限于自然人的姓名、出生日期、身份证件号码、个人生物识别信息、住址、电话号码等。2020 年 3 月 6 日颁布的《信息安全技术 个人信息安全规范》(GB/T 35273 - 2020)第 3.1 条规定,个人信息是指以电子或者其他方式记录的能够单独或者与其他信息结合识别特定自然人身份或者反映特定自然人活动情况的各种信息。欧盟的《通用数据保护条例》(General Data Protection Regulation,GDPR)则采用个人数据的概念,将个人数据界定为已识别到的或可被识别的自然人的所有信息。其中,可被识别的自然人是指其能够被直接或间接通过识别要素得以识别的自然人,尤其是通过姓名、身份证号码、定位数据、在线身份等识别数据,或者通过该自然人的物理、生理、遗传、心理、经济、文化或社会身份的一项或多项要素予以识别。不难发现,尽管我国使用的是个人信息的概念,而欧盟的 GDPR 采用个人数据的表述,但二者大体上是相对应的范畴,均强调要与自然人有关,并且需具备可识别性。

严格说来,个人数据的概念偏重于突出载体,而个人信息的概念则偏重于强调内容,二者不能完全等同。信息既可以以电子数据作为载体,也可以借助其他的载体来传达。这样的载体既包括语言与文字,也包括身体的动作或其他的形式,比如,我国古代打仗时会使用烽火,非洲某些地方会使用鼓声,它们都被用作载体来传递相应的信息。由于电子数据作为载体有其特殊性,它使复制与传递信息变得特别地容易,这样的特性给个人信息的保护带来全新的挑战。不过,就法律层面而言,个人信息与个人数据这两个概念在内涵上差别不大。基于此,本文根据行文需要而使用这两个概念,不作严格的界分。

从我国实务来看,不少涉及不正当竞争纠纷的案件都指向用户的个人信息,比如北京微梦创科网络技术有限公司(新浪微博)诉北京淘友天下技术有限公司与北京淘友天下科技发展有限公司(脉脉软件)不正当竞争案⑦、上海汉涛信息咨询有限公司(大众点评)诉北京百度网讯科技有限公司等不正当竞争案⑧,以及淘宝(中国)软件有限公司诉安徽美景信息科技有限公司不正当竞争案⑨等。这类案件中,被关注的主要是企业竞争中的经济性利益,用户

---

⑦ 参见北京知识产权法院民事判决书,(2016)京 73 民终 588 号。

⑧ 参见上海市浦东新区人民法院民事判决书,(2015)浦民三(知)初字第 528 号。

⑨ 参见杭州铁路运输法院民事判决书,(2017)浙 8601 民初 4034 号,浙江省杭州市中级人民法院民事判决书,(2018)浙 01 民终 7312 号与浙江省高级人民法院民事裁定书,(2019)浙民申 1209 号。

作为数据主体的权益,在诉讼中至多是被附带性地加以考虑。在前述微梦诉淘友的二审判决书中,主审法官特别指出,用户信息不仅体现互联网经营者重大的竞争利益,更是消费者个人合法权益的重要组成部分;在互联网时代,保护用户信息是衡量经营者行为正当性的重要依据,也是反不正当竞争法意义上尊重消费者权益的重要内容。主审法官将自己作为消费者的隐形代表,在判决理由中较多地考虑消费者的权益,可能还是较为少见的。[10]

在涉及侵犯个人信息的刑事案件中,行为人可能会被按侵犯公民个人信息罪、非法获取计算机信息系统数据罪与破坏计算机信息系统罪等罪名来处理。但是,此类案件进入刑事诉讼程序,往往不是用户因个人权益受到侵犯去告发而案发,而是涉案企业向公安机关举报的结果。相应地,为数众多的作为数据主体的被害人,也并不出现在诉讼过程之中。

观察我国司法实务中对与个人信息相关的案件的处理,可以得出这样几点:第一,个人很少直接作为权利主体出现,往往是在涉及企业利益的经济性纠纷中附随地出现。第二,我国现行法律注重保护合法收集数据的企业的经济利益,承认企业对合法收集的个人信息享有某种经济性或财产性的利益。第三,互联网企业相对于个人处于绝对强势地位。在相应的用户协议中,尽管名义上可能存在知情告知与同意的环节,但在格式合同的条款之中,企业如何收集与使用用户的信息,完全是由企业一方来主导,用户基本上没有实质性的选择权。第四,尽管现有法律强调对个人信息的获取应当遵循最小必要性原则,但企业实际上往往是尽最大的技术能力去获取尽可能多的个人数据。第五,公权力部门收集与使用个人信息的行为较少受到法律规制,即便近年来对个人信息的法律保护逐渐提上日程,如何规制公权力部门对个人信息的收集与使用,仍较少被提到,并未成为法律规制关注的重要对象。

三、个人信息的法律性质与保护框架

在我国现行法律规定中,个人信息的权利属性最早由《刑法》确认。2009

---

⑩ 参见北京知识产权法院民事判决书,(2016)京73民终588号;张玲玲:《以新浪微博诉脉脉案为例看反法第二条的适用》,载搜狐网2017年8月16日,https://www.sohu.com/a/165122267_455313。

年《刑法修正案(七)》增设非法获取公民个人信息罪(《刑法》第253条之一),该条规定被2015年《刑法修正案(九)》修正,罪名变更为侵犯公民个人信息罪,但条文的位置没有变动,仍是作为“侵犯公民人身权利、民主权利罪”中的犯罪而存在。民法的相关规定中也确认公民对个人信息的权利。2013年修正《消费者权益保护法》时新增了消费者“享有个人信息依法得到保护的权利”的规定。2017年10月施行的《民法总则》第111条对自然人的个人信息受法律保护与获取个人信息的组织和个人应遵守的义务做出规定。

在行政法层面,2012年《全国人民代表大会常务委员会关于加强网络信息保护的决定》,对于能够识别公民个人身份和涉及公民个人隐私的电子信息做出原则性的规定,主要涉及网络服务提供者和其他企业事业单位在收集、使用与保管等环节应遵守的义务。2017年6月起生效的《网络安全法》首次在立法上界定了个人信息的含义,并在第四章“网络信息安全”中,对个人信息的收集、存储、保管和使用做出相对全面的规范。不过,前述相关规定,在内容上多偏于抽象与概括。2020年3月6日公布的《信息安全技术　个人信息安全规范》,则对个人信息的收集、存储与使用作了更为详细与具体的规定。相比于2017年的版本,新近公布的这个行业性规范,在涉及敏感信息与生物识别信息的收集、传输与存储等环节,对个人信息控制者提出了更高的要求。例如,第5.4条特别要求,收集个人敏感信息前,应征得个人信息主体的明示同意,并确保个人信息主体的明示同意是其在完全知情的基础上自主给出的、具体的、清晰明确的意愿表示;收集个人生物识别信息前,应单独向个人信息主体告知收集、使用个人生物识别信息的目的、方式和范围,以及存储时间等规则,并征得个人信息主体的明示同意。第6.3条规定个人信息控制者在传输和存储个人敏感信息时,应采用加密等安全措施;个人生物识别信息应与个人身份信息分开存储;原则上不应存储原始个人生物识别信息(如样本、图像等)。

在现行的法律框架内,个人数据不只具有个人信息意义上的权利属性,它同时也被认为具有财产的属性,尤其是对于合法控制与处理个人数据的主体而言。《民法典》第127条规定,法律对数据、网络虚拟财产的保护有规定的,依照其规定。从我国司法实务来看,盗窃网络虚拟财产的行为,尽管各地法院的判决在立场上不尽一致,但有不少判决明文肯定虚拟财产可作为盗窃罪的对象,即肯定虚拟财产的财物属性。国内学者在就虚拟财产问题展开研究时，也对实务处理情况做过相应的考察与分析。[11] 在涉及不正当竞争的案件中，有的法院在判决中认定，在原始用户数据上经过深度开发的网络大数据产品，系独立的衍生数据，开发主体对相应的数据产品享有竞争性财产权益。[12]

除了人身权利与财产属性之外，根据我国的《网络安全法》，对个人数据的法律保护，还会涉及网络空间主权、国家安全与社会公共利益。至于个人数据的其他属性，尽管立法上尚未做出明文的规定，但可想而知，个人数据在不同的场景中可能会涉及其他的利益。在我国司法实务中，擅自使用其他主体合法控制信息的，如果涉嫌违反商业道德，相关企业的行为会被认定为构成不正当竞争，往往适用的是反不正当竞争法的相关规定。[13] 这意味着，在相应的场景中，可能涉及对市场正常交易秩序的保护。

归结而言，个人数据之上的权益并不是一项简单的权利，而是一种权利集合，它囊括了不同主体在相同客体上的涉及人格、隐私、财产、主权等多方面的权利。[14] 个人数据同时具有个人性、企业性与公共性的特点。它是属于个人或关于个人的信息，可能会涉及个人的人身或财产性的利益。同时，企业收集了个人信息，当然也控制了这些信息，其中包含了商业利益和经济利益。此外，个人数据的利益结构中，还可能涉及国家或社会这样的公法益主体，跟公共安全或国家安全有关，具有超出个人和企业之私权益的公共属性。也正是基于此，有学者主张从“权利束”的视角来探究数据权利，认

---

⑪ 参见徐凌波：《虚拟财产犯罪的教义学展开》，载《法学家》2017 年第 4 期。

⑫ 例如，淘宝（中国）软件有限公司诉安徽美景信息科技有限公司不正当竞争案，参见杭州铁路运输法院民事判决书，(2017)浙 8601 民初 4034 号，浙江省杭州市中级人民法院民事判决书，(2018)浙 01 民终 7312 号与浙江省高级人民法院民事裁定书，(2019)浙民申 1209 号。浙江省高级人民法院在裁定书中这样指出，“网络大数据产品不同于原始网络数据，其提供的数据内容虽然同样源于网络用户信息，但通过网络运营者大量的智力劳动成果投入，并经过深度开发与系统整合，最终呈现给消费者的数据内容，已独立于网络用户信息、原始网络数据之外，是与网络用户信息、原始网络数据无直接对应关系的衍生数据。在性质上，数据产品虽表现为无形资源，但可以为运营者实际控制和使用，能够为运营者带来相应经济利益，在实践中已经成为市场交易的对象，具有实质性的交换价值。一审法院认为淘宝公司对涉案‘生意参谋’数据产品合法享有竞争性财产权益，并无不当”。

⑬ 例如，上海汉涛信息咨询有限公司（大众点评）诉北京百度网讯科技有限公司等不正当竞争案，参见上海市浦东新区人民法院民事判决书，(2015)浦民三（知）初字第 528 号。再如，浙江省宁波市中级人民法院民事判决书，(2015)浙甬知初字第 40 号认定，他人擅自复制招聘网站上的个人简历信息用于商业用途构成不正当的竞争。

⑭ 参见闫立东：《以“权利束”视角探究数据权利》，载《东方法学》2019 年第 2 期。

为按割裂的方式,或者以简单涵盖全部的方式对数据权利进行研究并提出立法建议时,都会出现主体优先冲突,权利优先冲突以及数据归属、利用的问题。⑮

在个人信息保护的问题上,观察我国现有的法律规定与行业性规范,可得出以下六个结论:第一,我国实行的是以告知—同意机制为基础的法律保护框架。第二,现行法律将保护个人信息的责任主要放在数据主体而不是数据收集者与使用者身上。一旦数据主体对数据的收集与使用表示同意,其对后续环节中数据的状态往往缺乏控制,相应的风险事实上也需要由数据主体自身来承担。第三,现行法律规制的重心放在对个人数据的非法收集行为而不是滥用行为之上。第四,现行法律注重保护产业与安全方面的利益。第五,现行法律对作为数据主体的个人权利保障偏弱,不仅在保护力度上显得不足,在实践层面也较为普遍地存在法律规定被虚置的现象。第六,在法律层面对生物识别信息未作特殊的分类保护,也未采取根据语境来判断人们预期与权利边界的做法。

对于个人信息的保护,我国当前基本上采取的是以公法保护为主的法律框架,这主要是由数据的特殊性质所致。国内学界提出有必要将个人数据作为公共用品来进行保护的观点,⑯或者认为应当将产业利益、科技与经济发展的利益放在优先位置的看法,显然未充分注意到围绕个人信息而形成的政府、企业与个人三方关系结构的基本特点,政府在其中所扮演的双重角色,以及个人在其中处于最为弱势的地位的现实。因而,即便承认以公法保护为主的法律保护框架,也不意味着应当将个人数据当作公共用品,而相应的数据主体只享有防御性的权利。

对于现行法律保护框架中存在的不足,有必要做出相应的调整。调整的内容包括:第一,需要加强对收集与使用个人信息行为的监管。鉴于互联网企业作为数据控制者所具有的强大的技术能力,“法律尤其应当瞄准互联网企业,它们既是信息技术的开发者、使用者、控制者,又是信息技术反噬效应的根源;它们即便并非直接借助此种反噬效应赚钱,也没有任何限制此种反

---

⑮ 同前注⑭。

⑯ 参见梅夏英:《数据的法律属性及其民法定位》,载《中国社会科学》2016 年第 9 期;吴伟光:《大数据技术下个人数据信息私权保护论批判》,载《政治与法律》2016 年第 7 期。

噬效应的天然动力⑰”。第二,个人信息保护的主要责任者应当从数据主体转移到数据控制者之上。这要求在告知—同意的机制之外,强化数据控制者在收集、保管与使用环节的注意义务。第三,应考虑风险分配与归责原理的重塑。在风险社会中,应考虑采取符合时代要求的风险分配模式与相应的归责原理。凡是在自身管辖范围内输出不合理风险的人,原则上应当对相应风险及其现实化的结果负责。在具体判断如何进行归责时,应着重考虑当事各方在客观上的管控权限与能力,并考察其主观上对相应风险有无特殊的认知或对风险有无存在严重怀疑。第四,考虑数据合理化流动的需要,法律规制的重心有必要从收集环节转换至使用环节,注重防控泄露与滥用方面的风险。第五,应根据数据类型与适用场景对个人信息实行不同程度的保护。与个人关系越紧密的敏感信息,越要更多地考虑对个体权益的保障,比如生物识别信息原则上不允许商业化使用;与个人关联程度较松散的一般信息,可以更多地考虑商业化运用的利益。

四、侵犯公民个人信息罪的实务适用

从我国刑法的相关规定与实务情况来看,个人信息并不只是通过侵犯公民个人信息罪来保护,而是根据不同适用场景中个人数据涉及的权益性质,提供了不同的罪名来进行保护。我国《刑法》分则第三、四、五、六各章中,均存在涉及个人信息保护的相关罪名。就此而言,我国刑法对个人信息的保护已经形成一个较为完整的保护框架。不过,从中可以发现,在价值导向上,我国刑法对个人数据的保护,更强调对秩序法益的保护,对个体权益的保障在力度与广度上都显得不够。

鉴于在多个罪名中,侵犯公民个人信息罪乃是作为首要的保障个人权益的罪名而存在,有必要对本罪的实务适用做进一步的探讨。在界定本罪的构成要件时,无疑需要考虑我国当前的法律框架和现实情况。基于个人在三方关系中的绝对弱势地位,在适用侵犯公民个人信息罪时,价值取向上无疑需

⑰ 陆宇峰:《信息社会中的技术反噬效应及其法治挑战——基于四起网络舆情事件的观察》,载《环球法律评论》2019 年第 3 期。

要考虑加强对个人权益的保障。基于此,在理解本罪的构成要件时,需要考虑通过司法的具体适用来强化威慑与预防效果,以便形成有效的行为激励机制,促使行为人或有关单位不敢随意违规收集或不当使用公民的个人信息。这意味着,对侵犯公民个人信息罪的构成要件进行解释时,不仅要考虑教义学层面的融贯性要求,也要考虑刑事政策上的效果,应当将二者有机地予以统一。

(一)三个前提性问题

在对侵犯公民个人信息罪的构成要件进行解释之前,需要对三个前提性问题作出交代。

其一,本罪究竟保护个人法益还是公共法益?仅局限于本罪来考虑,容易得出其法益内容二者兼有的结论。但是,放在整个刑法框架之中,秩序利益和经济利益等完全可由其他相关罪名进行保护;基于此,应认为侵犯公民个人信息罪保护的是个人法益。认为本罪保护的是集体法益的观点,[18]显然没有遵循体系性思考的要求。将本罪的法益理解为法定主体对于所占有个人信息的专有处分权的论者,认为通过对信息专有权的刑法保护,要实现的是对作为宪法法益的信息自决权的间接保护。[19] 就此而言,此种法益观,其实更偏向于个人法益观的立场。

其二,本罪是否仅保护个人在隐私方面的权益?隐私权的内容在我国法律中理解得较窄,本罪不仅保护公民的隐私权,也保护公民的其他人身性权益。司法解释中有关行踪轨迹与网页浏览记录等并不属于隐私的内容,但依然适用本罪来保护,因而,将本罪的法益界定为个人信息权更为合理一些。至于个人信息权的内容,无论是否以自决权作为基础,都应当赋予数据主体在收集环节与后续环节中对其个人数据的控制权限,不应界定得过窄。

其三,是否可以将某些滥用行为纳入处罚范围?鉴于滥用个人数据行为的巨大危害性,未来立法修正也许应当考虑单设诸如滥用个人信息罪之类的罪名。在立法未做修正之前,可适当考虑通过解释论,将一些值得惩罚的滥

---

⑱ 参见曲新久:《论侵犯公民个人信息犯罪的超个人法益属性》,载《人民检察》2015 年第 11 期;凌萍萍、焦冶:《侵犯公民个人信息罪的刑法法益重析》,载《苏州大学学报(哲学社会科学版)》2017 年第 6 期。

⑲ 参见敬力嘉:《大数据环境下侵犯公民个人信息罪法益的应然转向》,载《法学评论》2018 年第 2 期。

用行为纳入本罪的处罚范围。当然,滥用行为本身必须处于“出售”、“提供”或“非法获取”概念的文义可能性范围之中,还必须处于侵犯公民个人信息罪的构成要件的效力范围之内。

(二)本罪实行行为的界定

我国《刑法》第253条之一的侵犯公民个人信息罪规定了两种行为类型,一是违反国家有关规定,出售或提供个人信息的行为;二是窃取或以其他方法非法获取个人信息的行为。

第一种行为类型中,涉及对“违反国家有关规定”如何理解的问题。对于第253条之一中的“违反国家有关规定”与《刑法》第96条中的“违反国家规定”,是否可作不同界定?本文认为,第253条之一中“违反国家有关规定”的“有关”,应理解为是与个人信息有关的前置性的国家规定,故只能限于违反全国人民代表大会及其常委会制定的法律和决定,国务院制定的行政法规、规定的行政措施、发布的决定和命令,不应包括部门规章、地方性法规与其他的规范性文件。至于前置性规定的具体内容,应主要根据《网络安全法》与《关于加强网络信息保护的决定》中的相关规定来界定,即涉及数据控制者在收集和使用环节应符合合法、正当、必要的原则,以及征求数据主体的同意等规定。由于征求数据主体的同意属于前置性行政规定中要求的内容,故未经数据主体的同意,而将相关的个人信息出售或提供给他人,应当认为符合“违反国家有关规定”的要求。

反之,如果是数据主体在网上全盘公开的信息(个人信息的发布是经数据主体同意,并且数据主体有意公开相关的信息),对此种个人信息,如果行为人出售或提供给他人,不应认定为“违反国家有关规定”,也不应认定为“非法获取”,相应行为不能构成侵犯公民个人信息罪。对于此种行为,司法实务的做法并不统一。比如,在王某某、龚某非法侵犯公民个人信息案中,法院认为,王某某从网络下载的企业法人信息即包括法人姓名、电话等信息,在未经被收集者同意的情况下,于下载后进行出售牟利,该信息应认定为“公民个人信息”,从而认为构成侵犯公民个人信息罪。[20] 在无锡腾大教育咨询有限公司、朱某非法获取公民个人信息案中,法院则认为,作为侵犯公民个人信息犯罪对象的个人信息,一般是指本人主观上不希望为一般人知晓而具有法律保

⑳ 参见陕西省西安市未央区人民法院刑事判决书,(2018)陕0112刑初806号。

护价值的信息。本案中常州企业负责人信息包含企业名称、经营范围及负责人姓名、电话、手机号码,上述信息由企业出于经营需要,自行在互联网进行了公布,并非他人泄露,不存在不希望为一般人知晓的情形,且公诉机关亦未提供证据证明上述信息系企业负责人本人不愿公开的信息,故法院认为此节事实并不构成侵犯公民个人信息罪。[21] 前述两个判决,对于将他人有意公开的信息出售或提供给第三方的行为,作了不同的认定。从本罪所保护的法益与前置性规定的内容来看,应当认为,既然权利人对相关的个人信息本来就已做了公开化的处理,此种个人信息便不可能侵害数据主体的信息权,不需要刑法对其进行保护,不能认为构成侵犯公民个人信息罪。

第二种行为类型中的“窃取”应包括“技术性窃取”和“超越权限型窃取”。技术性窃取,是指行为人通过采取植入木马病毒、暴力撞库等方式从个人或者网站、平台获得公民个人信息。此类行为因涉及对计算机信息系统的侵犯,可能同时触犯非法获取计算机信息系统数据罪。超越权限型窃取是指行为人具有一定程度的权限,能够进入系统查询个人信息,但却超出权限获取个人信息。二者的共同点在于,在没有获得数据主体同意的情况下获取了他人的个人信息。值得指出的是,该种行为类型中的“窃取”,不仅包括盗窃意义上的窃取,也包括职务侵占类的行为。至于“以其他方法非法获取”,对于其他方法的理解,应该考虑做适度的扩张,其实质是不经同意而获取个人信息的行为。所谓的不经同意,也包括超出同意的合理范围。因而,“非法获取”不应局限于与窃取类似的抢夺、诈骗或抢劫等行为,而应理解为任何未经数据主体同意或超出同意的合理范围而获取的行为,包括购买的方式在内。所以,“以其他方法”不一定是采取违法犯罪的方法,也可能是形式上看来是合法的方法。

(三)个人信息的范围

侵犯公民个人信息罪的行为对象是个人信息。对于是否属于个人信息,应采取可识别性标准,而非隐私性的标准。也即,个人信息并不限于与个人隐私相关的信息,也包括个人不愿意公开或只在有限范围内公开的个人信息。说到底,个人信息体现的是对公民个人预期信赖利益的保护。一些在公共场合形成的个人数据,除非数据主体有意采取让所有人知晓或可能知晓的

---

[21] 参见江苏省无锡市锡山区人民法院刑事判决书,(2015)锡法刑初字第00179号。

方式进行公开，不然，相应的信息仍然属于本罪的保护范围。可识别性标准要求企业采取合理的技术上的可能性措施，按行业的通行标准对个人信息进行去识别化。经合理的去识别化之后的信息，不再是本罪所保护的“个人信息”。除直接可识别的个人信息之外，需要结合其他信息才能间接识别特定自然人的信息也属于个人信息。

虽然采取了去识别化的举措，但如果没有达到行业规范所规定的标准，相应的个人信息仍成立本罪保护的个人信息，这是基于对个人信息权的强化保护的考虑。正如研究者指出，公民应当保有要求已经去识别化的个人信息不被再识别化的权利，这是个人信息权的辐射效果，是保证公民拥有对个人信息的支配、控制和防范不合理使用的逻辑前提；在信息提供者仅仅是在名义上对个人信息进行了去识别化处理，或者信息接收者采用大数据技术手段对个人信息进行再识别化时，公民对于自身的个人信息将失去任何意义与程度上的支配、自决以及防御的可能性，若是刑法不予保护的话，承载公民人格特征的信息便实现近乎“零阻力”状态的自由流动，所谓个人信息权也将随之土崩瓦解。㉒

现行刑法并没有根据个人信息的内容来分类进行保护，也没有体现根据不同类型提供不同程度的保护的意图。2017 年最高人民法院、最高人民检察院《关于办理侵犯公民个人信息刑事案件适用法律若干问题的解释》的相关规定对此显然有所考虑，主要是通过数量的不同要求，来表现不同类型的个人信息在值得保护性上的不同。根据前述解释第 5 条的规定，行踪轨迹信息、通信内容、征信信息与财产信息这四类信息被认为具有最高程度的值得保护性，属于高敏感信息，只要达到 50 条以上即符合定罪的数量要求；涉及住宿信息、通信记录、健康生理信息、交易信息等其他可能影响人身、财产安全的公民个人信息，则作为低敏感信息，要求达到 500 条以上才入罪的要求；其他一般的个人信息，则需要满足 5000 条以上的条件才能构成犯罪。依据现行的司法解释，生物识别信息至多只能归入到低敏感信息而受到保护。鉴于生物识别信息与个人人格权之间的紧密关联性，未来的司法解释有必要考虑将其放在高敏感信息中予以保护。

㉒ 参见李昱：《“去识别化的个人信息”不受刑法保护吗？》，清华大学 2019 年学士学位论文。

Criminal Law Protection of Personal Information in Epidemic Prevention and Control

Lao Dongyan

Abstract: Information technology is widely used in the current epidemic prevention and control in China, at the same time, it brings great challenges to the legal protection of personal information (PI) . Thus, it is necessary to be alert to the problem of excessive control and prevention of epidemic risks. As is known, in the information society, the structure of interest game about PI involves a tripartite relationship among government, enterprise and individual. Since the individual stays in an absolutely weak position, it is necessary to strengthen the legal protection of PI.

In China, PI is mainly protected by public law, especially Criminal Law. However, the framework of current legal protection has some obvious deficiencies, accordingly, there is room for adjustment. Currently, several charges in the criminal code can be filed to protect the PI of citizens, and the crime of infringing citizens' PI is the primary choice for protecting personal rights. For the consideration of strengthening the protection of individual information rights, it is appropriate to adopt the individual-oriented view of legal benefits occurring to crime of infringing citizens' PI. As for the definition of the content of information rights, it should be beneficial for data's subject to control the PI in circulation . Meanwhile, when it refers to the understanding the relevant components, avoiding insufficient protection is as important as preventing from over criminalization. Therefore, based on the reality in China, it is reasonable to expand the punishment scope of the crime of infringing citizens' personal information moderately.

Key words: Personal Information; Personal Information Rights; Data Governance; the Crime of Infringing Citizens' Personal Information; Perpetrating Act

清华法律评论(第十卷第一辑)
第57~74页

论"善意执行"的内涵

——以应对新冠疫情为切入点

陈杭平*　姜惠雯**

目　　次

摘　要　"善意执行"是在"用两到三年基本解决执行难"阶段性目标实现之后才被提倡的理念。新冠肺炎疫情加速了"善意执行"在实务中的适用,但法院未加反思消化即适用,难免产生偏颇。"善意执行"并不仅限在特殊时期才能适用。为此应从"一个重心"、"一项核心原则"和"一种利益平衡方法"及其相互关系来把握"善意执行"的内涵。"一个重心"指执行以强制性和效率效果为重心。"一项核心原则"指执行比例原则,包括妥当性、必要性和均衡性三个子原则。

*　清华大学法学院副教授,博士生导师。
**　清华大学法学院2017级本科生。

其中妥当性原则与“一个重心”相衔;必要性和均衡性原则与利益平衡方法相通。“一种利益平衡方法”包括宏观和微观两层平衡机制,前者以严禁超标的查封为例,是对在实务中未周全保护被执行人利益现象的纠偏;后者以疫情复工复产典型案例为例,旨在衡量执行效果时,打破个案的边界,追求社会整体效益最大化。

关键词 强制执行;“善意执行”;执行比例原则;利益衡量;超标的查封

一、引言

2019年7月,中央全面依法治国委员会下发《关于加强综合治理从源头切实解决执行难问题的意见》,要求人民法院进一步加强和改进执行工作,树立“依法执行、规范执行、公正执行、善意执行、文明执行”理念,最大限度降低执行对企业正常生产经营活动的不利影响。2019年12月,最高人民法院发布《关于在执行工作中进一步强化善意文明执行理念的意见》(以下简称《善意执行意见》),从严禁超标的查封和乱查封、依法适当采取财产变价措施、充分用好执行和解及破产重整等制度、严格规范纳入失信名单和限制消费措施、加大案款发放工作力度等五个方面对“善意文明执行”的内涵作出阐释。与此同时,最高人民法院发布了一批善意文明执行典型案例。自此,“善意执行”正式成为贯穿于民事执行全过程、体现在民事执行各方面的基本理念。

当理论界、实务界对“善意执行”概念的内涵和外延尚处于观望、疑惑阶段时,新冠肺炎疫情暴发,席卷神州大地,短期内对民事执行产生重大影响和冲击。整个社会因为疫情而被迫“停摆”,民事执行工作也不得不随之陷入停滞,执行效率、到位率等都无从谈起。与此同时,大量作为被执行人的企业、自然人受疫情影响而陷入困顿,也在客观上增加了强制执行的难度。不经意间,“善意执行”所蕴含的宽限、和缓、妥当等要求与执行在事实上的停滞之间相互契合,成为疫情期间法院执行工作高举的一面旗帜。[①] 各地各级法院纷纷出台通过“善意执行”为企业应对疫情提供司法保障的规范性文件。[②] 此外,由于公众的注意力均被疫情吸引,民事执行所承受的舆论压力也在一定程度上得到缓减,法院相对从容地在个案执行中统筹兼顾各方当事人的利益,选择平衡各方当事人利益的执行行为;申请执行人因受疫情影响,也更愿意接受执行和解,提高法院促成执行和解的成功率。概言之,疫情加速了“善意执行”理念贯彻适用的过渡和切换。几乎一夜之间,全国法院对“善意执行”理念达成基本共识,不少法院还进行了阐释和发挥。

在此过程中,各地法院对“善意执行”内涵的理解和把握难免产生偏颇。随着国内疫情逐渐得到有效控制,一些应急、临时性的措施也应及时清理,以免造成《善意执行意见》所警惕的“要坚决防止执行人员以‘善意文明执行’为借口消极执行、拖延执行,或者以降低对被执行人影响为借口无原则促成双方当事人和解,损害债权人合法权益”现象泛滥,破坏过去三年“基本解决执行难”所取得的阶段性成果。毕竟,生活总要恢复常态,而“善意执行”也并不仅限于特殊时期、紧急状态才应适用。

---

① 在最高人民法院于2020年3月24日、31日发布的两批“全国法院服务保障防疫复工复产典型案例”中,唯一入选的执行案件就被誉为“审慎采取执行措施,全面贯彻善意执行理念,是加强司法服务职能作用的生动实践”。该案中,被执行人百灵医疗器械有限公司未及时全部履行生效判决,法院将其纳入失信被执行人名单,并采取限制高消费等措施。疫情暴发后,百灵医疗器械有限公司作为此次疫情中被确定为浙江省36家重点医疗保障物资生产企业之一,也是金华市唯一一家疫情防控急需物资企业,因被纳入失信人名单,该公司无法融资或者扩大生产,无法满足疫情防控的生产需要。执行法院根据前期实地走访和讨论研判,向执行申请人进行解释说明并经申请人书面同意,于收到百灵医疗器械有限公司申请的当天,决定对其解除失信被执行人名单及限制高消费措施,不采取查封等强制措施,为企业贷款扫清障碍。此后,百灵医疗器械有限公司共获得多家银行的信用贷款。

② 如上海市高级人民法院出台《关于充分发挥审判职能作用为依法防控疫情提供司法保障的指导意见》,要求强化善意文明执行,提升执行工作的规范化和精准化,保障防疫物资生产企业正常经营。对生产经营受疫情影响暂时困难但能适应市场需要、尚有发展潜力的企业,依法慎用强制执行措施,促成当事人执行和解。吉林省高级人民法院发布《关于充分发挥审判职能作用为依法防控疫情提供有力司法保障的意见》,要求法院关注经济下行压力和疫情防控工作给企业特别是中小微企业生产经营带来的“双重”影响,秉持善意、审慎、文明的司法理念。山东省高级人民法院出台《关于为依法防控疫情和促进经济平稳运行提供司法保障的意见》,从六大方面为企业应对疫情提供有力司法服务和坚强司法保障。其中第五点要求坚持将公正、善意、文明、规范理念贯穿司法活动全过程,以最大善意和负责态度注意对企业形象、权益进行维护和最大可能减少或防范给企业经营带来的不利影响。安徽省高级人民法院出台《关于充分发挥审判职能作用为新冠肺炎疫情防控提供司法服务和保障的意见》,要求全省法院依法善意文明执行,促进防疫物资生产经营企业正常运作。福建省高级人民法院发布《关于充分发挥审判职能作用为坚决打赢疫情防疫阻击战提供有力司法保障的指导意见》,要求法院审慎开展执行工作,依法善意文明执行。

鉴于此,本文虽以应对新冠疫情为切入点,但旨在将其置于用两到三年基本解决执行难的宏观政策背景下,探明"善意执行"的内涵。"善意执行""文明执行"这些概念并不陌生,在此前"贯彻落实十八届四中全会提出切实解决执行难"伊始就可见其身影。③ 但在过去几年,在执行结案率、到位金额数等为指标的指挥棒下,"善意执行"并未获得实务部门的足够重视,理论界也未形成问题意识并借此展开充分讨论。

笔者认为,立足《善意执行意见》,应从以下几个概念及其相互关系来把握"善意执行"的内涵,即"一个重心、一项核心原则、一种利益平衡方法"。"一个重心"是最高人民法院对民事执行领域主要矛盾作出取舍,仍以强调执行的强制性、效率效果为重心。毕竟,无论怎样的执行理念都不能突破强制执行的基本任务和特征。"一项核心原则",即执行比例原则。"一种利益平衡方法"包括微观和宏观两个平衡机制。最高人民法院通过前一个平衡机制,试图在规范层面,对在实务中未周全保护被执行人利益的现象作出回应和纠偏;后一个平衡机制则超越个案执行,试图在更大范围内促进社会整体利益的提高。

二、"善意执行"的内涵

(一)"一个重心"

"善意执行"作为民事强制执行的指导理念,不应违背强制执行的基本任务和特征,否则将失去其赖以成为强制执行理念的根据。在我国,强制执行是指执行机关依据债权人申请,不顾或违背债务人的意愿,通过对财产的扣押、处置、变价或对行为的限制,实现由生效法律文书所确定债权的法律程序。从中可知,强制执行以通过国家强制力实现执行债权为唯一目标和主要任务。易言之,国家能限制社会的私力救济,垄断强制执行力,其正当性就在于提供了行之有效的保障债权实现的民事执行制度。如果民事执行制度达不到社会预期的执行效率、效果,就会陷入正当性危机。这可以说是"执行

---

③ "善意执行"最早出现于2016年,由时任中央政法委员会书记的孟建柱同志在全国法院执行工作会议上提出。最高人民法院在2016年11月下发的《关于在执行工作中规范执行行为切实保护各方当事人财产权益的通知》作出规定。《2019年人民法院工作要点》等文件中均有"善意执行"的要求。在2019年11月《全国法院民商事审判工作会议纪要》(《九民纪要》,法〔2019〕254号)第96条也有提及。

难”问题构成社会重要议题的基本背景。强制执行程序的形式性、单向性、效率性等都是为了完成这一任务而形成的基本特征,也可以说是强制执行的普遍性规律。对此,“善意执行”理念同样不能突破和违背此规律。

《善意执行意见》在多处体现出对强制执行任务和特征的重视。其在“充分认识善意文明执行的重要意义和精神实质”部分规定,“执行工作是依靠国家强制力实现胜诉裁判的重要手段。当前,被执行人规避执行、逃避执行仍是执行工作中的主要矛盾和突出问题。突出执行工作的强制性,持续加大执行力度,及时保障胜诉当事人实现合法权益,依然是执行工作的工作重心和主线”。其中对于执行工作的主要矛盾和突出问题的把握无疑是准确的,对于执行工作重心和主线的定位也非常明确。《善意执行意见》在“严禁超标的查封和乱查封”部分强调,“人民法院在确定期限时,应当明确具体的时间节点,避免期限过长影响执行效率、损害执行债权人合法权益”。因此,“善意执行”并不意味着对执行任务和特征打折扣,以牺牲债权的及时有效实现为代价来达到无限度、无意义的妥协。

事实上,《善意执行意见》的各项规定都可以在现行执行规范体系中找到对应的条文。笔者经过不完全的检索和整理,总结见表1:

表1 《善意执行意见》各项规定与现行执行规范体系对照

《善意执行意见》条款	对应既有执行规范
第3条:合理选择执行的财产	《民事诉讼法》第243条
	《最高人民法院关于人民法院民事执行中查封、扣押、冻结财产的规定》第5条、第6条
	《关于完善产权保护制度依法保护产权的意见》第5条
	《最高人民法院关于办理财产保全若干问题的规定》第13条
第4条:严禁超标的查封	《最高人民法院关于人民法院民事执行中查封、扣押、冻结财产的规定》第14条、第21条
	《最高人民法院关于办理财产保全若干问题的规定》第15条
	《关于依法规范人民法院执行和国土资源房地产管理部门协助执行若干问题的通知》第10条
第5条:灵活采取查封措施	《民事诉讼法》第246条
	《民事诉讼法司法解释》第155条
	《最高人民法院关于人民法院民事执行中查封、扣押、冻结财产的规定》第12条
	《最高人民法院关于人民法院执行工作若干问题的规定》第42条
	《最高人民法院关于办理财产保全若干问题的规定》第12条

续表

《善意执行意见》条款	对应既有执行规范
第6条:充分发挥查封财产融资功能;以融资替换已被保全或查封财产	《民事诉讼法司法解释》第167条
	《最高人民法院关于人民法院民事执行中查封、扣押、冻结财产的规定》第31条
	《最高人民法院关于深化执行改革健全解决执行难长效机制的意见》第30条
第7条:严格规范上市公司股票冻结	《民事诉讼法》第242条
	《最高人民法院关于人民法院执行工作若干问题的规定》第52条、第53条、第54条
	《上海金融法院关于执行程序中处置上市公司股票的规定》(上海)第13条、第14条
第8条:合理确定财产处置参考价	《最高人民法院关于人民法院确定财产处置参考价若干问题的规定》第4条、第5条、第7条、第11条、第14条、第32条
第9条:适当增加财产变卖程序适用情形	《民事诉讼法》第247条
	《民事诉讼法司法解释》第490条
	《最高人民法院关于人民法院委托评估、拍卖和变卖工作的若干规定》第34条
	《最高人民法院关于人民法院网络司法拍卖若干问题的规定》第2条
	《最高人民法院关于人民法院执行工作若干问题的规定》第48条
第10条:充分吸引更多主体参与竞买	《最高人民法院关于人民法院网络司法拍卖若干问题的规定》第6条
第11条:最大限度实现财产真实价值	《最高人民法院关于人民法院民事执行中拍卖、变卖财产的规定》第17条、第18条
第12条:准确把握不动产收益权质权变价的方式	暂无
第13条:依法用好执行和解和破产重整等相关制度	《民事诉讼法》第230条
	《民事诉讼法司法解释》第466条、第513条
	《关于在执行工作中规范执行行为切实保护各方当事人财产权益的通知》第8条
	《最高人民法院关于执行和解若干问题的规定》第1条、第5条
	《最高人民法院关于执行案件移送破产审查若干问题的指导意见》第4条、第5条

续表

《善意执行意见》条款	对应既有执行规范
第14条:采取纳入失信名单或者限制消费等措施,应该严格适用的条件和程序	《民事诉讼法》第255条
	《民事诉讼法司法解释》第518条
	《最高人民法院关于公布失信被执行人名单信息的若干规定》第1条、第3条、第5条
	《最高人民法院关于限制被执行人高消费的若干规定》第5条
第15条:应当对纳入失信名单或者采取限制消费措施的被执行人设置适当的宽限期	《最高人民法院关于人民法院办理执行异议和复议案件若干问题的规定》第20条(交付三个月宽限期)
	《最高人民法院关于人民法院执行设定抵押的房屋的规定》第2条(腾房六个月宽限期)
第16条:不能采取惩戒措施的几类情形	《最高人民法院关于公布失信被执行人名单信息的若干规定》第1条(被执行人主体范围)、第3条
	《最高人民法院关于限制被执行人高消费的若干规定》第3条第2款
	《关于对失信被执行人实施联合惩戒的合作备忘录》《关于加快推进失信被执行人信用监督、警示和惩戒机制建设的意见》等
第17条:解除限制消费措施的几类情形	《最高人民法院关于限制被执行人高消费的若干规定》第8条、第9条
第18条:畅通惩戒措施救济渠道	《最高人民法院关于公布失信被执行人名单信息的若干规定》第11条、第12条
	《最高人民法院关于人民法院执行工作若干问题的规定》第130条
	《最高人民法院关于高级人民法院统一管理执行工作若干问题的规定》第5条
第19条:及时删除失信信息	《最高人民法院关于公布失信被执行人名单信息的若干规定》第10条
第20条:准确理解限制被执行人子女就读高收费学校	《最高人民法院关于限制被执行人高消费的若干规定》第3条
第21条:探索建立惩戒分级分类机制和守信激励机制	《关于加强个人诚信体系建设的指导意见》第6条
	《最高人民法院关于深化执行改革健全解决执行难长效机制的意见》第28条
第22条:加大案款发放工作力度;全面推行“一案一账户”系统;消除廉政风险隐患	《关于执行款物管理工作的规定》第4条、第5条、第6条

(二)"一项核心原则"

在此之前,我国民事执行尚不存在正式的基本原则。由于强制执行法暂未形成单行法立法模式,相关制度散见《民事诉讼法》及诸多相关司法解释和规范性文件。其中,《民事诉讼法》有关基本原则的规定以诉讼程序为适用对象,而未涵盖执行程序。例如,第 8 条规定的当事人平等原则是诉讼当事人在武器平等的基础上展开攻击防御的必需,但执行程序双方当事人的地位恰恰是不平等的,被执行人也未被赋予可以围绕实体内容展开攻击防御的程序保障;第 9 条规定的法院调解原则则与强制执行存在内在矛盾,法院绝不能以主导当事人达成调解协议、出具调解书的方式实现执行结案;④第 12 条、第 13 条蕴含的辩论原则、处分原则均以诉讼的实体内容为对象,分别对应事实与证据、诉讼请求(诉讼标的)的不同层次,但同样没有太大必要适用于执行程序。而司法解释或规范性文件主要采取针对执行操作中突出、重要问题进行集中回应的规范思路,尽管如此,也并未就可贯穿民事执行全过程、指导全部执行行为的基本原则作出规定。

目前学界对强制执行基本原则的认识存在两种立场。一种是根据《民事诉讼法》的"只言片语"进行演绎,曾一度总结出近 22 个基本原则。⑤ 另一种是参考域外理论学说,结合学界已经总结出的众多基本原则,以是否具有对执行程序的整体指导性、是否具有规范性以及是否存在歧义这三个条件为标准,将一些不适合作为民事执行基本原则的内容排除在外,重新归纳为七项基本原则,包括执行合法性原则、执行比例原则、执行效率(及时)原则、执行穷尽原则、执行处分原则、执行当事人不平等原则、全面保护当事人合法权益原则。⑥ 但很显然,这仅是理论主张,并无规范层面的根据。

当然,实务中不乏关于执行基本原则的主张。常见的包括执行效率原则、执行穷尽原则、执行比例原则、保护当事人合法权益原则等。⑦ 以提及执

---

④ 参见陈杭平:《论民事"执行和解"制度:以"复杂性"化简为视角》,载《中外法学》2018 年第 5 期。

⑤ 参见邬耀广、周强:《民事强制执行制度中确立主动执行原则问题研究》,载《法治论坛》2010 年第 2 期。

⑥ 参见江必新主编:《强制执行法理论与实务》,中国法制出版社 2014 年版,第 69 页。

⑦ 对"北大法宝"收录裁判文书进行检索,执行效率原则命中 96 篇,执行穷尽原则命中 20 篇,保护当事人合法权益原则命中 13 篇;对"中国裁判文书网"收录裁判文书进行检索,以"执行案件" + "比例原则" + "民事案由"为关键词检索,共命中 42 篇,将其中包括执行分配按比例清偿、按比例计算和按比例认缴等无关内容排除后,执行比例原则共命中 19 篇。

行比例原则的19篇文书为例,基本是由执行当事人或者案外异议人提出,主张法院的执行行为违反比例原则,但法院对此类主张并没有在裁判主文或者说理部分作出回应。

《善意执行意见》一反常态,在第2条明确提出“要坚持比例原则”。这大概是最高人民法院首次提出执行领域应坚持的基本原则。执行比例原则源自公法领域已较为成熟的“比例原则”理论。比例原则旨在控制对公民权利加以限制的国家权力。⑧ 强制执行权也属公权力的一种,即执行法院得以借此实现对被执行人财产和行为的强制处分,故亦有比例原则适用的空间。在由执行实施权形成的强制执行法律关系中,被执行人需要单方承受来自公权力机关施加的执行压力,需要考虑手段(强制执行措施)和目的(实现债权)间的相适应性。

比例原则是一个包含多个判断维度的法律原则,《善意执行意见》也充分体现比例原则内涵的丰富性。在理解适用比例原则时,不能忽视其“伞状”的概念结构,包括妥当性原则(又称“适当性原则”)、必要性原则和均衡性原则(又称“法益相称性原则”)三个子原则或判断维度。⑨ 就执行领域而言:其一,妥当性原则指的是法院的执行行为与执行目的相符或满足执行目的的需要,故这一判断维度指向执行的强制性、执行效果和执行效率,从而衔接善意执行理念的“一个重心”。其二,必要性原则以妥当性为前提,要求法院在多种执行行为都满足执行目的时,选择对被执行人损害最小的行为,尽量减少执行给被执行人造成的负面影响。其三,均衡性原则指的是法院的执行行为给当事人利益造成的损失应与所追求的目的合乎比例。“均衡性”和“必要性”实际上均属于利益平衡的范畴,对执行所追求的目的与执行所造成的后果进行综合考量,尽量使后果与目的保持均衡。本文后续会论述后两个判断维度是如何与利益平衡方法相衔接的。

下面将具体分析《善意执行意见》是如何体现执行比例原则的三个判断维度的。

第一,妥当性原则。即执行行为应满足执行目的。《善意执行意见》第2条第2款规定,人民法院在强化善意文明执行理念过程中,要充分保障债权

---

⑧ 参见梅扬:《比例原则的适用范围与限度》,载《法学研究》2020年第2期。

⑨ 关于比例原则的三个子原则或判断维度,参见余凌云:《论行政法上的比例原则》,载《法学家》2002年第2期;梅扬:《比例原则的适用范围与限度》,载《法学研究》2020年第2期。

人合法权益;坚决防止执行人员以“善意文明执行”为借口消极执行、拖延执行,或者以降低对被执行人影响为借口无原则促成双方当事人和解,损害债权人合法权益。由此可见,实现执行债权是“善意执行”的底线要求。这可以在一系列条文中得到印证。例如,《善意执行意见》第 3 条第 1 款规定,在不影响执行效率和效果的前提下,被执行人请求人民法院先执行某项财产,应当准许;第 4 条规定,判断是否存在超标查封的情况,以查封财产价值足以清偿生效法律文书所确定的债权额为限;第 5 条第 1 款规定,“活封”财产的前提是被执行人继续使用对该财产价值无重大影响,债权人可以实现受偿;第 5 条第 3 项规定,查封后被执行人可以有限制地自行销售房屋,但是法院应确保相应价款能得到控制;第 6 条第 1 款第 1 项规定,被保全人可以用查封财产融资来替换被查封的财产,但是法院应确保相应融资款能够得到控制,警惕债权不能实现之虞;同款第 2 项规定,融资款足以清偿所有执行债务的,法院可以允许被执行人用查封财产融资清偿债务;第 9 条第 1 款第 1 项、第 2 项规定,被执行人自行变卖或者直接变卖查封财产的,应以价款足以清偿所有执行债务为限;等等。

第二,必要性原则。即在“同等有效”的前提下,选择对被执行人产生不利影响最小的执行行为。这同样可以在一系列条文中得到印证。在执行客体方面,《善意执行意见》第 3 条第 1 款规定,被执行人有多项财产可供执行的,人民法院应选择对被执行人生产生活影响较小且方便执行的财产执行;第 4 条规定,禁止明显超标的查封,冻结银行账户应明确具体冻结数额,不能影响冻结数额之外资金流转和账户使用,查封不动产时应对相应价值部分采取查封措施,如有必要应当及时协调相关部门办理分割登记并解除对超标的部分的查封;第 5 条第 1 款规定,对能“活封”的财产,尽量不“死封”;第 5 条第 1 款第 2 项规定,在强制变价与和解协议的选择中,尽量实现后者,避免财产价值贬损;第 9 条第 1 款第 1 项和第 2 项规定,符合一定条件的被执行人可以在网络司法拍卖和直接变卖、强制变卖与自行变卖中作出选择,降低对被执行人的不利影响。在执行主体方面,第 13 条规定,尽量实现和解或者移送破产程序,降低企业损失;第 16 条规定,人民法院已经控制被执行人足以清偿债务的财产时,不得对被执行人采取纳入惩戒措施,优先考虑财产执行,尽量不对人身采取限制措施。

第三,均衡性原则。即执行行为所实现的利益与所造成的损害相均衡。

这要求法院通过比较执行带来的损益,使执行行为所能实现的社会整体利益最大化。例如,《善意执行意见》第1条规定,在保障胜诉当事人合法权益,最大限度减少对被执行人权益的影响的同时,应实现法律效果与社会效果的统一。企业是经济的细胞,也是最重要的市场主体,维持企业生存和发展,就是维护企业带来的经济效益和社会效益。《善意执行意见》对维持企业持续经营能力作出了特别规定。比如,第5条第1款规定,在查封企业的生产资料时,若对财产价值无重大影响,应该允许被执行人继续使用厂房、设备,保持生产经营的能力;对资金周转困难的房地产开发企业,法院也应区分情况采取相应的执行措施,如对在建工程,查封后原则上应允许被执行人继续建设,对查封的在建商品房或现房应允许被执行人主动行使变价权。《善意执行意见》规范上市公司股票冻结,保障债权人合法权益,同时兼顾债务人的投资权益。例如,第7条第1款第2项规定,被执行人可以申请通过二级市场交易方式自行变卖股票清偿债务。这主要是利用二级市场自身的特点,减少法院不必要的干预。二级市场采取集中竞价匿名交易的方式,有效防止被执行人与第三方恶意串通;交易价格公开透明也便于债权人或者法院及时监督被执行人的买入卖出行为;被执行人也有足够的动力在股价制高点卖出。实现债权人和债务人利益平衡。第13条规定,执行法院应充分利用执行和解及破产重整制度,为暂时陷入债务危机的被执行人提供保护并积极寻找出路等。

(三)“一种利益平衡方法”

利益平衡方法与执行比例原则的第二个及第三个判断维度紧密相衔。执行比例原则的第二个判断维度——必要性原则——对应利益平衡方法的第一层平衡机制,即不能通过给被执行人造成不必要的损害,实现债权人的利益。执行比例原则的第三个判断维度——均衡性原则——对应利益平衡方法的第二层平衡机制,即执行机关应突破个案执行的视阈束缚,在满足债权实现的同时,应关注个案执行对利益相关方及社会整体损益之影响。实际上,第一层平衡机制也可以被第二层平衡机制所包含。将上述内容整理后,可表述如下:

(1)如果执行个案损益相当,那么法院完成的不过是将债权人的利益状态修复至债权债务关系发生前的状态,即把债务人“多拿的部分”“还回去”,于社会整体利益而言没有损益。

(2)如果债权实现造成被执行人不必要的损害,那么法院在实现债权的同时,也会造成个案执行损益不均衡。被执行人及利害相关人(出资方、员工、其他债权人等)也是社会整体利益的一部分,从而造成社会整体利益的减少。

(3)如果执行法院在完成个案债权实现的基础上,同时兼顾被执行人的合理利益,充分发挥被执行人的自主权,实现被执行企业的持续经营能力,提高被执行人还款能力,通过和解寻找双方利益的契合点,在节约司法资源的同时,在个案中也实现多方利益的增补,提升社会整体利益。

三、"善意执行"理念的适用

上文将《善意执行意见》包含的"善意执行"理念分解为三个关键概念:"一个重心"、"一项核心原则"以及"一种利益平衡方法"。三者之间存在密切的关联。其中,"一个重心"是执行比例原则及利益平衡方法的基础和前提,也是"善意执行"得以成为强制执行指导理念的正当性基础。"一个比例原则"由三个判断维度组合而成,其中第一个判断维度衔接"一个重心",强调民事执行实现债权的强制性、执行效果和执行效率;第二个判断维度和第三个判断维度衔接后一种"利益平衡方法",强调强制执行是如何在申请执行人和被执行人、个案执行与社会利益间达到平衡的。相较于"重心"和"核心原则",执行法院在贯彻"善意执行"理念时,擅用"利益平衡方法",在依法保障胜诉当事人合法权益的同时,最大限度减少对被执行人权益的影响,实现法律效果与社会效果有机统一。故本文认为,在执行中掌握"利益平衡方法",就能掌握"善意执行"理念的精髓。

(一)第一层平衡机制:以超标的查封为例

利益平衡方法的第一层平衡机制,即不能以造成被执行人不必要损害实现债权人利益。其中,超标的查封是典型的反面例证。法院查封将限制被执行人对财产的占有、使用、收益、处分。在执行力的客观范围内,这是被执行人不得不承受的负担和不利。但如果超出生效法律文书所确定的债权,就失去执行力的屏障,法院查封构成违法侵害被执行人的财产权。

在实务中,造成法院超标的查封的原因多种多样,主要包括:(1)被查封财产的市场价值是浮动的,而查封时的评估价值是固定的。评估价值既可能因为评估方法的不合理,也可能因为时间的流逝而偏离市场价值。如因为前者明显低于后者,就导致法院超标的查封。(2)法院依申请或依职权对财产进行查封时,既可能有申请执行人提供或申请法院委托作出的评估报告为据,也可能未经评估先行查封。如被执行人以超标的查封为由提出执行异议,法院通常要求其提供证据对超标的查封的事实进行疏明。有时被执行人难以举证,导致超标的查封不能被纠正。(3)司法解释仅要求执行法院不能“明显”超标的查封,这在实务操作中难以操作。法院往往会综合考量财产变现时所需费用、拍卖时流拍降价的可能以及其他可能影响财产价值的因素,即使评估价值高出申请执行的债权额不少,仍会从宽掌握。(4)由于最高人民法院《关于人民法院办理财产保全案件若干问题的规定》第 15 条规定了“不动产在使用上不可分或者分割会严重减损其价值”的例外情形,有的法院以不动产在使用上不可分或者分割会严重减损其价值,或者相关部门拒绝协助办理分割登记为由,维持对不动产的整体查封。

与此同时,被执行人因为法院超标的查封而遭受的不利益,如生产经营受到破坏、经营秩序陷入混乱或个人生活受到的不利影响等,往往无法得到有效的事后救济。一方面,由于查封的财产尚未被处置,不属于无法执行回转的情形,被执行人难以适用最高人民法院《关于审理民事、行政诉讼中司法赔偿案件适用法律若干问题的解释》(法释〔2016〕20 号)第 5 条第 2 项规定的“超出生效法律文书确定的数额和范围执行的”的规定,申请国家赔偿;另一方面,被执行人请求申请执行人赔偿因超标的查封造成的损失,缺乏明确的法律依据。

《善意执行意见》第 4 条就“严禁超标的查封”规定:“强制执行被执行人的财产,以其价值足以清偿生效法律文书确定的债权额为限,坚决杜绝明显超标的查封。冻结被执行人银行账户内存款的,应当明确具体冻结数额,不得影响冻结之外资金的流转和账户的使用。需要查封的不动产整体价值明显超出债权额的,应当对该不动产相应价值部分采取查封措施;相关部门以不动产登记在同一权利证书下为由提出不能办理分割查封的,人民法院在对不动产进行整体查封后,经被执行人申请,应当及时协调相关部门办理分割登记并解除对超标的部分的查封。相关部门无正当理由拒不协助办理分割登记和查封的,依照民事诉讼法第一百一十四条采取相应的处罚措施。”对照已有的执行相关司法解释,最高人民法院《关于人民法院民事执行中查封、扣押、冻结财产的规定》第 19 条第 1 款规定:“查封、扣押、冻结被执行人的财产,以其价额足以清偿法律文书确定的债权额及执行费用为限,不得明显超标的额查封、扣押、冻结。”最高人民法院《关于人民法院办理财产保全案件若干问题的规定》第15条规定:“人民法院应当依据财产保全裁定采取相应的查封、扣押、冻结措施。可供保全的土地、房屋等不动产的整体价值明显高于保全裁定载明金额的,人民法院应当对该不动产的相应价值部分采取查封、扣押、冻结措施,但该不动产在使用上不可分或者分割会严重减损其价值的除外。对银行账户内资金采取冻结措施的,人民法院应当明确具体的冻结数额。”不难发现,《善意执行意见》第4条除了重申已有的规定之外,主要存在两处不同:其一,判断是否超标的查封的标准是“生效法律文书确定的债权额”而不再包括执行费用;其二,增加了查封的不动产整体价值明显超出债权额时,对该不动产相应价值部分进行分割查封的具体操作,明确了登记部门有办理分割登记和查封的协助义务。当然,应注意《善意执行意见》并非对“善意执行”理念的穷尽概括,而是通过对若干重点领域的示例,来展示“善意执行”所包含的利益平衡的使用方法。

对于超标的查封,由于无法使受损害的被执行人获得有效的事后救济,反而增加被执行人关于执行乱的抱怨,法院应在执行过程中充分运用“利益平衡”的方法,预防和化解超标的查封。根据“善意执行”理念,法院不得以被执行人不必要的损害实现债权人利益,由此提供一个大致的判断区间,见图1:

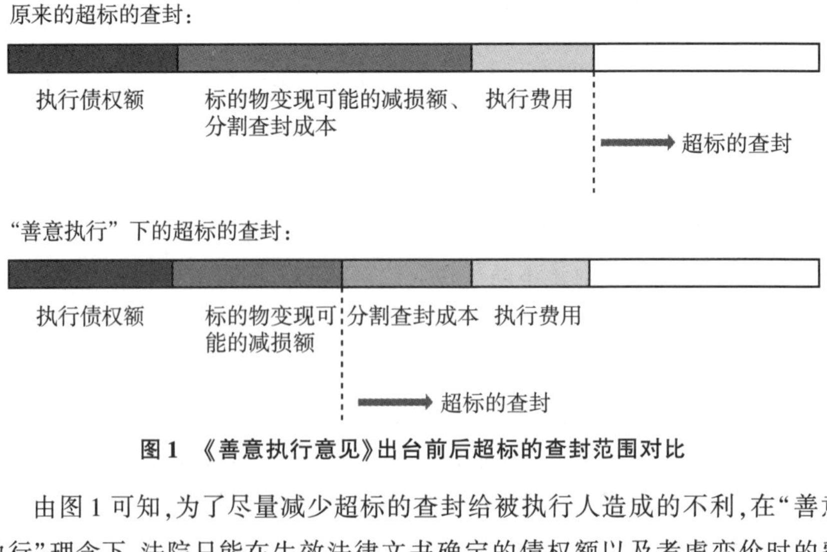

图1 《善意执行意见》出台前后超标的查封范围对比

由图1可知,为了尽量减少超标的查封给被执行人造成的不利,在“善意执行”理念下,法院只能在生效法律文书确定的债权额以及考虑变价时的费用、变价时可能的价值减损的范围内对不动产进行查封。除非不动产在使用上不可分或者分割会严重减损其价值，否则分割查封的成本由法院承担，不作为超标的查封的理由。

（二）第二层平衡机制：以疫情暴发后复工复产案例为例

第二层平衡机制主要考验执行法院能否找准被执行人和申请执行人的利益契合点，在实现申请执行人债权的同时，兼顾被执行人的合理诉求以及执行个案的社会效益。首先，针对被执行人主动提出通过融资清偿、自行变价清偿、二级市场交易清偿等申请，执行法院应在保障债权人利益的前提下，充分发挥被执行人的主观能动性。其次，针对暂时陷入债务困境，但是仍有救助可能或者即将上市有潜在经营能力的企业，执行法院应当注重企业作为经济社会基本单元所承载的效益及价值，执行对企业的相关利害方的影响，包括投资方、员工、其他债权人等。通过执行和解盘活被查封的财产、账户，利用第三方资金注入等方法，维持或者提高企业持续经营的能力，或者通过重整帮助企业走出困境，实现资源优化配置和社会整体效益。

这一层面的利益平衡方法可能会遭受质疑。比如，执行工作是否因此承担过多的功能性负担，法院是否会为实现更多利益平衡而降低执行效率，法院的裁量权难以控制等。最高人民法院在疫情前后共出台两批涉及“善意执行”的典型案例，为笔者提供了观察这一层面利益平衡方法在实务操作中的有限样本，见表 2 和表 3：

表 2　各级法院运用利益平衡方法举例示意

<table>
<tr><td colspan="2">案例类型</td><td>善意文明执行典型案例</td><td>全国法院复工复产典型案例中与善意执行有关的案例</td></tr>
<tr><td colspan="2">发布时间</td><td>疫情前</td><td>疫情后</td></tr>
<tr><td colspan="2">有效案例数量</td><td>7 个[a]</td><td>1 个[b]</td></tr>
<tr><td rowspan="3">利益平衡方法（举例说明）</td><td rowspan="3">适用第一层平衡机制（共 3 个）</td><td>通过“换封”解除对股票冻结，最大限度减少不必要的损失</td><td rowspan="3"></td></tr>
<tr><td>协调登记部门，推动不动产分割登记</td></tr>
<tr><td>法院仔细评估并不存在的 5 万吨原油，科学确定被执行人应当承担的责任，避免评估失误让被执行人多承担责任</td></tr>
</table>

续表

<table>
<tr><th colspan="2">案例类型</th><th>善意文明执行典型案例</th><th>全国法院复工复产典型案例中与善意执行有关的案例</th></tr>
<tr><td rowspan="3">利益平衡方法(举例说明)</td><td rowspan="3">适用第二层平衡机制(共4个)</td><td>法院主动帮被执行人收回被案外人侵占的房屋,促进被执行人主动履行本案债务</td><td rowspan="3">通过和解结案,解除失信名单,被执行企业获得多家银行贷款和资助,恢复偿债能力并正常复产</td></tr>
<tr><td>通过和解结案,为被执行人企业引入第三方战略投资者</td></tr>
<tr><td>查封期间允许案外人继续使用厂房,维护案外人的利益</td></tr>
</table>

资料来源:最高人民法院公布的典型案例。

a 这七个案例分别为:某投资公司与某资源集团公司等财产保全案件、北京某房地产公司申请执行北京某生物科技公司等股权转让纠纷案件、许某某等申请执行莆田市某房地产公司等借款纠纷系列案件、左某娃申请执行左某英物权保护纠纷案件、中国农业银行顺德勒流支行申请执行顺德某铜铝型材公司等金融借款合同纠纷案件、重庆某投资公司申请执行青岛某化工公司等借款合同纠纷案件、宝山区罗泾镇某村委会申请执行上海某园林公司等土地租赁合同纠纷案件。

b 最高人民法院发布的首批全国法院服务保障疫情防控期间复工复产民商事典型案例之九:徐某某诉义乌市百灵医疗器械有限公司合同纠纷案。

表3 地方高级人民法院运用利益平衡方法举例示意

<table>
<tr><th colspan="3">地方法院典型案例</th><th>浙江长生鸟药业有限公司执行案[a]</th><th>某通用航空救援公司申请延期履行案[b]</th></tr>
<tr><td rowspan="3">利益平衡方法</td><td colspan="2">第一层平衡机制</td><td></td><td></td></tr>
<tr><td rowspan="2">第二层平衡机制</td><td>执行措施</td><td>①为被执行人修复信用、屏蔽信息;
②解除账户冻扣;
③促成执行当事人达成对偿债期限的一致意见</td><td>①延缓采取执行措施;
②积极与申请执行人联系;
③促成双方和解</td></tr>
<tr><td>效果(被执行人、社会效益)</td><td>被执行人得以向银行贷款,扩大生产,向社会提供消毒液,满足更多企业复产需求</td><td>被执行人得以延期履行债务,暂缓债务危机;并完成疫情期间重要物资运输任务</td></tr>
</table>

a 浙江省法院服务保障疫情防控典型案例之五。

b 上海市高级人民法院发布十起涉新冠肺炎疫情典型案例之九。

通过分析第二层平衡机制在实务中的运用,笔者发现这些案例均存在前文所揭示的逻辑,即法院在实现债权人债权的同时,兼顾被执行人的合理诉求,使被执行人获得长期经营的能力,切实提高被执行人偿债的能力,间接使被执行人的相关利害方如投资方、员工和其他债权人受益,实现社会整体效益。其中采取的执行行为包括解封生产资料,恢复信用,引入第三方战略投资者,积极沟通协调,促成双方和解,为被执行人扫清融资障碍等;疫情发生后,法院关注的社会效益还包括通过恢复被执行人的生产经营能力,帮助被执行人顺利复产,提供社会急需的防疫物资。

四、结论

“善意执行”理念在 2019 年下半年被提倡有短期的和根本的原因。从短期来看,轰轰烈烈的“基本解决执行难”暂告一段落,社会注意力从能否如期完成上转移,有关执行对被执行人、对社会经济影响的关切开始浮出水面;从根本上看,我国民事执行既非以实现债权为唯一目标的程序,相反还兼顾纠纷的解决,又非以抽象规则作为个案执行正当性的根据,还需要某种制度装置在个案中达到平衡。当然,由于新冠肺炎疫情的暴发和肆虐,“善意执行”理念的内涵未经反思和讨论就被法院拿来使用,容易因误解、误用而产生负面影响。本文尝试将该理念的内涵分解为“一个重心”“一项核心原则”“一种利益平衡方法”三个方面,通过阐释各方面的主要内容,以期澄清误解、统一认识。本文只是一项初步分析,期待方家的指正,笔者亦将在此基础上继续展开研究。

Study on the Idea of ‘Enforcement in Good Faith’: Start from the Enforcement Measures as Response to the Outbreak of Coronavirus Epidemic

Abstract: The idea ‘enforcement in good faith’ was first advocated after the temporary goal ‘basically resolving the problem of enforcement difficulties in two or three years’ had been achieved. The coronavirus epidemic suddenly broke out at the beginning of 2020 and has unexpectedly sped up the application of ‘enforcement in good faith’ in practice. However, the courts applied the idea without sufficient reflection and digestion, resulting in certain misunderstandings. The application of ‘enforcement in good faith’ is definitely not limited to exceptional times. For the purpose of it's correct application under regular circumstances, this paper proposes that we should comprehend elements of the idea ‘enforcement in good faith’ as well as the interrelationship of these elements. Analytically, the concept ‘enforcement in good faith’ includes three elements which are ‘one focus’, ‘one core principle’ and ‘one method to balance interests’. The ‘one focus’ is on compulsion and efficiency during the process of civil enforcement; the ‘core principle’ is that of the principle of proportionality, which includes three sub-principles: the principles of necessity, suitability, and balancing. The principle of necessity follows the ‘one focus’; the principles of suitability and the principle of balancing work in the same way as the ‘method to balance interests’. The ‘one method to balance interests’ includes both micro and macro mechanisms. Micro mechanisms—exemplified by strict prohibition of obviously excessive attachment of properties—fix the problem in practice of not thoroughly protecting the interest of the person subject to enforcement; macro mechanisms—exemplified by typical cases of resuming work and production during the coronavirus emergency, when measuring the effects of enforcement, but beyond the visual limit of single case and aims to maximize the overall social benefits.

Key words: Civil Enforcement; ‘Enforcement in Good Faith’; Principle of Proportionality; Balance of Interests; Excessive Attachment of Properties

清华法律评论(第十卷第一辑)
第75~77页

重大突发公共卫生事件对城乡基层社会治理的挑战

高其才*

2020年年初我国防控新冠肺炎疫情的实践表明,城乡基层社会是防控新冠肺炎疫情的基础,是重大突发公共卫生事件应急管理的关键;依法进行城乡基层社会治理是防控疫情的根本。

党的十九大提出构建全民共建共治共享的社会治理格局,要求加强和创新社会治理,推进社会治理体系和治理能力现代化。党的十九届四中全会的主题为"坚持和完善中国特色社会主义制度、推进国家治理体系和治理能力现代化",明确提出要"建设人人有责、人人尽责、人人享有的社会治理共同体"。

城市社区是城市社会治理的基本单元。我们需要认真总结2020年年初重大突发公共卫生事件对城乡基层社会治理的挑战,坚持以人民为中心理念,加强城乡基层社会建设,推进城乡基层社会的多元治理,进一步发挥城乡居民参与社区事务的积极性,更好地增强城乡社区组织的活力和凝聚力,进一步提升城乡基层社会的自治能力和治理水平,促进城乡基层社会治理体系和治理能力的现代

* 清华大学法学院教授,博士生导师。

化,深入推进我国的法治社会、法治国家建设。

一、新冠肺炎疫情带来的挑战

应对重大突发公共卫生事件的城乡基层社会治理具有非常态治理、专门性治理、特定性治理、合作型治理等特点。新冠肺炎疫情这一重大突发公共卫生事件对城乡基层社会的依法应急治理从主体、规范、运行等方面提出了挑战。

城乡基层社会治理多类主体问题。重大突发公共卫生事件的城乡基层社会治理的各类组织、个人等主体的职责、权力、权利与义务多样,各有功能,具体包括党组织的领导地位和核心作用、政府的主导地位、城乡自治组织的关键作用、社区成员的主体作用、社会组织和志愿者的积极参与作用、业主委员会的作用、物业企业的作用、自媒体的监督等,涉及应急管理体制、各主体协同等多方面要求。

城乡基层社会治理多元规范问题。重大突发公共卫生事件的城乡基层社会治理的依据规范多元,各有适用对象及积极作用、消极影响,涉及国家法律法规规章、党和国家领导人的讲话和党组织的决议、政府决定和命令、政府部门的通告和通知、城乡自治组织的居规民约和村规民约、企事业单位的规定和要求等,需要进行合法性、有限性、正当性等研究。

城乡基层社会依法应急治理高效运行。重大突发公共卫生事件的城乡基层社会治理的高效运行措施、手段,各有意义,包括依法响应、社会动员、行政命令、网格管理、人员管控、出入管制、检查登记、技术支持、舆论引导、社会监督等。

二、相关应对措施

针对重大突发公共卫生事件对城乡基层社会治理提出的挑战,我们应当:(1)全面总结疫情防控城乡基层社会依法治理实践(出发点);(2)深刻分析疫情防控城乡基层社会依法治理得失(关注点);(3)完整建构疫情防控城乡基层社会依法治理制度(落脚点);(4)系统完善疫情防控城乡基层社会依法治理机制(延伸点)。

在思考、研究中,我们需要运用以下分析视角:(1)“过程—事件”分析。这为我们理解重大突发公共卫生事件发生时城乡基层社会治理过程中国家与城乡基层社会的互动关系提供了新的视角,也为我们考察重大突发公共卫生事件治理体系实际运行提供了重要的分析工具。(2)“问题—对策”分析。以问题为导向,从疫情防控的城乡基层社会治理中存在的问题出发,讨论重大突发公共卫生事件应对的新城乡基层治理体系构建方案。(3)“制度—生活”分析。制度与生活视角一方面分析我国新型冠状病毒肺炎疫情防控正式制度的实际逻辑和方向,另一方面找寻重大突发公共卫生事件发生时民情变动的机理,以期把握我国现代国家治理和城乡基层社会治理建设的总体性脉络。(4)“结构—功能”分析。“结构—功能”分析模式从多层级、多角度、多领域为系统化构建城乡基层社会治理体系提供了可行性进路,亦增加了分析的深度和解释力。(5)“国家—社会”分析。“国家—社会”分析模式为理解社会构成及变革的基本视角,强化重大突发公共卫生事件应急管理中城乡基层社会治理的国家正式治理资源与民间非正式治理资源之间的协调和合作。

清华法律评论(第十卷第一辑)
第78~83页

湘雅、协和为什么是教会创办的

——兼论医疗卫生的公益性

陈云良*

多年前看中南大学湘雅医院的简介,记得好像这家医院是由美国教会创办的,后来又看到北京的协和医院也是由基督教会创办的。心里隐隐地有一点好奇,为什么这些医院是教会办的呢?而不是由企业资本家来办呢?当然这个问题没有凸显在大脑中,只是心底有一丝平常察觉不到的困惑。

2019年写《健康权的规范构造》一文,提出规范公民健康权利应当采取复合规范模式,根据有效选择原则来确定何时何地采取消极权利规范模式,何时何地采取积极权利规范模式。医疗具有高度的专业性,2019年年底新型冠状病毒肺炎暴发使我们更加充分认识到这一点。尽管普通患者有充分的自由表达能力,但其对自身的疾病无法正确认知和理解,怎么治疗?吃什么药?他无法做出正确的选择,没有选择能力。所以,笔者提出按健康权规范构

* 广东外语外贸大学法学院教授,中国卫生法学会副会长。

本文为教育部哲学社会科学研究重大课题攻关项目“基本医疗服务保障法制化研究”(项目批准号:14JZD025)和广东普通高校新冠肺炎疫情防控科研专项“世界卫生组织国际关注的突发公共卫生事件临时建议研究”(项目批准号:2020KZDZXI081)阶段性成果。

造理论,医疗服务应尽可能采取积极健康权规范模式,由政府主导提供,而不能采取消极健康权规范模式,任由市场来提供。不能放任以追逐利润为目的的民营资本来承办医院。如果允许医院以营利为目的,在诚信水平不高、法治体系尚不完善的社会背景下,医院、医生势必会利用患者缺乏选择能力来诱导乃至欺骗患者,谋取高额利润。近两年来,在国家扫黑除恶的专项行动中,查处的以虚假广告招揽病人,夸大病情,术中加价乃至侵害、勒索病人等形式非法行医者大多是莆田系①控制的民营医院。因此,从中国社会资本办医的现实来看,我们在这一方向的探索是失败的。在这次新冠肺炎疫情中,莆田系医院再次陷入口罩丑闻,让人们对民营医院进一步失去信心。其实,早在2005年7月,时任国务院发展研究中心社会发展研究部副部长葛延风接受《中国青年报》的记者采访时说,1994年以来的市场化医疗卫生体制改革是不成功的。医疗是我们唯一公开承认市场化改革失败的领域。正因如此,国家才启动了新一轮医改,2009年中共中央、国务院出台了《关于深化医药卫生体制改革的意见》,提出“坚持非营利性医疗机构为主体、营利性医疗机构为补充,公立医疗机构为主导、非公立医疗机构共同发展的办医原则”。但是,医疗的市场化倾向没有被彻底纠正,近年来甚至呈现重新抬头、野蛮生长的趋势。

经常看笔者微信的朋友知道,在经济上笔者是坚定的市场派,笔者的经济法理论主张“治大国若烹小鲜”,政府对市场应当遵循“谨慎干预原则”,尊重市场的主体地位,形成了“转轨经济法理论”。但在医疗领域笔者坚决反对市场化,在《基本医疗服务法制化研究》一文中提出,公共卫生是纯公共产品,医疗服务本是私人产品,国家应当按照“生存照顾理论”制定“基本医疗服务法”,将其拟制为公共产品,二者都应当由政府主导提供。该文获教育部第八届高校人文社科优秀成果二等奖。有一次笔者在郊外散步,看到一处池塘里孤零零地漂着一条旧船,因为当时正在写《健康权的规范构造》,忽然有感而发,在朋友圈里发了一条“百度无人舟自横,莆田黑手也回春”。有朋友问前一句和后一句是什么关系,笔者答曰:百度因为没有竞争,所以可以为所欲为采取竞价排名,把江湖游医顶到最前面。而由于医疗向社会资本开放,导致

① 莆田系是莆田人所辖医院集合的简称,莆田人在全国各地开设私立医院,并逐步抱团形成一定的组织规模。这些医院大部分是男科、妇科、不孕不育、整形等专科民营医院,载国搜百科2020年12月3日,http://baike. chinaso. com/wiki/doc-view - 116802. html&wd = % E8% 8E% 86% E7% 94% B0% E7% B3% BB。

当年的性病游医可以把医院开满城市的大街小巷。该市场化的没有市场化，不该市场化的反而过度市场化了。

2014 年 12 月全国人大教科文卫委员会正式启动“基本医疗卫生法”的起草制订工作,2017 年 12 月法律名称变更为《基本医疗卫生与健康促进法(草案)》,首次提交第十二届全国人大常委会第三十一次会议审议,2018 年 10 月和 2019 年 8 月《基本医疗卫生与健康促进法(草案)》分别提交第十三届全国人大常委会第六次会议和第十二次会议进行第二次和第三次审议,直至 2019 年 12 月《基本医疗卫生与健康促进法》正式出台。笔者全程亲历了这个过程。立法启动前,2014 年 9 月 26 日,应邀专门到北京为国家卫健委法制司、全国人大常委会法工委做立法专题报告。参与过多次草案讨论会,提了数百条建议,还专门单独提交了一部学者建议稿,国家领导人对笔者的立法意见做过专门批示,很多意见被采纳。2018 年 2 月 11 日,春节前,时任国家卫健委法制司赵宁司长、陈宁姗副司长、全国人大常委会法工委李辉处长一行来长沙听取笔者的意见。值得庆幸的是,《基本医疗卫生与健康促进法》坚持了政府主导提供基本医疗卫生服务的基本原则,第 3 条第 2 款规定:“医疗卫生事业应当坚持公益性原则”,第 15 条第 2 款规定:“……基本公共卫生服务由国家免费提供”,第 29 条规定:“基本医疗服务主要由政府举办的医疗卫生机构提供……”,第 39 条第 2 款规定:“医疗卫生服务体系坚持以非营利性医疗卫生机构为主体、营利性医疗卫生机构为补充。政府举办非营利性医疗卫生机构,在基本医疗卫生事业中发挥主导作用,保障基本医疗卫生服务公平可及。”

2018 年 11 月《基本医疗卫生与健康促进法(草案)》(二次审议稿)向社会征求意见时,其中第 24 条规定:“国家鼓励社会力量依法举办非营利性医疗卫生机构……”尽管笔者不主张社会资本办医,但是让社会资本举办非营利性医院还是可以接受的,不能把社会资本办医完全堵死,对于真正热心公益事业的仁人志士,只要不以营利为目的,应该允许其投身医疗行业。但是没想到,《基本医疗卫生与健康促进法(草案)》(三次审议稿)2019 年 9 月向社会征求意见时,第 41 条改变了原二审稿第 24 条的规定:“国家采取多种措施,鼓励社会力量依法举办医疗卫生机构……”表达方式改变了,如果对照二审稿乃至一审稿来看,这里实际上能够被理解为不仅鼓励社会资本举办非营利性医院,也鼓励社会资本举办营利性医院。笔者通过各种方式提出修改意见,希望改为“鼓励社会力量举办非营利性医疗卫生机构”,或者改为“国家采取多种措施,引导社会力量依法举办医疗卫生机构”。笔者还专门请笔者当时的领导,全国人大常委会委员、中南大学校长田红旗院士在审议草案时二次提出这一修改建议。但2019年12月28日全国人大常委会四审正式通过的《基本医疗卫生与健康促进法》维持了三审稿的规定。或许立法者的本意并没有包含鼓励社会资本举办营利性医院的意图,二审稿和三审稿前后对照,使笔者产生了误解,但现实又让笔者不得不产生这样的警觉,目前的一些政策让人们不自觉地产生这种理解。2019年5月国家卫健委等5部门发布《关于开展促进诊所发展试点的意见》,鼓励医生个人开办诊所;2019年6月国家卫健委等10部门联合印发《关于促进社会办医持续健康规范发展的意见》,明确提出“严格控制公立医院数量和规模,为社会办医留足发展空间”,不仅要鼓励社会办医,还要限制公立医院发展。新一轮医改似乎又要回到1994年的起点。

笔者经常以英国为例来说服主张医疗市场化竞争的朋友,说英国这样彻底的市场化国家,医疗服务走的也是国家办医的路线,实行免费医疗。2018年霍金去世时,笔者还特意写了篇学术随笔《霍金的卓越人生与英国的医疗护理制度》,发表在《南方都市报》上。此前还和笔者的研究生陈佳苗专门写了篇《英国2012年〈卫生与社会护理法案〉研究》,研究英国的免费医疗与护理制度。而市场派的朋友又经常拿美国来反击笔者:为什么美国的医院不由政府来办,而是搞彻底市场化呢?笔者没有仔细研究过美国的医院设立制度,凭平时的印象只知道美国医疗费用很贵,也想当然地认为美国的医院像企业一样是营利性的。写《健康权的规范构造》一文时禁不住去找有关美国医院制度资料。美国有“Corporate practice of medicine doctrine”原则。不了解历史及背景,肯定会将其翻译为“公司办医理论”,怎么也不会将其理解为“禁止企业行医”的意思。笔者在笔者的学生群“云端”中试着让学生们翻译,结果就是如此。原来美国为了确保医院与医生以患者健康为中心,在确定诊疗方案时不受非专业因素干扰,独立地作出客观的专业判断,确立了不允许企业办医院的信条。美国曾经有30个州通过立法或判例确立了“Corporate practice of medicine doctrine”原则,禁止企业经营医院,禁止医院以营利为目的,防止医院和医生为经济效益而偏离治病救人的目的,怠于履行对患者忠诚的义务。医院必须由懂医的专业人士和专业机构来举办,通常就是由医学院校、医学专业人士组建的协会、基金会办医院。基督教产生初期,行医救人是其基本的传教方式,救人于水火本来就是其基本教义,因此传教士大多懂医术。在教徒眼里,耶稣就是最伟大的医生。基督教教义和医学的基本宗旨高度交融,所以,英美国家由教会办医院就是一种主流传统。或许正是教会、传教士和教会医院对基督教教义的坚守和引申,才确立了“Corporate practice of medicine doctrine”规则。中南大学湘雅医院就是由美国耶鲁大学校友组成的宣教会——雅礼协会于1906年创办(见图1),②北京协和医院(见图2)的前身是英国伦敦会、美国长老会和美国圣公会等6家教会于1906年联合创办的北京协和医学堂(Union就是协和二字的来源)。③

图1　1906年的湘雅医院(当时为“雅礼医院”)

(右为首任院长、美国医学传教士胡美　图片来自网络)

② 写《健康权的规范构造》时,查资料得知湘雅医院是雅礼协会办的,不是教会办的,以为自己记错了。此次进一步查证雅礼协会是1901年由耶鲁大学1898级德士敦、盖保耐、席比义等几位热心于海外传教的校友在校长哈德黎和美国长老会的支持下成立的,作为耶鲁的海外宣教团,表达他们对宗教的虔诚和对母校的热爱。有的资料认为耶鲁大学校长哈德黎明确提出“雅礼协会应该是非宗教性的”,就断定雅礼协会性质不是教会。参见黄娟、刘翔:《论雅礼协会及其近代在湘教育事业》,载《湖南农业大学学报(社会科学版)》2008年第4期。这一理解实际上是错误的。哈德黎这样宣布以及不冠名教会恰恰是为了掩盖传教的目的,因为当时在中国传教不容易被中国人理解,甚至可能引来杀身之祸。所以本质上雅礼协会还是教会性质。

③ 协和医院官网记载该院由洛克菲勒基金会于1921年创建,是不准确的。其实它的历史更长,洛克菲勒基金会是买下英国伦敦会、美国长老会和美国圣公会等6家教会联合创办的北京协和医学堂,而进行扩建的。慈禧太后在协和医学堂建立时还捐了一万两白银。而协和医学堂又是在英国基督教传教士雒魏林1862年创办的北京施医院上改建而来。

图 2　1905 年建设中的北京协和医学堂(图片来自网络)

进一步考证,山东齐鲁医院由美国基督教会美北长老会传教医生聂会东创办于 1890 年,四川华西医院源于美国、加拿大、英国等国基督教会于 1892 年在成都创办的仁济、存仁医院。这次援驰武汉防控新冠肺炎的四大医疗天团,北协和、南湘雅、东齐鲁、西华西均出自英美传教士之手。武汉协和医院源于 1866 年英国基督教伦敦会传教士杨格非建立的仁济医院,上海交通大学医学院附属瑞金医院的前身是法国传教士姚宗李主教于 1907 年创办的广慈医院。目前国内排名靠前的几所大医院除了部队医院外大都由此而来。当然,外国传教士来华办医院的目的还是传播教义,为了更容易接近老百姓。或许正是教会的情怀传承了它的医学精神,不营利传统的恪守保持了它的专业性,让它的医生即使在这样一个逐利社会仍然不会完全忘记自己的天职。

多年在心底的困惑倾然化解,原来美国大多数州不鼓励甚至限制企业办医院来牟利,医院只能由教会这类非营利机构来经办。美国的医疗费用高,是因为它的医生工资高,而不是被医院赚走了。根据美国 2018 年的数据统计,全美国有 6146 家医院,其中社区医院 5198 家(非政府非营利医院 2937 家、营利性医院 1296 家、联邦和地方政府医院 965 家),联邦政府医院 209 家,非联邦精神病院 616 家,其他医院 123 家。

#【评　论】

清华法律评论(第十卷第一辑)
第 87 ~102 页

论中国受贿罪中的“为他人谋取利益”

黎　宏*

目　次

摘　要　作为我国受贿罪构成要件的“为他人谋取利益”,是为了突出受贿罪以权换利的本质,限制受贿罪的成立范围而设定的,但其存在已经不适应我国当今的高压反腐形势。因此,实务当中,一改将其认定为客观要素的做法,而将其作为主观违法要素,以推定的方式,在其字面意思可能具有的范围之内,进行最大限度的扩张理解。只是,不管将“为他人谋取利益”作为客观要件还是主观要件,将履职时未被请托,事先也没有约定,但事后基于该履职事由收受他人财物的行为一概认定为受贿罪,无论如何都有违反罪刑法定原则之嫌。

---

* 清华大学法学院教授,博士生导师。
本文为2019年在日本京都召开的中日刑事法论坛上的报告论文。

关键词 受贿罪;“为他人谋取利益”;客观要件说;主观要件说;罪刑法定

和日本不同,中国《刑法》第385条将“为他人谋取利益”明文规定在受贿罪的罪状之中。[①] 由于这种规定的存在,使受贿罪的处罚范围充满了争议,主要涉及两个问题:一是“为他人谋取利益”要件的属性,即其到底是受贿罪的客观要件还是主观要件?二是“为他人谋取利益”的内容,即到底如何认定“为他人谋取利益”?对上述问题的理解不同,有关受贿罪的处罚范围的理解也不一致。

以下,将围绕以上两个问题的相关学说和司法解释,结合相关案例,展开叙述。

一、“为他人谋取利益”的历史沿革

将“为他人谋取利益”作为受贿罪的成立要件,并非一开始就是如此,而是一个从无到有的演变过程。1979年制定的我国《刑法》第185条规定,国家工作人员利用职务上的便利,收受贿赂的,就构成受贿罪,其中并没有“为他人谋取利益”的要求。最初提出这一要求的,是最高人民法院和最高人民检察院1985年颁布的《关于当前办理经济犯罪案件中具体应用法律的若干问题的解答(试行)》(已失效)。[②] 其中指出:“受贿罪是指国家工作人员利用职务上的便利,为他人谋取利益,而索取或者非法收受他人财物的行为……”这一解释尽管超越了1979年《刑法》第185条的规定,改变了受贿罪的构成要件,有司法造法、违反罪刑法定原则的嫌疑,但司法实践还是接受了这一现实,承认“为他人谋取利益”是受贿罪的构成要件。至于为什么司法解释中会有这种规定,做出该种变更的司法机关没有说明。有学者认为,这是因为受贿现象越来越严重,对受贿罪的处罚范围要做适当限制,以体现惩罚少数教

---

① 中国《刑法》第385条第1款规定:国家工作人员利用职务上的便利,索取他人财物的,或者非法收受他人财物,为他人谋取利益的,是受贿罪。

② 司法解释,是中国最高司法机关在适用法律过程中对具体应用法律问题所作的解释,其对各级司法机关的审判、检察具有约束力,是办案的依据之一。

育多数的刑事政策思想。[③] 换言之,是因为受贿太多,必须对其处罚范围加以限定。这种理解固然有道理,但笔者认为,更多的还是和当时有关受贿罪本质上就是以权换利的理解有关。[④] 仅是收受了他人钱财,但他人并没有明确的、具体的请托事项,自己也没有替他人办事的,如何体现受贿罪以权换利的本质呢?另外,最高人民法院的法官们也担心,没有“为他人谋取利益”的要求,难以将正常的人情往来和“感情投资”与受贿区分开来。[⑤]

上述司法解释的宗旨,被1988年全国人民代表大会常务委员会颁布的《关于惩治贪污罪贿赂罪的补充规定》(已失效)认可。其中第4条中规定:“国家工作人员、集体经济组织工作人员或者其他从事公务的人员,利用职务上的便利,索取他人财物的,或者非法收受他人财物为他人谋取利益的,是受贿罪。”至此,“为他人谋取利益”就正式成为法定的受贿罪的构成要件。最高人民法院、最高人民检察院1989年颁布的《关于执行〈关于惩治贪污罪贿赂罪的补充规定〉若干问题的解答》(已失效)中重申了这一点。该解答第3条第4项规定,非法收受他人财物,同时具备“为他人谋取利益”的,才能构成受贿罪。

1997年修订的现行《刑法》第385条吸收了上述《关于惩治贪污罪贿赂罪的补充规定》第4条的内容。但是,“为他人谋取利益”的要求是仅限定于“非法收受他人财物”的场合,还是对“索取他人财物”的场合也适用,存在争议。从刑法规定的字面上看,“为他人谋取利益”,似乎仅限定于“非法收受他人财物”的行为。相关司法解释也是这么理解的。最高人民检察院1999年9月16日公布并实行的《关于人民检察院直接受理立案侦查案件立案标准的规定(试行)》第1条第3项规定,索取他人财物的,不论是否“为他人谋取利益”,均可构成受贿罪。非法收受他人财物的,必须同时具备“为他人谋取利益”的要件,才能构成受贿罪。

但这种理解与中国《刑法》中其他有关受贿罪的规定冲突。如《刑法》第387条有关单位受贿罪的规定,国家机关、国有公司、企业、事业单位、人民团

---

③ 参见刘明祥:《规定“为他人谋取利益”系现实所需》,载《检察日报》2003年7月23日。

④ 在现行刑法修改过程中,最高人民检察院主张继续保留受贿罪中“为他人谋取利益”这个要件,以保持其“权钱交易”的实质属性。参见高铭暄、赵秉志编:《新中国刑法立法文献资料总览》(下),中国人民公安大学出版社1998年版,第2639页。

⑤ 参见熊选国、苗有水:《如何认定受贿罪构成要件之“利用职务上的便利”?》,载《人民法院报》2005年6月22日。

体,无论是索取他人财物还是非法收受他人财物,都必须满足"为他人谋取利益"的要件;《刑法》第388条所规定的(斡旋)受贿罪中,也要求为请托人谋取不正当利益而索取请托人财物或者收受请托人财物的,才能构成本罪。换言之,在《刑法》第387条和第388条所规定的受贿罪中,不管是主动"索取"他人财物还是被动"收受"他人财物,都必须满足"为他人谋取利益"的要求。

同时,无论是主动索取型受贿罪还是被动收受型受贿罪,都应当满足"为他人谋取利益"的要件要求。索取型受贿罪与收受型受贿罪,在本质上并无二致,都是以权换利的贿赂犯罪。"为他人谋取利益"是行贿人与受贿人进行金钱与权力相交换的条件,离开了这一交换条件,行贿人与受贿人之间的交易就无法进行。因此,"为他人谋取利益"亦应是索取型受贿罪的必备构成要件。⑥

二、"为他人谋取利益"要件的属性

由于中国现行《刑法》第385条将"为他人谋取利益"明文规定在受贿罪的罪状之中,因此,其到底是属于受贿罪的客观要件还是主观要件,就充满争议。这种争议,直接影响"为他人谋取利益"的认定。

"旧客观要件说"认为,"为他人谋取利益"是受贿罪的客观要件,其意味着,成立受贿罪,行为人必须着手实施"为他人谋取利益"的行为,但为他人谋取的利益是否已经实现,不影响受贿罪的成立。⑦ 收受他人财物但事实上没有着手实施"为他人谋取利益"的行为,不成立受贿罪("行为说")。按照"旧客观要件说",成立"为他人谋取利益",行为人必须着手以实际行动"为他人谋取利益"。

相反,"主观要件说"则认为,"为他人谋取利益"是受贿罪的主观要件,其意味着,构成受贿罪,行为人除了具有故意之外,主观上还必须具有"为他人谋取利益"的目的,不要求有"为他人谋取利益"的具体行为。如有著作认

---

⑥ 参见孙国祥:《贪污贿赂犯罪研究》(上册),中国人民大学出版社2018年版,第563页。

⑦ 参见张瑞幸主编:《经济犯罪新论》,陕西人民教育出版社1991年版,第305页;叶良芳:《"为他人谋取利益"的一种实用主义诠释——〈关于办理贪污贿赂刑事案件适用法律若干问题的解释〉第13条评析》,载《浙江社会科学》2016年第8期。

为,“为他人谋取利益,在受贿罪的构成要件中只是一种主观上的‘意图’”,“在受贿罪中,为他人谋取利益之意图,对于受贿行为来说是动机,而对于为他人谋取利益的行为来说则是目的”。[⑧] 按照这种观点,在受贿的场合,只要查明行为人非法收受他人财物,并有为他人谋取利益的意图,就可以构成受贿罪。[⑨]

但是,上述两种观点都不尽如人意。如按照“旧客观要件说”,行为人在利用职务之便收受财物之外,还必须具有“为他人谋取利益”的“行为”,才能构成受贿罪,即受贿罪是由“收受他人财物”行为和“为他人谋取利益”行为组成的复行为犯。但这种理解有缩小受贿罪的成立范围之嫌。其不仅会将双方约定“先谋利、后受财”,已经谋利但尚未受财就被发现的行为排除在受贿罪之外,还会将约定“先受财、后谋利”但尚未谋利的行为也排除在受贿罪之外。

同样,“主观要件说”也存在问题,即中国刑法当中,对于作为成立犯罪的主观要素的目的,通常都会放在条文之首加以规定(如中国《刑法》第389条、第391条便是如此),如果立法者将“为他人谋取利益”作为受贿罪的主观目的,也应当使用这种常态的规定方式,但《刑法》第385条没有采用这种规定方式;现代汉语中,“为”既有表示目的(如“为了”)的意思,又有表示指向行为对象的动作(如“给”)的意思。从《刑法》第385条的规定来看,把“为他人谋取利益”中的“为”理解为“给”更自然一些。而且,没有“为他人谋取利益”的虚假承诺也会侵害职务行为的不可收买性,若要求行为人主观上一定要有谋利的目的、意图才成立犯罪,则会不当缩小受贿罪的成立范围。

由于上述问题的存在,有力说主张“新客观要件说”,认为“为他人谋取利益”仍然是受贿罪的客观要件,只是其内容要做广义理解,除了实际实施、实现“为他人谋取利益”的行为之外,“承诺”即口头答应“为他人谋取利益”的行为也包括在内。[⑩] 之所以如此理解,是考虑到:国家工作人员在非法收受他人财物之前或者之后许诺“为他人谋取利益”,客观上就形成了以权换利的约

---

⑧ 肖扬主编:《贿赂犯罪研究》,法律出版社1994年版,第217页。

⑨ 同注⑧,肖扬书,第205页。

⑩ 参见高铭暄、马克昌主编:《刑法学》(第7版),北京大学出版社、高等教育出版社2016年版,第630页;黄伟明:《受贿罪中“为他人谋取利益”要件探讨——贪污贿赂罪司法解释第十三条的刑法教义学评析》,载《烟台大学学报(哲学社会科学版)》2018年第3期。

定,而且,即便在收受财物之后公正地行使了职务行为,也难免让人对其公正性产生怀疑。这种怀疑本身就意味着职务行为的公正性受到了侵害。[11] 按照"新客观要件说",成立"为他人谋取利益",行为人至少必须承诺"为他人谋取利益"。

相关司法解释最初采用了"新客观要件说"。如 2003 年 11 月 13 日最高人民法院《全国法院审理经济犯罪案件工作座谈会纪要》中明确规定:"为他人谋取利益包括承诺、实施和实现三个阶段的行为。只要具有其中一个阶段的行为,如国家工作人员收受他人财物时,根据他人提出的具体请托事项,承诺为他人谋取利益的,就具备了为他人谋取利益的要件……"

但是,近年来,中国的贿赂犯罪形势已经发生了巨大的变化。持续多年的高压反腐使贪官的自我保护意识增强,传统受贿罪中赤裸裸的"一手交钱、一手谋利"的权钱交易过程已经被温情脉脉的"人情来往"掩饰,行、受贿双方在长期的交往中,以各种名义的礼金、红包做铺垫、打基础,形成了一种彼此信任且依赖的权钱交易关系。在这种新型交易关系之下,单次受贿行为中必不可少的"受财"与"谋利"之间的因果关系、时间上的先后顺序以及具体细节上的"事先约定"已经无关紧要,重要的是双方已经形成的只需意会、不可言传的礼尚往来,即"权钱交易"。正是基于这种现实,2016 年 4 月最高人民法院、最高人民检察院公布了《关于办理贪污贿赂刑事案件适用法律若干问题的解释》(以下简称 2016 年《司法解释》),对于受贿罪中的"为他人谋取利益"的认定进行了巨大调整。承诺"为他人谋取利益"的场合就不用说了,即便是"明知他人有具体请托事项"而收受他人财物的,就是承诺"为他人谋取利益",甚至行为人在履职时未被请托,也没有任何承诺,"但事后基于该履职事由收受他人财物的",也要被认定为"为他人谋取利益"。这种规定已经超越了"新客观要件说"的范畴,接近甚至越过了"主观要件说"的范围。因此,有学者认为,受贿罪中的"为他人谋取利益"只是受贿人的一种心理状态,属于主观要件的范畴,但其不是受贿故意的内容,只能是主观违法要素,由此将那些虽然收受他人财物但不具备"为他人谋取利益"要素的情形排除在受贿罪之外。[12]

---

⑪ 参见张明楷:《论受贿罪中的"为他人谋取利益"》,载《政法论坛》2004 年第 5 期。

⑫ 参见陈兴良:《为他人谋取利益的性质与认定——以两高贪污贿赂司法解释为中心》,载《法学评论》2016 年第 4 期。

三、“为他人谋取利益”的判断

既然“为他人谋取利益”是受贿罪的主观要件,则成立受贿罪,行为人除了利用职务之便索取或者非法收受他人财物之外,还必须在履职时具有“为他人谋取利益”的主观目的或者说是愿望。但问题是,主观目的深藏于行为人的内心,只能依据外在的客观事实加以推断,否则就会使受贿罪的处罚范围模糊不清。也正因为这一点,2016 年《司法解释》第 13 条在将“为他人谋取利益”理解为主观要素的同时,还规定:具有下列情形之一的,应当认定为“为他人谋取利益”,构成犯罪的,应当依照《刑法》关于受贿犯罪的规定定罪处罚:(1)实际或者承诺“为他人谋取利益”的;(2)明知他人有具体请托事项的;(3)履职时未被请托,但事后基于该履职事由收受他人财物的。国家工作人员索取、收受具有上下级关系的下属或者具有行政管理关系的被管理人员的财物价值 3 万元以上,可能影响职权行使的,视为承诺“为他人谋取利益”。换言之,该司法解释在将“为他人谋取利益”理解为主观要素的同时,还规定对其采用推定的方式认定。以下,结合相关判例,对上述司法解释中的规定内容进行说明。

(一)“实际或者承诺为他人谋取利益的”

这是受贿罪中“为他人谋取利益”的最主要的表现。其中:

“实际或者承诺”,是指已经用实际行动为他人或者说请托人谋取利益,其中,所谓实际,就是以实际行动为他人谋取到了某种利益,或者虽然尚未谋取到,但正在实施谋取利益的过程当中。所谓承诺,就是虽然尚未实际获取或者尚未着手实施“为他人谋取利益”的行为,但口头答应“为他人谋取利益”。谋利是一个过程,承诺说明国家工作人员已经同意将手中的权力与他人提供的财产进行交换,权钱交易的合意已经完成。因此,将有承诺的场合作为具有“为他人谋取利益”的行为对待并无不妥,其只是降低了“为他人谋取利益”的证明标准,而没有改变实质内容。承诺,有明示承诺与暗示承诺之分。明示承诺的场合,已经外化为意思表示,而暗示承诺,只能通过具体的事实来加以推定。

“他人”,是指行为人为之谋取利益的受益人。因为中国通说认为受贿罪的保护法益是职务行为的不可收买性,受贿罪的本质是权钱交易,因此,只要存在权钱交易,不管这种交易的受益人是谁,均能构成本罪,换言之,"为他人谋取利益"中的"他人"既可以是请托人,也可以是受其指示或者暗示的第三人。如李某某受贿案⑬中,行贿人葛某A为使其时任云南省驻京办副主任的哥哥葛某B受到提拔,向时任云南省长的李某某行贿12,000美元,请其为葛某B的工作给予支持。后在李某某的提议下,葛某B被调任云南省驻深圳办事处主任。这里,请托人是葛某A,而受益人是其兄葛某B。国家工作人员与他人共谋,由"他人"出面与请托人联系请托事项并收受贿赂款项,由国家工作人员利用职务上的便利,为请托人谋取利益的,成立共同受贿罪。"为他人谋取利益"中的他人还包括行贿人所在的单位,换言之,为谋取行贿人所在单位利益的,也是"为他人谋取利益"。

"谋取",就是通过谋划而有意取得,可以是作为的方式,也可以是不作为的方式;可以是直接取得的方式,也可以是间接取得的方式。其中,不作为的方式,就是不履行应尽职责或者义务,从而达到"为他人谋取利益"的目的。如在龚某受贿案⑭中,法院认为,被告人龚某在涉案的某宗土地出让中,对请托人施某所在南通市新景公司及其合作的公司,均不具备委托招拍单位规定的竞买人条件是明知的,其故意不履行审查职责,而使施某所在南通市新景公司及其合作的公司进入竞拍程序并实际取得该宗土地开发权的行为实为利用职务之便,为施某谋取利益的客观表现。龚某作为国家工作人员,利用其职务上的便利为施某谋取利益,对施某承诺给予的巨额好处费,双方虽然私下约定通过签订劳务合同支付工资方式获取,因该好处费具有明显的权钱交易性质,而非系龚某真正意义上的劳动所得,故应认定为贿赂款。所谓直接取得,就是行为人利用本人职务上的便利为他人即请托人谋取利益,其被规定在《刑法》第385条当中;所谓间接取得,就是行为人不是利用自己的职务之便,而是利用自己的职权或者地位形成的便利条件,通过其他国家工作人员职务上的行为,为请托人谋取不正当利益,其被规定在《刑法》第388条之中。如在王某某受贿案⑮中,身为国家证券监督管理机构的工作人员的被

---

⑬ 北京市第二中级人民法院刑事判决书,(2003)二中刑初字第00320号。

⑭ 江苏省南通市中级人民法院刑事裁定书,(2014)通中刑二出初字第0004号。

⑮ 参见最高人民法院中国应用法学研究所编:《人民法院案例选》第1辑,人民法院出版社2007年版,第72页。

告人王某某并不负责凤竹公司的申请上市审批，即其并没有审批凤竹公司上市的职权，但其利用自己为证监会发行监管部工作人员的地位所形成的便利条件，采用“吃请送礼”的手段，介绍参与审核和核准股票发行申请的人员与申请单位私下接触，为请托人凤竹公司联系证监会发行监管部审核人员，疏通关系，为凤竹公司在申请首次发行股票的过程中谋取不正当利益，为此而收受请托人的巨额财物。

“利益”，就是好处，其既可以是财产性利益，即可以用货币进行衡量的利益，也可以是难以用货币进行衡量的非财产性利益，如在具体的招标投标、政府采购等商业活动，或者职务升迁等竞争活动中，违背公平原则，给予相关人员某种竞争优势的，就是如此；既包括正当利益，也包括不正当利益，但必须是具体利益。如在张某某受贿案⑯中，法院认定，身为黔东南苗族侗族自治州发展和改革委员会主任的被告人张某某，利用职务上的便利，通过原市长洪某违反《招标投标法》规定，提议延长招投标时间，致使未在第一次招投标时间内报名通过资格预审，不具有投标资格的大地公司在第二次延长报名时间内报名取得投标资格并最终得以中标的行为，就是为他人谋取“利益”的体现，张某某事后收受大地公司股东张某所送人民币 20 万元的行为构成受贿罪。

过于抽象的利益，如工作、学业上的关心、照顾等没有具体请托事项的一般性利益，在中国的司法实践中，难以被认定“为他人谋取利益”中的“利益”。如在马某某受贿案⑰中，检方认定，1999 年 2 月，辽宁省某公司总经理焦某为加深与时任沈阳市常务副市长的被告人马某某之间的关系，送给马某某贿赂款人民币 50 万元。对于这一指控，被告方提出，马某某通过泰某收受焦某人民币 50 万元，但没有为焦某谋利。法院认可了这一辩护意见，认为马某某虽收取了焦某的钱财，但焦某并没有提出具体的请托事项，马某某也没有为焦某谋取实际利益，其行为缺乏刑法规定的受贿罪中“为他人谋取利益”的构成要件，不能认定为受贿罪。

（二）“明知他人有具体请托事项的”

这是推定行为人具有“为他人谋取利益”的一种方式，其完整的表达是，

---

⑯ 贵州省高级人民法院刑事判决书，(2015)黔高刑二终字第 62 号。

⑰ 江苏省南京市中级人民法院刑事判决书，(2001)宁刑初字第 110 号。

“明知他人有具体请托事项而收受其财物的,视为承诺(为他人谋取利益)”。推定,是中国当前司法实践中广泛适用的一种证明方式,是根据已知的某个基础事实,推定另一个待证事实的存在。简单地说,就是从日常生活的经验来看,具有某种前提事实就会发生后续事态时,就可以推定待证事实的存在。由于推定能够大幅度减轻控方的举证负担,因而被司法机关在刑事诉讼中广泛采用。

就受贿罪中“为他人谋取利益”的要件而言,尽管从扩张解释的角度来讲,能够将其扩张到“承诺”即以明示的方式口头答应“为他人谋取利益”的程度,但在人们之间的交往奉行所谓“意会”原则,即朋友、熟人之间对很多事情心领神会、心知肚明,而根本不用“口头答应”的现实社会背景之下,无论解释如何扩张,仍然难免挂一漏万。因此,依据中国人的“意会”原则,在明知他人有具体请托事项时仍然收受他人财物的,即便没有“为他人谋取利益”的口头承诺,也仍可以推定为行为人具有“为他人谋取利益”的意图。因为,按照中国人的理解,这种不用说出来便能自然领悟的“意会”,甚至比说出来的效果还好。⑱

司法案例也是这样理解的。如在潘某某受贿案⑲中,请托人许某某请时为迈皋桥街道工委书记的潘某某为其在受让金桥大厦项目中减免100万元的费用,潘某某因此在购买许某某开发的一处房产时少交了房屋差价款和相关税费61万余元。对于本件事实,潘某某及其辩护人提出,潘某某虽然收受了财物,但没有实际为许某某的公司谋取利益,不构成受贿罪。但法院认为,承诺“为他人谋取利益”,可以从“为他人谋取利益”的明示或者默示的意思表示中予以认定。潘某某明知他人有请托事项而收受其财物,应视为承诺“为他人谋取利益”,至于是否已实际“为他人谋取利益”或者实际谋取到利益,只是受贿的情节问题,不影响受贿罪的认定。

(三)“履职时未被请托,但事后基于该履职事由收受他人财物的”

其完整的表述是,行为人履职时未被请托,但事后基于该履职事由收受他人财物的,据此也能推定行为人具有“为他人谋取利益”的目的。之所以如此规定,主要考虑是这种情况同样属于基于具体职务行为收受他人财

⑱ 参见费孝通:《乡土中国》(修订本),上海人民出版社2013年版,第10页。

⑲ 潘某某、陈某受贿案,最高人民法院指导案例3号(2011年)。

物的情形。[20] 这一推定意味着,只要具有工作上的接触,事后因此收受财物的,不管当时行为人有无"为他人谋取利益"的想法,一概推定为有,且似乎没有反证的余地。正因如此,这种推定方式在中国的刑法理论当中,引起了极大的争议。

如前所述,和《日本刑法》当中,公务员只要在职务上收受、要求或者约定贿赂,就构成受贿罪;接受请托,就要构成较重的受托受贿罪的立法不同,按照中国现行《刑法》的规定,公务员仅仅具有利用职务之便索取或者收受他人贿赂的行为还不够,还必须满足"为他人谋取利益"的要求。尽管这一要求到底是主观要件还是客观要件存在争议,但无论如何,行为人在收受、索要或者约定收受贿赂时,内心至少必须具有"为他人谋取利益"的目的或者念头,这是难以否定的。否则,《刑法》第 385 条中就没有必要规定"为他人谋取利益"了。

司法实践当中,存在因事后受财行为是否满足"为他人谋取利益"要件而争议的案件。中国电子物资公司安徽公司在 1992 年年初已经正式下达公司各部门承包经营方案,规定能源化工处等驻外机构以上年的经济效益为基础,确定上缴利润基数,超额部分按比例提成。但后来该公司下属的能源化工处处长兼庐海实业有限公司经理李某某向时任中国电子物资公司安徽公司总经理陈某递交了一份书面报告,指出国内市场疲软,竞争激烈,原油进口成本提高,各个环节成本加大,业务难以开展,应该调整经营结构及分配结构,提出一个新的经营方案。陈某接到报告后,召集党委书记徐某某,财务处长、党委委员吴某某及李某某进行研究,决定对能源化工处实施新的奖励办法。1992 年 5 月 2 日下发实施中电皖物办字(92)049 号文件《关于能源化工处庐海实业有限公司试行新的奖励办法的通知(试行)》[以下简称(92)049 号文件],文件仅发至财务处、能源化工处、庐海公司、陈某、徐某某处。按照该新的奖励办法,李某某 1992 年从公司提取超额分成利润 21.1777 万元。同时,陈某还两次以公司名义与安徽省计划委员会联系拨要进口原油配额,全部交由李某某所在的能源化工处经营;李某某因为业务关系经常与财务处发

---

[20] 参见沈德咏:《在全国法院学习贯彻〈最高人民法院、最高人民检察院关于办理贪污贿赂刑事案件适用法律若干问题的解释〉电视电话会议上的讲话》(节选),载中华人民共和国最高人民法院刑事审判第一、二、三、四、五庭主办:《刑事审判参考——办理贪污贿赂刑事案件专刊》总第 106 集,法律出版社 2017 年版,第 180~181 页。

生矛盾,公司主管财务的陈某多次予以协调。后,李某某为感谢陈某为其制定的优惠政策及承包经营业务中给予的关照,先后送给陈某33万元人民币、15万港元。

对于上述事实,合肥市中级人民法院认为:被告人陈某系由中国电子物资总公司任命的安徽公司总经理,是领导和管理国有企业公共事务的工作人员,其主持制定(92)049号文件,出发点是为了公司利益,是在邓小平南方谈话的大气候下,对公司分配机制进行改革的一项尝试和试点,建立的是"公司得大头,个人得小头"的激励机制,不是"为他人谋取利益"。此文件的出台,没有经过由公司所有领导参加的经理办公会的讨论,且控制发文范围,在制定程序上不够完备。但鉴于安徽公司实行总经理负责制,被告人陈某曾于1992年5月就此文件向原中国电子物资总公司总经理赵某某汇报,故对(92)049号文件的制定程序不能完全否定其合法有效。被告人陈某主持制定中电皖物财字(92)103号文件《关于试行业务人员六项费用承包经营核算办法的报告》,协调李某某与财务处的矛盾,为李某某承包的能源化工处向省计委申请进口原油配额,是其正当的职务行为,不是为李某某谋取利益。现有证据无法证实被告人陈某主观上具有权钱交易的受贿故意。陈某的行为在客观上给李某某带来一定的利益,李某某在事后向陈某给付钱财表示感谢而陈某予以收受,这是一种事后受财行为。故认定被告人陈某的行为构成受贿罪证据不足,起诉书指控的罪名不能成立,判决被告人陈某无罪。

但二审的安徽省高级人民法院认为,原判认定事实不清,裁定撤销原判,发回重审。合肥市中级人民法院重新组成合议庭,经重新审理后认定:被告人陈某身为国家工作人员,利用职务便利,根据下属部门承包经营人李某某建议,制定新的承包经营政策,协调、帮助李某某承包经营,在李某某获取巨额利润后,非法收受李某某所送33万元人民币、15万港元,其行为侵害了国家工作人员公务活动的廉洁性,显已构成受贿罪,依法应予惩处。公诉机关指控犯罪成立,认定被告人陈某犯受贿罪,判处有期徒刑10年。

对于本案,相关评论认为,上述判决是正确的。并且指出,本案一审之所以错误,是因为认识不妥。一审认为,本案中,尽管有证据证明行为人明知所收受的钱的性质,但没有充分的证据证明行为人对对方送钱及希望为对方谋取利益也明知。因此,本案构成犯罪的主观要件并不完全具备。这种认识是不妥的。受贿罪的行为由手段行为与目的行为两部分组成,前者是指利用职务上的便利,"为他人谋取利益",而后者则是指收受他人贿赂,二者联系紧密,构成了一个有机的整体。这类犯罪,《刑法》上还有很多,如强奸罪、抢劫罪等。由于两种行为的联系,通常情况下,行为人的犯罪故意在实施手段行为时就确定了,这一故意一直沿续到目的行为实施终了,因而,行为人的故意在实施手段行为和实施目的行为时是一致的。但是,在特殊情况下,亦会出现二者故意不一致的情况。如行为人基于伤害的故意控制了被害人,但未形成伤害后果,后行为人故意发生了变化,产生抢劫故意,实施了抢劫的行为。对于这种情况,无疑仍应定抢劫罪。本案中,虽然陈某在实施职务行为时无充分证据证实陈某具有收受财物的故意,但在收受财物时,其故意则是明显的,应当认定其具备受贿犯罪的故意。[21]

但是,应当说,上述评论的理解是错误的。一方面,作为论者评论的重要依据的举例存在问题。行为人基于伤害的故意控制了被害人之后,产生抢劫故意,实施了抢劫行为的,通常情况下不能认定为抢劫罪。毕竟抢劫是以暴力、胁迫等为手段的财产犯,行为人在为获取财产而实施暴力、胁迫行为时,必须具有故意。暴力之后另起取财故意的,前面的暴力行为不构成伤害罪时,只能以抢夺、盗窃等对后面的行为进行评价,而不可能将前、后行为一并评价为抢劫罪。另一方面,受贿罪不是财产犯,而是破坏职务行为的不可收买性或者职务行为公正性的贿赂犯罪,这就要求行为人在利用职务行为为他人谋利时,必须具有收受贿赂的意思或者认识,如此才会符合贿赂罪以权换利的本质。因此,行为人在利用职务之便"为他人谋取利益"时,至少必须有"为他人谋取利益"的想法,才能满足这一要求。但是,行为人在利用职务之便"为他人谋取利益"时,并没有为他人谋利之念,更没有该种约定,事后由于某种原因而收受他人财物,如何能说行为人的行为是以权换利的受贿行为呢?因此,上述评论是有问题的。

但这并不意味着陈某的行为不构成受贿罪。确实,从职务行为公正性的角度来讲,陈某在履行相关职务行为时并无收受财物的约定,现有证据也无法推定行为人当时具有事后收受财物的期待,因此,从中国《刑法》第 385 条的规定来看,很难说陈某的行为符合受贿罪的构成要件。但是,作为被告人

---

[21] 参见陈兴良、张军、胡云腾主编:《人民法院刑事指导案例裁判要旨通纂》(下卷),北京大学出版社 2013 年版,第 1145 ~ 1146 页。

的陈某所收受的均是与其履职范围关系密切的下属的财物,其与下属之间具有千丝万缕的利害关系;一旦收受这种具有利害关系的下属的财物,即便不是说其在过去的履职中对他具有关照,也意味着“承诺”在将来为该下属的工作提供各种方便,而这种承诺使陈某在有关李某某及其公司的业务的处理上,至少具有进行不公正裁量的抽象危险。从此意义上讲,法院认定陈某的事后受财行为构成受贿罪的判决是妥当的。这一点,涉及前述的2016年《司法解释》中的第四种推定。

(四)“收受具有上下级关系的下属或者具有行政管理关系的被管理人员的财物价值3万元以上,可能影响职权行使的,视为承诺为他人谋取利益”

如前所说,处于平等关系的人之间事后收受“感谢费”的受财行为,成立受贿罪,要求行为人明知对方具有具体的请托事项,否则,就不能推定行为人满足“为他人谋取利益”的要求。但是,这一要求不适用于具有上下级关系或者行政管理关系的人。具有上下级关系或者行政管理关系的人之间实际上就是一个所谓的“熟人社会”,在这个圈子之内,上级和下级、管理者和被管理者之间存在千丝万缕的利益关系,奉行所谓“意会”的交流方式。行为人一旦收受来自下属或者被管理者的财物,即便现在没有具体的请求事项,也会在心中悄然生发出以后给予行贿人方便或者照顾的“还人情式”的心理预期或者承诺。[22] 而这种预期或者承诺,必然会导致平常履职行为偏离公正裁量,因此,司法解释进行了上述规定。但要注意的是,这种上下级之间的授受财物行为,必须限定于“价值3万元以上,可能影响职权行使的”的场合,以排除正常的人情往来和一般违纪。

司法实践当中也是这么理解的。如在韩某受贿案中,对韩某任钦州市烟草局局长期间收受灵山烟草局局长董某4.5万元、浦北烟草局局长黄某某1.8万元以及韩某2008年6月收受高某1.2万元是否构成受贿罪的问题,存在争议。法院认为,董某、黄某某与韩某之间均是上下级关系,董某、黄某某均是在韩某任职期间得到提拔,之后再以个人名义用个人的款项送钱给韩某以示感谢,本身就包含感谢韩某对其二人的提拔以及请托韩某利用职务便利日后继续对其二人关照及提拔,韩某当然明白其中之意,故一审判决认定韩

---

[22] 参见王晓辉:《受贿罪与利用影响力受贿罪共犯之交叉问题辩正——以“中间感情投资型”贿赂犯罪为中心》,载《山东警察学院学报》2015年第1期。

某利用职务便利收受董某所送的4.5万元及黄某某所送的1.8万元的行为构成受贿罪完全正确。[23]

四、结语

由于过于在形式上强调受贿罪是以权换利的犯罪,因此,中国《刑法》第385条将“为他人谋取利益”明文规定为受贿罪的成立要件,以强化国家工作人员利用职务之便索取或者非法收受的财物,是“为他人谋取利益”的对价。但是,从中国的社会现实来看,那种“一事一贿”“临时抱佛脚式”的即时性权钱交易早已被“放长线钓大鱼”,以“培养感情”为名向官员赠送礼金,和官员“交朋友”、建立“小圈子”,由此形成的一种彼此信赖且互相依存的权钱交易关系替代。“小圈子”之内,遵循的是只需意会、不用言传的“礼尚往来(权钱交易)”的心理默契。双方当事人之间一旦一方有求,对方便心领神会、不动声色地上下张罗,悄无声息地满足对方要求,根本用不着在具体细节上“事先约定”。[24] 这种不再针对具体请托事项而向国家工作人员许以财物、也不就具体事项办成之后定有重谢的“事先约定”为要求的“感情投资”,实际上是一种更加隐蔽的行、受贿手段,其现实危害和即时性权钱交易的常规行贿、受贿之间没有什么差别。而且,和分次出卖国家权力的“一事一贿”的即时性权钱交易相比,这种官商勾结模式或者说“小圈子”、“小团体”之内的腐败是一种更彻底地将职权奉与金钱驱使的行为,性质更加恶劣,官员更难抵御,侦查更为困难,社会危害性更大。因此,在受贿罪中的“为他人谋取利益”的理解上,

---

[23] 广西壮族自治区高级人民法院刑事裁定书,(2011)桂刑经终字第1号。

[24] 此种情形的材料随处可见。如南方航空原董事、副总经理兼财务总监、总会计师徐某某涉嫌受贿案于2016年4月6日在深圳市中级人民法院开庭。从庭审内容看,徐某某在工程承包、工程款结算、飞机租赁等方面“为他人谋取利益”,涉案数额近700万元。这么高额的受贿,主要是由于抵挡不住行贿人花样百出的行贿方式产生的。行贿人百般“体贴”,如获悉徐某某想炒股,马上找人以他的名义帮忙炒港股;得知徐某某想送女友一套房子,“懂事”地分三次支付了房款;甚至一名行贿人因公司没有资质退出投标后,徐某某要求其收回所送的100万元,该行贿人则表示“先放着吧”。这些行贿方式不再是简单的“一事一求一贿”,而是“放长线钓大鱼”,从“感情投资”入手,将徐某某这样掌握重要权力或有发展“潜力”的国家工作人员掌握在利益同盟关系网中,一次得手后多次、多年“经营”,从而牟取巨大而稳定的利益。上述内容参见贺晶:《行贿频打感情牌,如何避免被“围猎”》,载《北京日报》2016年4月13日。

不得不像上述司法解释一样,在其字面意思可能具有的范围之内,进行最大限度的扩张理解。只是,不管将"为他人谋取利益"作为客观要件还是主观要件,将履职时未被请托,事先也没有约定,但事后基于该履职事由收受他人财物的行为一概认定为受贿罪,无论如何都有违反罪刑法定原则之嫌。

On Seeking Benefits for Others in the Crime of Bribery in China

Abstract: The 'seeking benefits for others' in the constituent elements of the bribery crime in China is set to highlight that bribery is a transaction of power and money and to limit the scope of the bribery crime. But its existence is no longer suitable for China's current high-pressure anti-corruption situation. Therefore, in judicial practice, the practice of identifying it as an objective element has been changed, and it has been regarded as a subjective illegal element. In a presumptive manner, it can be understood to the maximum extent within its possible literal meaning. The actor was not requested when performing the responsibilities, and there was no agreement in advance, but he accepted property of others. At this time, regardless of whether 'seeking benefits for others' is an objective or subjective element, if the actor was uniformly found guilty of bribery, this approach is suspected of violating the principle of legality.

Key words: Bribery Crime; 'Seeking Benefits for Others'; Objective Element; Subjective Element; the Principle of Legality

清华法律评论(第十卷第一辑)
第 103 ~124 页

客观归责论的理性反思

李冠煜*

目　次

摘　要　德国刑法学中的客观归责论并非完美的理论,在规范论、本体论和体系论方面存在严重缺陷。在维持现行犯罪论体系的前提下,中国刑法学不应全面借鉴客观归责论。通过理性反思客观归责论,我国刑法理论的当然选择是,无须整体移植罗氏的客观归责体系,只应适当运用客观归责方法论。

关键词　客观归责论;规范论;本体论;体系论;方法论

德国刑法学中的客观归责论(objektive Zurechnung

* 华中科技大学法学院副教授,法学博士,博士生导师,主要研究方向:中国刑法学、比较刑法学。

theorie)发展至今已趋于成熟,风靡全球,各国学者均以克劳斯·罗克辛(Claus Roxin)教授倡导的体系为主要研究对象,可见其理论早就深入人心。但是,这并不意味着该理论无懈可击,相反,它存在许多不足。无须整体移植罗氏的客观归责体系,只应适当运用客观归责方法论。这既是理性反思的当然结论,也是完善我国理论的应然选择。本文拟通过全面批判其在规范论、本体论和体系论方面的缺陷,深刻揭示其在方法论上值得我国刑法理论借鉴之处。

一、客观归责论之规范论批判

客观归责论难以统合各种规范,导致其内部结构出现混乱。

根据客观归责论,规范理论构成归责判断的基础,在某种意义上,规范判断和风险判断同时进行。之所以要强调规范论的根本意义,是因为它鲜明地体现了刑法教义学的特点。详言之,法学的"规范科学"特点有多重含义:对有约束力的调整之建议、说明或确定。这样,法学的任务既是规范描述性的(在具体规范的有效性和内容无争议时),也是规范建议的(当它表达了教义学的命题时)。法学遂被理解成法律教义学。① 所以,不说明规范的性质和作用,就不能深刻地理解作为德国刑法教义学重要组成部分的客观归责论的规范论构造。

与刑法法规的结构相对应,刑法规范通常被分为行为规范和裁判规范,在此,行为规范可进一步分为评价规范和决定规范。研究规范论,可以揭示刑法的机能。② 在此基础上,客观归责论者纷纷展开了自己的规范论。其中,代表性的观点有两种:(1)二元的行为无价值论中的规范论。该说认为,行为构成应以行为无价值和结果无价值为条件,不法总是存在于两者的一种联系之中。为其提供根据的,包括确定性规范和命令性规范。只有表现为行为人行为损害具体法益的结果,才会被归责。刑法的不法在没有一种外在结果的

---

① 参见[德]阿图尔·考夫曼、[德]温弗里德·哈斯默尔主编:《当代法哲学和法律理论导论》,郑永流译,法律出版社2013年版,第458~459页。

② 立石二六『刑法総論(補正版)』(成文堂,2004年)7~8頁参照。

情况下,就不能具有其表现形式。未遂也是如此,否则最多只能成立预备。③(2)结果无价值论中的规范论。该说主张,行为规范和制裁规范本系不同的范畴。在结果犯中,评价规范起到防止结果发生的作用,一旦结果发生,则违反评价规范(出现结果无价值)。但是,评价规范只对人的行为产生间接作用,对行动控制产生直接作用的是暗藏在评价规范背后的行为规范。即使违反行为规范,也不过是推定结果无价值的存在。④

以上两种观点都有值得商榷之处。根据第一种观点,行为无价值和结果无价值的统合是规范论的逻辑延伸。问题在于,一方面,所谓人的不法二元论可能只具有形式意义。按照德国学者汉斯·韦尔策尔(Hans Welzel)的构想,"人的不法"概念由人的行为不法与人的违法行为的部分要素组成。其中,结果无价值只在行为无价值的内部有意义,行为无价值才是刑法上所有犯罪的一般无价值。⑤ 那么,二者就不是并列关系,而是包容关系,结果无价值并不总是独立的不法要素。另一方面,所谓的规范一体说更加值得被质疑。它强调评价规范和决定规范是同一规范机能的两个侧面,那么,两种规范的对象范围应当相同。但是,假如结果是在行为人的计划或预见可能的范围内,就没有违反决定规范,只是评价规范的对象。所以,应当采取人的不法一元论。⑥ 以是否把结果归责于行为为标准,根据相应的规范认定不法性,就成为该说的特色。将其称为规范二分说,或许更加贴切。相反,根据第二种观点,行为规范和评价规范是相互分离的,仅从结果无价值论的立场展开客观归责论。但这会带来如下批判:(1)违反行为规范引起行为无价值、违反评价规范引起结果无价值的思路,使二者失去了作为不法构成要素的关联性。(2)在违反行为规范创造出行为不法之后,行为无价值会延续到危险实现阶段,所以,客观归责论不可能完全脱离行为无价值论的立场。(3)将评价规范置于行为规范之前,容易使人产生客观归责论的重心在于危险实现关联的误解,这既不符合其理论构造,也与论者设定的规范双重机能(犯罪的事前抑制

---

③ 参见[德]克劳斯·罗克辛:《德国刑法学总论》第1卷,王世洲译,法律出版社2005年版,第213~214页。

④ 山中敬一『刑法における客観的帰属の理論』(成文堂,1997年)426~429頁参照。

⑤ 内藤谦『刑法講義総論(中)』(有斐閣,1986年)318頁参照。

⑥ 曾根威彦『客観的帰属論の規範論的考察』早稲田法学74卷4号(1999年)177~178頁参照。

机能和犯罪的事后处理机能)[⑦]相矛盾。

因此,无论是采取规范一体说,还是采取规范二分说,均难以说明客观归责论的不法根据。这既取决于对规范性质、功能的理解,也取决于对不法概念、本质的选择。

二、客观归责论之本体论批判

客观归责论中各个层次的判断基准都有待进一步明晰,其适用结论也并非完全妥当。

(一)关于对行为创设不被允许的危险规则的批判

"行为创设不被允许的危险"作为第一个归责基准,没有阐明危险的性质、统一危险判断的方法和展示风险降低规则的实效。

第一,对于被允许性风险判断的复杂性,客观归责论者自己也承认,它在多种多样的关系中使用,还不完全清楚其意义和体系性地位。在此,一个举止行为创设了一种在法律上有重要意义的风险,但是,这种风险一般(不依赖于具体案件)是可以允许的,据此,应与正当化根据不同而排除归责。[⑧] 可是,这不仅会混淆生活中的风险和法律上的风险,而且会造成判断标准的不统一。当A送给有钱的叔叔O去远方旅行的机票,希望其在空难中死亡,结果由于技术故障而坠机,O果真死亡时(案例1),为了否定归责,既可以主张A的行为只是一般生活上危险的现实化,也可以主张O是自我答责的自己危险化,本系不可罚,所以在与A的关系中欠缺必要的正犯行为。[⑨] 这时,客观归责论只能援用其他理论说明危险是否被允许。

第二,与第一点相似,客观归责论也是通过引入相当性的判断模式来进行危险的判断。简言之,法官进行的是所谓的"客观—事后预测"(sog. objektiv-nachtraegliche Prognose),判断时点是行为后,判断基础是行为时一个

---

⑦ 山中敬一『刑法総論(第2版)』(成文堂,2008年)280~281頁参照。

⑧ 同前注③,[德]克劳斯·罗克辛书,第251~252页。

⑨ 山本高子『客観的帰属論否認論:ツィーシャング「刑法総論〔第2版〕」の検討』比較法雑誌46巻1号(2012年)168~169頁参照。

理智的人已经认识或能够认识的事实以及行为人认识或可能认识的事实。[10]但这一看似理想的方案实则难以得到真正实施：由于考虑了行为人的认识能力，适用结果容易为个人标准所左右，从而违反了客观归责论的自身定位。对此，有学者提出，危险判断的资料应当是事后查明的行为当时存在的全部客观事实，与任何人的认识能力无关。[11] 若行为人将被害人刺伤后，被害人在住院期间因遭遇火灾而死亡的(案例2)，通说否定客观归责，而上述见解肯定客观归责，最终只能借助主观归责的过滤以排除其刑事责任。这虽然避免了通说的缺陷，却走向了一般人标准化的极端；这不仅弱化了客观归责的机能，而且回到了条件说的老路。

第三，鉴于风险评估的不确定性，风险降低规则的作用更加需要警惕。从案例1和案例2可以看出，风险降低规则究竟能在多大程度上阻却客观归责，并不清楚。为此，有的学者特地区分了风险降低(Risikoverringerung)和风险替代(Risikoersetzung)：前者指行为人缓和了危险的条件组合，以至于把风险减弱到极其有限的地步；后者指行为人并非降低现存的风险，而是制造一种全新的较小的风险替代原先的较大的风险。那么，需要思考的是，在两种风险并存的情况下，为什么认为前者没有创设出新的风险，而强调后者设定了新的风险？[12] 或者说，前者的行为是否都不符合构成要件，[13]后者的行为是否一概阻却不法？可以肯定的是，风险降低应当运用因果关系原理(也能承认客观上引入一个新的危险关联)，风险替代基本属于不法阻却事由体系(但不排除因果关系中断的情形)。[14]

(二)关于对行为实现不被允许的危险规则的批判

"行为实现不被允许的危险"作为第二个归责基准，未能明确注意规范保

---

[10] 参见[德]汉斯·海因里希·耶赛克、[德]托马斯·魏根特：《德国刑法教科书》(总论)，徐久生译，中国法制出版社2001年版，第349~350页；许玉秀：《主观与客观之间——主观理论与客观归责》，法律出版社2008年版，第6~8页。

[11] 参见陈璇：《论客观归责中危险的判断方法——"以行为时全体客观事实为基础的一般人预测"之提倡》，载《中国法学》2011年第3期。

[12] 参见[德]沃尔夫冈·弗里希：《客观之结果归责——结果归责理论的发展、基本路线与未决之问题》，蔡圣伟译，载陈兴良主编：《刑事法评论》第30卷，北京大学出版社2012年版，第231~233页。

[13] 参见张明楷：《也谈客观归责理论——兼与周光权、刘艳红教授商榷》，载《中外法学》2013年第2期。

[14] 参见[德]乌尔斯·金德霍伊泽尔：《风险升高与风险降低》，陈璇译，载《法律科学》2013年第4期。

护目的的认定方法、划定合义务替代行为的适用边界以及证明风险升高规则的合理存在。

首先,客观归责论者本想通过注意规范的保护目的理论,避免传统观点根据行为人的预见可能性决定归责范围的弊端,但是它自始就未说明刑法之外的特别规范作为认定注意义务的理由,进而与其在解释保护目的的过程中出现分歧。对于两人在晚上骑着没有灯的车前后相随,在前面的人由于缺乏照明而撞上了迎面而来的另一骑车人的情形(案例3),传统观点会以实际发生的因果流程偏离了本罪典型的行为构成为由,不将其归入保护目的的范围之内。⑮ 而客观归责论要么强调规范具有的防止某种因果流程发生的一般能力,要么重视在以法治国原则的指引下对注意义务合理功能范围的界定。⑯尽管同样将其排除在保护目的的范围之外,但"一般能力""合理能力"的内涵不借助文义解释、体系解释、比较解释等方法就无法确定。而且,这进一步导致客观目的性认定上的模糊。根本原因在于:其一,客观归责论把注意义务违反性作为过失犯的核心要件,通过创设规范目的的概念认定风险实现关联,却带来方法论上的诸多局限。⑰ 其二,明确规范目的的内容又要进行目的解释,可"目的解释也未必是一种具体的解释方法",⑱若通过目的解释明确保护规范的内容,必然引发解释论上的另类循环。其三,规范目的的概念很可能借用了结果回避义务的内核,有时还包括了对因果过程相当性的判断。⑲所以,也许没有必要提倡这一理论。

其次,合义务替代行为与假定因果关系之间的区别仍未得到澄清,导致理论上一些不必要的争论。假定因果关系不影响客观归责,已无疑问;而当行为人实施一个合法替代行为可能避免结果发生时,能否承认风险实现,无论在论证过程还是在最终结论方面,都有值得探讨之处。在众所周知的卡车司机违反规定距离超车导致醉酒的骑车人被压身亡一案中,即使事后查明司

---

⑮ 参见[德]冈特·施特拉腾韦特、[德]洛塔尔·库伦:《刑法总论Ⅰ——犯罪论》,杨萌译,法律出版社2006年版,第103、404~405页。

⑯ 参见陈璇:《论过失犯中注意义务的规范保护目的》,载《清华法学》2014年第1期。

⑰ 参见黄荣坚:《基础刑法学》(上)(第3版),中国人民大学出版社2009年版,第231页。

⑱ 张明楷:《刑法分则的解释原理》(上)(第2版),中国人民大学出版社2011年版,第83页。

⑲ 参见周光权:《结果回避义务研究——兼论过失犯的客观归责问题》,载《中外法学》2010年第6期。

机超车时保持合法距离，鉴于当时骑车人的醉酒状态，事故也仍然极有可能发生(案例4)。在反思假定因果关系与合义务替代行为之间关系的基础上，学界提出了两种解决路径。通说主张，应当尽量区别二者。按照罪疑唯轻原则，只要证明即便行为人的举止符合了义务，也仍然不可避免地导致了结果时，就应排除客观归责。[20] 那么，上例中的司机在客观上不能被归责。有力说则主张，区分二者的努力并不成功。即使不能确认如果行为人采取合法的举止，就一定不会发生结果，但只要违反注意义务的行为与被容许的危险相比升高了结果发生的可能性，就能肯定二者之间的关联。[21] 这样，上例中的司机在客观上可以被归责。通说批判有力说对罪疑唯轻原则和实害犯作出了不适当的处理，后者则以该原则不适用于被禁止的风险确定出现的场合以及不允许的风险就表现在实害犯中作出回应，但这都并未触及问题的本质。其一，罪疑唯轻原则仅适用于实际发生的事实(如上例中卡车与自行车之间的距离)，而不适用与假设性事件流程结合的部分(如上例中有关司机保持适当车距，事故是否仍会发生的假设)。[22] 可见，通说的批判并不成立。其二，有力说虽强调不法行为与风险升高之间的联系，但并未在风险升高与侵害结果之间建立起有效关联。换言之，行为必须在多大概率上提高了结果发生的危险，使之难以避免，论者始终没有明确。这不仅会使风险实现关联的判断流于恣意，而且会扩大客观归责的范围。对此，通说的担忧不无道理。其三，应当指出的是，两种解决路径的根本差异在于归责标准的高低。通说以罪疑唯轻原则为工具，设置了相对严格的标准——只要处罚仍以存有一个实害结果为要件，那么一旦发生的结果不可能被定性成不法时，处罚的可能性便被排除。[23] 相反，有力说以风险升高规则为工具，设置了相对宽松的标准——如果行为人通过不被允许的行为，增加了某一构成要件的风险，就承认归属。[24] 问题是，这样的归责判断可能总是停留在怀疑阶段。

---

⑳ 参见[德]约翰内斯·韦塞尔斯：《德国刑法总论》，李昌珂译，法律出版社2008年版，第107～108页；车浩：《假定因果关系、结果避免可能性与客观归责》，载《法学研究》2009年第5期。

㉑ 同前注⑮，[德]冈特·施特拉腾韦特、[德]洛塔尔·库伦书，第101～102页；陈璇：《论过失犯的注意义务违反与结果之间的规范关联》，载《中外法学》2012年第4期。

㉒ 参见林钰雄：《新刑法总则》，中国人民大学出版社2009年版，第133～134页。

㉓ 同前注⑫，[德]沃尔夫冈·弗里希文，第248页。

㉔ [德]克劳斯·罗克辛：《德国最高法院判例·刑法总论》，何庆仁、蔡桂生译，中国人民大学出版社2012年版，第13页。

最后,基于前面两点的分析,风险升高规则本身的不足被进一步地放大。在客观归责论者看来,注意规范的保护目的理论补充了风险升高规则。㉕ 但与其说是"补充",倒不如说是"充实"或"限制"。而教义学上明确规范目的内容的困境,加剧了其适用的不稳定。同样,风险升高规则对假定性案件的处理也得出了不太令人信服的结论。之所以如此有争议,是因为从虚拟观察者的角度对规范接收者进行客观的风险预测本来就不可靠,㉖而且不当地将其定位为客观归责的核心要件,意图用风险升高的量差判断取代客观归责的规范评价。㉗

(三)关于对构成要件的效力范围规则的批判

"构成要件的效力范围"作为第三个归责基准,无法充分阐释自我危险、同意他人造成危险和危险分配的理论根据。

其一,当被害人认识并实施了危险行为,且在他人的参与之下发生了实害结果时,一种观点倾向于通过被告人参与自杀、自伤的不可罚性,将被害人自我危险当然地解释为无罪。即被告人参与自杀、自伤是比参与被害人自我危险更为严重的行为,既然重行为无罪,轻行为理应不受惩罚,构成要件的效力范围并不包含这些结果。㉘ 可是,这一推论过于绝对。因为被告人参与自杀、自伤属于被害人承诺的问题,被害人此时不仅同意行为的危险,而且承诺结果的发生。相反,被害人自我危险适用被害人危险接受的法理,被害人此时仅仅接受行为的危险,没有承诺结果的发生。㉙ 考虑被害人的自我决定权及其对归责的影响,前者的法益侵害性并不一定重于后者。而且,根据《德国刑法典》第216条㉚、第228条㉛以及《奥地利刑法典》第

㉕ 同前注③,[德]克劳斯·罗克辛书,第262页。

㉖ 参见[德]乌尔斯·金德霍伊泽尔:《犯罪构造中的主观构成要件——及对客观归属学说的批判》,蔡桂生译,载陈兴良主编:《刑事法评论》第30卷,北京大学出版社2012年版,第202~204页。

㉗ 同前注⑰,黄荣坚书,第232~234页。

㉘ 同前注③,[德]克劳斯·罗克辛书,第263页。

㉙ 曾根威彦『刑法の重要問題(総論第2版)』(成文堂,2005年)143頁参照。

㉚ 《德国刑法典》第216条(受嘱托杀人)规定:"(1)应受被害人明示且真诚之要求而将其杀死的,处6个月以上5年以下自由刑。(2)犯本罪未遂的,亦应处罚。"参见徐久生、庄敬华:《德国刑法典》,中国方正出版社2004年版,第108页。

㉛ 《德国刑法典》第228条(同意)规定:"在被害人同意的情况下所为之伤害行为,仅在该行为尽管被害人同意也违背良好风俗时,才是违法行为。"参见徐久生、庄敬华:《德国刑法典》,中国方正出版社2004年版,第113页。

77条[32]、第90条[33]之规定,受嘱托杀人是一种情节较轻的故意杀人罪,被害人同意的伤害行为只有不违背良俗或造成严重后果时,才不违法。这表明,在处理有关生命、身体法益的犯罪时,基于利益衡量的考察,被害人承诺的有效性受到了极大限制:受嘱托杀人者原则上会被追究刑事责任,被害人同意的伤害行为只是在某些例外的场合不违法。论者推理的前提就不可靠,结论自然难以成立。

为此,另一种观点致力于运用共犯从属性原理,通过否认构成要件符合性,得出自己危险化的参与不构成犯罪的结论。所以,被害人是正犯,被告人只是教唆犯或帮助犯;正犯自冒风险时,其行为既不符合构成要件,也不具有违法性;那么,无论采取何种共犯从属性学说,被告人都不可能成立犯罪。[34]于是,正犯与共犯的区分就成为问题的关键。论者主张根据犯罪支配(Tatherrschaft)理论予以区分:谁能够支配实害结果的发生,谁就是正犯,即正犯是共同犯罪过程中的核心人物。难点在于,核心人物的标准不是一种能够从法律规定中推演出具体区分界限的概念,它与价值评价有关,只能依据个案情况详细说明。例如,直接实行人通过采取复合行为构成的行为来获得控制;共同实行人通过分工来实现行为构成,其行为控制产生于贡献的重大性。[35] 但是,在狂风暴雨降临时,两位乘客不顾船夫的警告,要求其载运过河,结果翻船死亡的情形中(案例5),虽然法院以船夫没有特别的保护义务为由而否定归责,但也有学者以乘客对船夫存在安全渡河的信赖,应由船夫采取危险回避行动为由而表示反对。[36] 即既可以认为乘客支配了死亡结果,也可以认为船夫支配了死亡结果。根据该说,完全可能得出相反的结论。所以,不对当事人的行为进行具体的分析,就不能确定各种行为的危险性程度,包括对结果的贡献度大小。不过,这又陷入了客观归责论的窠臼。

---

[32] 《奥地利刑法典》第77条(受嘱托杀人)规定:“受他人真诚且迫切的嘱托而将其杀死的,处6个月以上5年以下自由刑。”

[33] 《奥地利刑法典》第90条(被害人同意)规定:“(1)被害人同意,且侵害或危害不违反良俗的,身体伤害或对身体安全的危害,不违法。(2)如果被害人已年满25岁,或基于其他原因而实施的手术不违反良俗的,医生经本人同意而实施的绝育,不违法。(3)对生殖器加以改变或作其他侵害,导致对性感受造成持久的影响的,不能被同意。”

[34] 参见张明楷:《刑法学中危险接受的法理》,载《法学研究》2012年第5期。

[35] 参见[德]克劳斯·罗克辛:《德国刑法学总论》(第2卷),王世洲主译,法律出版社2013年版,第11、18~20、59~68页。

[36] 深町晋也「危険引受け論について」本郷法政紀要9号(2000年)143頁参照。

其二,比起前述被害人自我危险的案件,被害人同意他人造成危险行为的处理意见更加令人困惑。构成要件的效力范围理论和共犯从属性说面临的挑战进一步增大,因为此时需要对被告人的实行行为作出相当精细的刑法评价,要么提出确定构成要件效力范围的具体方法,要么提出判断正犯行为的适当标准。可是,它们均未总结出可操作的判断标准,始终给人以根据预设结论进行反推的感觉,整个过程就是一个循环论证。所以,有学者倡导第三条可供选择的道路,即在区分上述两种危险接受类型案件的基础上,根据自我答责(Eigenverantwortliche)理论划定被告人的责任界限。详言之,所谓自我答责,是指被害人以一个自己负责的方式,自己危及了自己。若要排除被告人的责任,必须具备两个条件:一是他们在风险创设中决定性地共同发挥作用(加功);二是被害人在此过程中自我答责的行为(自我答责性)。除非被告人的参加方式是不受禁止的,否则不能阻却归责。于是,出现两种类型的案件:在第一种类型的案件中,被害人是自我地、决定性地创设了风险,而被告人仅仅是一种参加;在第二种类型的案件中,被告人支配犯罪行为,被害人只是教唆者或帮助者。㊲

这一学说看似精致,实则存在两大缺陷:一方面,加功要件和自我答责性要件的判定不能直接从其体系内部找到答案,必须寻求客观归责论和共犯论的援助。这与论者所宣称的“该结论只要根据共犯的一般原理就可以直接得出……没有必要发展出一个特殊的客观归责理论”㊳明显矛盾,因为既然涉及归责,就无法脱离客观归责体系。㊴ 另一方面,由于理论定位的不清和归责基准的缺位,不同学者对同样的案件可能得出相反的结论。例如,被害人自愿站在木墙前让被告人练习飞刀,使投到墙上的刀在自己身边形成一个圈,假如被告人投出的一把飞刀不慎插入被害人的心脏,致其死亡的(案例6)。有的学者或许认为,这属于自我危险的情况,被害人自己创设并接受了这一风险,被告人不能因为参加其中而担保风险不会实现;有的学者或许主张,这属

㊲ 参见[德]乌尔斯·金德霍伊泽尔:《刑法总论教科书》(第6版),蔡桂生译,北京大学出版社2015年版,第102~107、131页。

㊳ 参见[德]乌尔斯·金德霍伊泽尔:《论所谓“不被容许的”风险》,陈璇译,载陈兴良主编:《刑事法评论》第34卷,北京大学出版社2014年版,第235页。

㊴ Harro Otto,加藤摩耶=甲斐克則(訳)「自己答責的な自損および自己危殆化ならびに合意に基づく他害および他者危殆化(2・完)」岡山商科大学法学論叢14号(2006年)128~130頁参照。

于同意他人造成危险的情况,被害人此时失去了掌控风险的能力,被告人支配了风险实现的全过程。因此,按照对案例5和案例6的分析,自我答责理论十分混乱,危险接受行为类型的区别也仅具有相对的意义。不能满足于通过对危险接受类型的抽象划分来确定罪犯,应综合具体案情就危险归属进行具体的判断。相关案例群的研究表明,危险接受法理的焦点应该是注意义务的认定。[40]

鉴于自我答责理论的局限,最后的希望寄托在被害人信条学(Viktimodogmatik)身上。该理论的出发点是被害人共同责任的原理和交互关系理论(Interaktionistischen Theorien),即何种犯罪事件可以追溯被害人的共同责任或被害人是犯罪事件发生的共同原因。它是被害人学原理与刑法信条学的融合,强调从被害人的角度切入来建立不法评价的观点,主张在不法成立的判断上不应只考虑行为人的作用,被害人的作用更是不法判断的关键。于是,整个界定犯罪的视角发生了变化,所考量的因素由基于行为人角度的行为应罚性和需罚性,转变成被害人在刑法上的应保护性(Schutzwürdigkeit)和需保护性(Schutzbedürftigkeit)。它基于刑法辅助性原则,通过对犯罪构成要件进行目的论的限缩解释,把不具有值得保护性和应保护性的被害人,排除于可罚性的范围之外。[41] 典型的例子是诈骗罪,当被害人认识到行为人的主张可能不真实甚至是错误时,尽管仅仅是怀疑,他的利益便不应受到刑法的保护(案例7)。即如果被害人忽略自身利益,那么对其行为的阻止,通过刑法拒绝对其保护的方法最容易达到。[42]

但是,从结果归属的角度,并联系前述自我答责理论,至少可以对其展开以下几点批判:(1)该理论宜被作为一种刑法解释思路或原则,而非刑法解释方法或标准。(2)不明确刑法规范的保护目的或构成要件的效力范围,就无法进行正确的刑法解释并决定被害人的可归责性,如果将其用于客观归责,不免再次陷入循环论证的旋涡。(3)自我答责理论主要适用于过失犯,但没有具体行为类型的限制;而被害人信条学仅就少数特定罪名展开讨论,以至

---

[40] 恩田祐将「刑法における危険引受けと過失認定」創価法学42巻1・2号(2012年)59~65頁参照。

[41] 参见申柳华:《德国刑法被害人信条学研究初论》,载陈兴良主编:《刑事法评论》第28卷,北京大学出版社2011年版,第215~216页。

[42] 参见[德]伯恩特·许乃曼:《刑事制度中之被害人角色研究》,王秀梅、杜澎译,载《中国刑事法杂志》2001年第2期。

于有学者主张它不适用于暴力犯罪。那么,该理论对归属原理的贡献就只体现在观念上。[43] (4)因为理论依据、主要内容、解释方法等不足,该说的适用过程过于灵活。例如,对于前述案例7,持此说者既可以主张有罪,也可以主张无罪;即使都得出无罪的结论,但有人会认为被害人破坏了自我保护的义务,有人会认为被害人不在刑法规范的保护领域之内,有人会认为被告人不具备不法性。

其三,同样,危险分配理论的运用也会带来很多疑问。一般认为,该理论与被允许的危险的法理、信赖原则之间存在紧密的联系。危险分配,是指为了回避危险,在加害人和被害人之间分配负担危险的注意义务,从而认定加害人的过失。[44] 所以,在思想上,被允许的危险的法理在信赖其他人的适当行动而被允许实施危险这点上,与信赖原则是一脉相通的;在内容上,危险分配理论在信赖其他人的前提下行动,而被减轻负担这点上,与信赖原则又是一致的。[45] 所以,危险分配理论并不天生就产自客观归责体系。它仅为信赖原则奠定了思维基础,而未提供适用条件。客观归责论将其置于自身体系之中,就承受方法论上的"风险"。论者指出:"行为构成的保护目的,也不再包括那种处于他人责任范围之内加以防止的结果"[46]。换言之,明确罪刑规范保护目的的内容是危险分配的当然前提。然而,危险分配等理论本来就是为了解决物质文明高速发展时代中现代型犯罪的可罚性评价问题。这些现代型犯罪都是行政犯,他们就是危险分配等理论的主要研究对象。那么,不明确行政法中注意规范的保护目的,就不可能明确行政犯构成要件的保护目的;但认定注意规范的保护目的,本身又存在方法论上的诸多局限。因此,以构成要件的保护范围为标准无法科学地确定各自的责任领域。当行为人仅对被害人造成伤害,被害人由于医生的失误而死亡时(案例8),加害人的刑事可罚性并不一定被排除在伤害罪的保护范围之外,而是取决于对因果经过相当性的判断。在其他情况下,也许还涉及对作为义务、自我答责、包括职务行为、被害人承诺在内的某些正当化事由的认定。正如"哪些事项属于被允许

[43] 参见何庆仁:《犯罪人、被害人与守法者——兼论刑法归属原理中的人类形象》,载《当代法学》2010年第6期。

[44] 大谷實『刑法講義総論(新版第4版)』(成文堂,2012年)192頁参照。

[45] 参见马克昌:《比较刑法原理——外国刑法学总论》,武汉大学出版社2002年版,第262页。

[46] 同前注③,[德]克劳斯·罗克辛书,第271页。

的危险,并没有确定的范围”[47]一样,处理危险分配问题时,也不得不借助其他理论。

三、客观归责论之体系论批判

客观归责论在体系论方面的弊端主要表现在两方面。

(一)体系定位不够明确

根据客观归责论,风险判断对结果的客观归责至关重要,但这是以牺牲传统体系的严密性为代价的。

1. 混淆构成要件符合性与不法的界限

根据犯罪论的现状可以认为,必须将反映犯罪行为实体的不法内容的所有特征纳入构成要件。[48] 尽管构成要件是不法行为的类型,但二者毕竟属于不同性质的判断,所以,不法阻却事由才有独立存在的价值。但是,诸如A举起木棍想打B,R为了救B而使木棍只打中其肩膀,造成轻伤(案例9),或者A手持木棍伺机教训散步的B,R趁B走到A的隐藏处前,打了B下颚一拳,并拿走其一只鞋,使B只好回家(案例10)等类似案件,分别属于构成要件层面和不法层面的问题,客观归责论对其一律通过风险降低规则排除可归责性。[49] 于是,紧急避险、被害人推定承诺等不法阻却事由就没有任何适用余地,构成要件符合性与不法的区分也失去了意义。

2. 模糊不法与责任的界限

犯罪论的支柱是不法和责任,所以必须对其进行区分:前者是确定处罚对象(明确为何对其进行处罚),后者是非难实施该违法行为的行为人的意思决定(动机的抑制);前者为处罚提供根据,后者对处罚进行限定;前者可以决定犯罪论的本质,后者不能决定犯罪论的本质。[50] 但是,由于引入了“风险”的概念,客观归责论者在进行风险关联判断时必然要兼顾不法要素和责任要素。因为风险概念也处于行为的目的结构之中:若人们认为在给定条件下采

---

[47] 张明楷:《论被允许的危险的法理》,载《中国社会科学》2012年第11期。

[48] 同前注⑩,[德]汉斯·海因里希·耶赛克、[德]托马斯·魏根特书,第302页。

[49] 同前注⑳,[德]约翰内斯·韦塞尔斯书,第113~114页。

[50] 井田良『刑法総論の理論構造』(成文堂,2005年)1~2頁参照。

取某一举止可能导致结果的发生,那该举止就需加以避免。简言之,风险的术语和结果预测没什么区别。这样,故意的认识因素中便也包含了一个预测,故意危险乃是依行为人认识而(可能)存在的事实情状的风险征兆。例如,单纯是希望他人在火车事故中丧生,显然不足以借此认定故意危险(案例11)。[51] 因此,风险概念就兼具处罚根据评价和非难谴责评价的功能。

可见,不宜简单地将客观归责论视为一种因果关系理论,或认为其只能决定客观构成要件的成立。实际上,它所建立的复杂体系已经远远超出了构成要件的范围,这或许可以解释,为何批判者称其为"超级范畴""吞噬和湮没整体构成要件的旋涡"或"诸主题的集合"。必须警惕:客观归责论成为一门单独的刑法解释学。

(二)问题性思考实际优于体系性思考

德国学者历来重视法学体系的构建,因为整个法秩序(或其大部分)都受特定指导性法律思想、原则或一般价值标准的支配。诸多规范的各种价值决定得借此法律思想得以正当化、一体化,并因此避免其彼此间的矛盾。以体系的形式将之表现出来,乃是法学最重要的任务之一。[52] 可是,由于体系学方法存在罔顾个案正义和强调抽象概念等问题,无法完全满足法律适用的要求,所以论点学方法(Topische Mechode)应运而生。即提倡用问题思维(Problemdenken)对抗体系思维,从体系性思考转向问题性思考。在法律解释过程中,这种方法表现为发现不同的解释论据并将其纳入整个考量范围(来一一审查)的做法。[53] 详言之,法律适用者首先确定需要解决的问题,然后在此目录之下收集各种意见、观点和论据,最后通过分析、评价和选择达成一致决定。

体系学方法和论点学方法并非完全对立:(1)它们的目的都是适当地解决问题。(2)二者都要用到演绎推理方法。(3)两种思维都不可脱离传统的诠释学。[54] 不过,体系性思考和问题性思考的区别也很明显:(1)前者追求法

---

[51] 参见[德]乌尔斯·金德霍伊泽尔:《犯罪构造中的主观构成要件——及对客观归属学说的批判》,蔡桂生译,载陈兴良主编:《刑事法评论》第30卷,北京大学出版社2012年版,第200~202页。

[52] 参见[德]卡尔·拉伦茨:《法学方法论》,陈爱娥译,商务印书馆2003年版,第316页。

[53] 参见[德]齐佩利乌斯:《法学方法论》,金振豹译,法律出版社2009年版,第128页。

[54] 参见[德]卡尔·恩吉施:《法律思维导论》,郑永流译,法律出版社2004年版,第241~244页。

律的形式公平和思考的经济性，后者追求法律的实质公平和思考的精密性。(2)前者讲究从一个包罗万象、逻辑严密的特定体系中推出唯一正确的答案，后者可以包容来自不同体系的各种异议。(3)前者必须按照标准程序一步步地进行推理，所冒的风险就是对同类案件的形式化处理，后者放宽了对思维步骤的要求，所冒的风险则是对相同案件的个性化处理。

客观归责论者致力于以刑事政策为价值导向来构建刑法体系，显然受到了上述思潮的影响。"但是在刑法中，这种主题并不能代替体系性的思考。……在体系性思考和问题性思考之间进行综合是富有成果的，并且在一定程度上是可能的[55]。"这一建议非常具有吸引力，但在实际操作中会遇到巨大障碍。主要有：

1. 由于问题性思考注重刑法应当发挥的功能，可能突破刑法体系的束缚。即"机能主义刑法学提倡的'机能的考察方法''问题的思考'没有考虑到能否将这种解决纳入现行的刑罚法体系中，因为首先探究希望如何解决，而放松了法律对于解释者的拘束力，存在依据'应该存在的刑罚法规进行解决'，排斥'依据现存的刑罚法规进行适当的解释'的危险性[56]"。例如，客观归责论对注意规范保护目的的认定、危险分配理论的阐述等就明显体现了这点。

2. 由于问题性思考强调思考的精密性，可以打乱传统体系的审查步骤。以客观归责论对被害人自我危险和同意他人造成危险行为的论证为例，按照体系学方法，应该在明确构成要件效力范围的认定方法、两种行为的区分标准之后，再将以上规则运用到具体案件的处理中；而按照论点学方法，只需回答在前述案例5或案例6的情形中被害人是否具有自我答责性，并未从问题的原点出发去证立判断方法的科学性以及区分标准的可行性。总之，它放弃了把这个问题置入一个较高的体系关联中，并且放弃为解决方案找出一般规则。依据论点学方法，论者不去追问普遍的适用条件，取而代之，他直接走向了个别的问题，并且只在某种特定的意义下去证立其解决方案。如此一来，

---

[55] 同前注③，[德]克劳斯·罗克辛书，第132页。

[56] [日]関哲夫、王充：《论机能主义刑法学——机能主义刑法学的检讨》，王充译，载《刑法论丛》第17卷，法律出版社2009年版，第297页。

他会在第一步之前先跨出第二步。[57]

3. 问题性思考确实出于对体系性思考的反思而提出[58],但机能化的考察容易倒向社会防卫,进而招致方便主义,弱化人权保障。[59] 其中的风险升高规则及其对合义务替代行为的解读,已经具有了这种倾向。

4. 问题性思考所带来的应当是一个开放的体系,这是单纯的体系性思考做不到的。然而,客观归责论目前只能被用来处理侵害个人法益的罕见案例,假如真像其所预计的一直保持对司法实践的高度开放性,那么将来极有可能会有新的下位规则被补充进来,用来处理新型案件,这一体系就始终处于动态化之中,体系的稳定性将荡然无存。实际上,问题性思考从一开始就获得了优先权,这从众多版本的客观归责论及其内部的下位规则就可以看出。

四、客观归责方法论的可借鉴性

前文的分析表明,客观归责论自身存在诸多缺陷,由于社会文化、刑事立法、犯罪论体系等方面的差异,我国不大可能全盘照搬客观归责体系。然而,必须强调的是,它之所以受到许多国家、地区刑法学者的青睐,主要是因为方法论上的优势。正因如此,我国才有可能在对犯罪论体系不予重构的情况下,适当吸收客观归责论的思维逻辑和论证方式,更加科学地判断各种类型的犯罪。

(一)我国关于借鉴客观归责方法论的观点

关于如何借鉴客观归责方法论,我国学者在思考客观归责体系与我国犯罪论体系是否兼容的基础上,提出了两种方案,大体上可分为消极说和积极说。

消极说的基本主张是,客观归责体系同我国犯罪论体系不相容,若想借鉴客观归责方法论,必须重构我国犯罪论体系。如果在我国目前四要件的犯罪构成体系不作任何改动的情况下,引入客观归责论存在以下三个障碍:一

---

[57] 参见[德]英格博格·普珀:《法学思维小学堂——法律人的6堂思维训练课》,蔡圣伟译,北京大学出版社2011年版,第183~184页。

[58] 平野龍一『刑法の基礎』(東京大学出版会,1966年)247~251頁参照。

[59] 団藤重光『刑法綱要総論(第三版)』(創文社,1990年)96頁参照。

是客观归责论与社会危害性论的矛盾难以克服。如果把社会危害性判断替代为客观归责中制造风险的判断,以此作为对行为的实质审查,则势必去社会危害性,这就必然动摇四要件的犯罪构成体系的根基。因此,客观归责论在我国四要件的犯罪构成体系中缺乏逻辑根据。二是客观归责论与因果关系论的矛盾难以克服。我国关于因果关系的主流观点缺乏定型性与一般性,更缺乏归责的内容。而客观归责论是以条件说所确立的因果关系为前提的,明确地将归因与归责加以区分。在我国的因果关系论不作根本改变的情况下,客观归责论在我国四要件的犯罪构成体系中缺乏逻辑基础。三是客观归责论与四要件犯罪构成体系结构之间的矛盾难以克服。客观归责是以三阶层的犯罪论体系为其理论生存空间的,它为主观归责提供客观基础。而我国四要件的犯罪构成体系不是阶层理论而是耦合结构。在四要件的犯罪构成体系中,四个要件之间不存在逻辑上的位阶关系。在这种情况下,客观归责并非必然先于主观归责。因此,客观归责在我国四要件的犯罪构成体系中缺乏逻辑语境。[60] 总之,只有废弃四要件的犯罪构成体系,引入三阶层的犯罪论体系,客观归责在我国刑法学中才有立足之地。在此基础上,客观归责理论的方法论意义就表现在:首先,它提供了一种对构成要件进行实质解释的终极根据,这是条件说或相当因果关系理论无法提供的。其次,它的出现,将构成要件的判断重心与判断起点,从主观部分转移到客观部分,对于我国当下的犯罪论体系变革具有重要的启发意义和推进功能,这同样也是条件说或相当因果关系理论无法实现的。最后,它的抱负,是在归责问题上努力摆脱自然科学的压抑,提供刑法学特有的规范性判断的概念工具,廓清刑法学与自然科学以及其他社会科学的界限。[61] 显然,该说是把引入客观归责论和改造我国犯罪构成理论当作同一个层面的问题。

与之相反,积极说的主要看法是,客观归责体系同我国犯罪论体系基本相容,即使维持目前的犯罪论体系,也不妨碍合理借鉴客观归责方法论。其中,一种观点详细阐述了我国犯罪构成理论可以吸收客观归责论的部分具体内容,而另一种观点则从因果关系理论的角度切入,系统论证了采用客观归责论的必要性和可行性。在前者中,论者提出,我国刑法理论不能全盘照搬

---

[60] 参见陈兴良:《客观归责的体系性地位》,载《法学研究》2009年第6期。

[61] 同前注[20],车浩文。

罗克辛等教授的客观归责理论,但应当借鉴其规范判断方法与其中的部分具体内容。[62] 第一,我国刑法理论应当强调构成要件符合性的概念。这是因为,构成要件具有罪刑法定主义的机能,强调构成要件符合性的概念,对于贯彻罪刑法定原则具有重要意义。如果完全由客观归责理论取代构成要件理论,必然贬低构成要件符合性概念的价值,它毕竟只能顾及构成要件的部分要素,因而只能顾及部分犯罪。第二,我国刑法理论应当保留构成要件行为或实行行为的概念,且不宜在客观归责理论中讨论实行行为。第三,如果维持现行的构成要件或者在客观构成要件中维持实行行为、对象、结果、因果关系的基本构架,那么,将罗克辛教授主张的客观归责理论整体搬到因果关系中,必然叠床架屋,导致判断的反复性(在判断实行行为之后,于因果关系中再次判断实行行为),因而有损判断的经济性。第四,即使在构成要件部分维持实行行为、行为对象、结果、因果关系的基本构架下,也完全可以而且应当借鉴客观归责理论的规范判断方法与其中的部分具体内容。具体内容包括:(1)"实行行为"部分,应当借鉴客观归责理论中的制造不允许的危险的具体内容,以及危险实现与构成要件的效力范围中属于判断实行行为的内容。(2)"结果"部分,应当借鉴客观归责理论的规范判断的立场。一方面,只有侵害法益的结果,才可能成为构成要件结果;另一方面,即使是侵害法益的结果,还必须进一步判断该结果是否属于具体的刑法规范所禁止的结果。(3)"因果关系"部分,应当借鉴客观归责理论中不允许的危险的实现的基本内容。质言之,我国刑法理论中的(广义的)因果关系部分,应当分为两步讨论,第一步讨论事实的因果关系,在肯定了事实的因果关系部分之后,第二步讨论结果归属。由此看来,没有必要特别强调德国的客观归责理论、日本的相当因果关系理论、英美的因果关系理论之间的不同点,应当看到它们的共同点。如果我国的刑法理论将传统的"因果关系"分为因果关系与结果归属两个部分展开讨论,必然会汲取上述理论的长处,从而完善我国的刑法理论。在后者中,论者倡导,中国刑法学应该借鉴德国的客观构成要件判断方法:在结果原因的判断上采用条件说,再按照客观归责论解决具体的结果归属问题。[63] 一方面,在很多时候,客观归责论在案件处理结论上与相当因果关系说

---

[62] 同前注⑬,张明楷文。

[63] 参见周光权:《客观归责方法论的中国实践》,载《法学家》2013 年第 6 期。

相同,但在方法论上,前者仍然有超越后者的地方。后者的不足之处体现在:(1)相当性的判断,检验基准单一,缺乏下位规则,在方法论上比较粗疏、随意。(2)实务上,大量存在“有相当性”但难以归责的情形。(3)相当性说实质上属于归责论,但其规范判断程度有尽量趋向于事实判断的侧面。另一方面,客观归责论是对行为是否有刑法意义、行为的危险是否现实化为结果的判断,其实仅涉及对客观构成要件的规范化的判断问题,即在事实的因果关系之外肯定法律的因果关系问题。换言之,客观归责论是刑法“规范判断方法”的运用,只涉及客观要件判断的“技术问题”。同时,考虑到结果归属应该成为评价结果犯的客观构成要件的必要因素,客观归责就是判断特定结果犯的既遂要件、归属基准的判断方法,与采取何种犯罪论体系的关系不大。综上所述,在事实判断(经验判断)之外,按照结果归属的逻辑进行规范判断(价值判断),保持不同判断方法的位阶性,是未来中国刑法学必须面对的课题。问题的关键在于,并非一定要使用“客观归责论”这样的术语,而是要根据案件的具体情况采用不同的归属规则,从而使每一个归属规则都变得相对精密、可靠、不出错。可见,该说是将借鉴客观归责论和完善我国犯罪构成理论视为不同层面的课题。

两相比较,笔者赞同积极说,而且消极说的论据存在值得商榷之处:(1)客观归责论同我国社会危害性理论之间并不存在难以克服的矛盾:前者并非以形式的构成要件行为为前提,后者也不是只关注对危害行为的实质审查,实际上,二者都是形式判断与实质评价的统一。但就实质评价而言,客观归责论的规范化程度更高,社会危害性理论的政治化色彩更浓,所以有必要引进其规范判断的立场。(2)客观归责论同我国因果关系论之间也没有难以克服的矛盾,二者实为归责和归因的关系,即前者将因果关系的认定分为事实判断和规范判断两大步骤,而后者仅局限于事实判断的阶段;前者以后者为必要条件,后者是前者的必经程序;客观归责的判断不可能离开因果关系的判断,但在因果关系的判断后还要加强归责类型的判断。(3)客观归责论同我国犯罪构成理论体系之间更不存在难以克服的矛盾,前者虽然优先考虑客观归责,但后者也把客观要件排列在主观要件之前,那么在方法论上,二者是一致的。不过,它们的位阶性存在差异:前者表现为递进式,操作过程可被形容为“漏斗状”,具有反向筛选的过滤功能;后者则表现为并列式,运用过程可被描述为“搭建法”,具有正面提纯的净化功能。[64] (4)客观归责论的功能本来就有别于因果关系论的功能,从认定客观不法乃至限定构成要件类型的意义上讲,前者的作用已经远远大于后者,后者的作用仅仅为前者所包容。(5)客观归责论的定位不应等同于犯罪构成理论的定位,更不能凌驾于犯罪构成理论之上,否则,必将导致体系混乱和机能失调。纵然客观归责论的可借鉴性与阶层式犯罪论体系的优势有关,但仅此并不足以反证重构我国犯罪论体系的紧迫性、必要性和可行性。[65] 强行将二者“捆绑”在一起,其实就是先入为主地认为,客观归责论只能在德、日等国的犯罪论体系中生存,但这反而无法说明其在各国刑法学界大受欢迎的根本原因。不拘泥于体系上的束缚,而专注于机能化的思考,并借此提供富有弹性的、针对性的、实效性的解决办法,正是客观归责方法论的长处。而把推进我国当下的犯罪论体系变革,作为借鉴客观归责论的逻辑起点,实为曲解了其深邃的哲学理念,低估了其强大的解释能力。(6)客观归责论的目标应该严格限制在提供判定客观不法的理论工具上,大可不必上升到为了廓清刑法学与自然科学、其他社会科学的界限的高度,这属于法哲学的任务,不能本末倒置。

(二)关于借鉴客观归责方法论的构想

基于以上分析,客观归责方法论的可借鉴性主要归结为四点。

第一,客观归责论旨在将不重要的因果关系从构成要件的范围内剔除出去,使犯罪成立的判断起点和评价重心被确立在客观方面。在此过程中,“更为决定性的一点应该是,是否是任意一个人在行为人的处境下出于避免结果的缘故应该放弃相关的行为,并因此能够对发生的结果负责。如果情况不是这样,那么就不再追问结果主观归责于具体行为人的问题[66]”。于是,客观归责的判断先于主观归责的判断,故意犯和过失犯都是如此。

第二,客观归责论重视规范判断的运用,充分发挥了自身限制客观不法成立范围的机能。大陆法系刑法学者一般在狭义上界定“因果关系”和“客观归责”的概念,认为二者属于不同层面的范畴:前者主要在自然科学的意义上

---

[64] 因此,客观归责体系和我国犯罪构成理论体系都是立体的,均具有位阶性,只是表现形态不同。不能认为,前者是立体的,后者是平面的,这是对我国犯罪构成理论的误解。

[65] 参见高铭暄:《对主张以三阶层犯罪成立体系取代我国通行犯罪构成理论者的回应》,载《刑法论丛》第19卷,法律出版社2009年版,第11~12页。

[66] [德]沃斯·金德霍伊泽尔:《故意犯的客观和主观归责》,樊文译,载陈兴良主编:《刑事法评论》第23卷,北京大学出版社2008年版,第221页。

被使用,而后者仅在法律科学的视阈中被构想。所以,结果的归责以因果关系的存在为前提。只有采取规范的立场,危险创造(Risikoschaffung)和危险实现(Risikoverwirklichung)的区别才具有重要意义。这就实现了规范理论与危险理论的融合,为客观归责论奠定了理论基础。同时,事实危险与规范危险的类型化,为客观归责论提供了体系标准。[67]

第三,客观归责论归纳出较为清晰的判断标准,显示出归责评价上的层次性。"如果行为人创设了一个法律上不认可的危险,而该危险又实现于符合构成要件的结果之中,那么,该结果是可以客观地进行归属的[68]"。这不仅阐释了客观归责的简洁公式,而且揭示了客观归责论的思想渊源。即刑法的任务是保护法益,且这一机能的行使存在明显的界限。[69] 为此,创设不被容许的风险和实现不被容许的风险就成为进行结果归属的两个必经步骤。然而,客观归责论并未停留在上述关键词式的表述之上,而是通过风险减小、可容许的风险、禁止规范的保护目标等准则,发展成为正面判断和反向排除相结合的评价体系。[70] 它就像漏斗一样,把结果不法和行为不法连接起来,这种过滤效应的设置,同以不法和责任为核心的犯罪论体系完全一致。

第四,客观归责论符合目的理性的犯罪论体系,加强了刑事政策学与刑法学的衔接。新康德主义为目的理性的犯罪论体系奠定了哲学基础,使价值判断渗透到刑法体系的构建之中。这一学派主张,先于人类认知的作为认知对象的外界存在,都是既无名也无形的无序之混沌存在,人类通过悟性对其进行认知之后,其才开始被整理归纳,才算是拥有了存在的意义。所以,人们在认识观念像之后,才能够继续加以价值判断。[71] 在此基础上,德国学者罗克辛以现代刑事政策上所倡导的刑罚目的理论取代新康德主义模糊的文化价值观,将其作为犯罪阶层体系的基础建构价值。客观归责论就是这个方案的核心部分之一。例如,对风险的禁止范围采相对性观点,是刑事政策预防思

---

[67] 同前注⑦,山中敬一书,250 頁。

[68] [德]K. H. 舒曼:《论刑法中所谓的"客观归属"》,蔡桂生译,载《清华法律评论》编委会编:《清华法律评论》第6卷第1辑,清华大学出版社2012年版,第213页。

[69] 松原芳博『クラウス・ロクシン「刑法の任務としての法益保護」』早稲田法学82巻3号(2007年)256~260頁参照。

[70] 参见[德]克劳斯·罗克辛:《刑事政策与刑法体系》(第2版),蔡桂生译,中国人民大学出版社2011年版,第70~73页。

[71] 参见[日]西原春夫:《日本刑法学说史论纲》,刘建利译,载《法学》2015年第2期。

想的体现,因此也呈现新康德思想的基本观点。[72] 总之,客观归责论是把积极的特别预防和一般预防的法益保护的刑事政策思想在犯罪论中被构成要件所反映的法形象。[73]

这些方法应当贯彻到对各种犯罪的客观归责中,既包括刑事犯,也包括行政犯;既包括故意犯,也包括过失犯;既包括自然人犯罪,也包括单位犯罪。

The Rational Reflection on Theory of Objective Attribution

Abstract: The theory of objective attribution in Germany isn't perfect, and it has serious defects in theory of norms, ontology as well as system. Under the premise of maintaining the current system of crime theory, our criminal science should not learn from the full theory of objective attribution. The inevitable choice of criminal science in China is to use methodology of objective attribution appropriately rather than transplanting the whole system of objective attribution created by professor Claus Roxin by taking the rational reflection on theory of objective attribution.

Key words: Theory of Objective Attribution; Theory of Norms; Theory of Ontology; Theory of System; Methodology

---

[72] 参见许玉秀:《当代刑法思潮》,中国民主法制出版社2005年版,第143页。

[73] 吉田敏雄『因果関係と客観的帰属(下)』北海学園大学学園論集146号(2010年)196頁参照。

清华法律评论(第十卷第一辑)
第125~152页

强制盈余分配的类型化研究
——以《公司法司法解释(四)》第15条为基础

刘东辉*

目　次

摘　要　《公司法司法解释(四)》第15条解决了强制盈余分配的法源问题,但该条规定的强制盈余分配请求权欠缺明确的构成要件与法律效果,其适用仍需具体化。案例研究表明,司法实践已对公司财务状况、控股股东的客观行为等因素进行了考量。不同法院在滥用股权的审查标准、举证责任以及利息赔偿等方面仍存争议。盈余分配涉及公司自治原则与禁止权利滥用原则、股东平等原则之间的冲突与平衡,应该借鉴动态体系论的方法,综合考

* 中国政法大学民商经济法学院讲师,法学博士。

量控股股东的过错程度、小股东利益受侵害的程度、公司分配股利的财务能力以及商业目的的合理性程度这四个要素。这些评价要素的强度及其组合关系不仅决定是否强制盈余分配,而且决定具体分配数额等法律效果。根据评价要素在案型中的不同表现与分量,可以对相关案例进行类型化处理,总结出多数派股东变相分配利润、控股股东转移公司利润、小股东对分配利润存在合理信赖、小股东对分配利润存在特殊期待、公司持续盈利且不分配利润以及公司不合理的利润累积六大类型,需要对不同类型进行差异化审查,这有助于增强第15条适用的确定性与可审查性。

关键词 强制盈余分配;动态体系论;考量要素;要素强度;类型化

一、引言

我国《公司法》仅规定利润分配的法定条件与程序,对股东是否及何时有权请求公司分配利润欠缺明文规定。[①] 最高人民法院《关于适用〈中华人民共和国公司法〉若干问题的规定(四)》(以下简称《公司法司法解释(四)》)第14条[②]、第15条[③]规定了两类不同性质的利润分配请求权。[④] 第14条是对具体利润分配请求权的规定,是对股东债权的保护,具有确定的构成要件与法律效果,通过涵摄模式即可演绎出具体效果。[⑤] 第15条是对强制盈余分配

---

① 在比较法上,部分国家的立法例直接规定在特定条件下,股东可以要求公司分配利润。例如,美国北卡罗来纳州公司法曾规定,每一会计年度,基于股东的请求,可以要求公司董事会强制分配营运资金以外的剩余资金,而且公司在决定营运资金时必需是善意的。See Hugh G. Isley, *Rights of the Minority Shareholder to the Corporate Dividend*, 2 Duke B. J. 113 (1952).

② 第14条规定,股东提交载明具体分配方案的股东会或者股东大会的有效决议,请求公司分配利润,公司拒绝分配利润且其关于无法执行决议的抗辩理由不成立的,人民法院应当判决公司按照决议载明的具体分配方案向股东分配利润。

③ 第15条规定,股东未提交载明具体分配方案的股东会或者股东大会决议,请求公司分配利润的,人民法院应当驳回其诉讼请求,但违反法律规定滥用股东权利导致公司不分配利润,给其他股东造成损失的除外。

④ 此外,股东也可以依据公司章程或股东协议的明确且具体的约定(包括分配的条件、时间以及数额等)请求公司或控股股东分配利润,这种请求权基础的本质是合同关系,核心争议是相关约定是否有效,一般不需要适用第14条或第15条,不在本文讨论范围。

⑤ 通说认为,股东会做出生效的利润分配决议后,公司负确定数额的债务,公司拒绝履行或迟延履行的,股东可以提请法院判决实际履行,并赔偿利息损失。参见石少侠:《对〈《公司法》司法解释(四)〉若干规定的理解与评析》,载《当代法学》2017年第6期。

请求权的规定,[6]属于司法干预的强制盈余分配,旨在解决封闭公司[7]中"大股东违反同股同权原则和股东权利不得滥用原则,排挤、压榨小股东,导致公司不分配利润,损害小股东利润分配权现象"[8]。该请求权以"滥用股东权利"这一不确定性概念为基础,没有明确的构成要件和法律效果。[9] 这虽有助于法官考量个案情况实现个案正义,但增加了法律适用的不确定性[10],有必要对"滥用股东权利"在强制盈余分配领域的适用予以具体化[11]。

有学者在比较法的基础上对强制盈余分配的考量要素与具体类型进行了有益的探讨。[12] 例如,施天涛教授认为,"长期不分配利润且有充分盈余累

⑥ 一般认为,在没有股东会利润分配决议的情形下,股东仅享有抽象的股利分配请求权,这种抽象的股利分配请求权属于期待权,股东有权期待公司在合理与适当的条件下遵照法定程序按比例分配利润。在《公司法司法解释(四)》施行之前,对于抽象的股利分配请求权是否会受到侵害、是否可诉、在何种情况下应该判决公司分配利润以及如何确定分配数额等问题,因公司法欠缺明文规定,公司法理论与实务上都存在较大争议。参见邓峰、许德峰、李建伟主编:《最高人民法院公司法司法解释(四)理解适用专题讲座》,中国法制出版社2018年版,第271~273页。

⑦ 虽然《公司法司法解释(四)》的相关草案曾将强制盈余分配的适用对象限定在有限公司,但最终生效的第15条也包括股份有限公司,在解释上,部分股份公司仍然具有封闭公司的性质。

⑧ 最高人民法院《关于适用〈中华人民共和国公司法〉若干问题的规定(四)》新闻发布会,载中华人民共和国最高人民法院网2017年8月28日,http://www.court.gov.cn/zixun-xiangqing-57392.html。

⑨ 第15条的适用可以分为两个部分,一部分以明确的构成要件方式存在,以"全有全无"方式适用,属于必备要件,主要包括以下三个要件:(1)股东资格;(2)未提交载明具体分配方案的股东会决议;(3)公司符合分配利润的法定条件。另一部分则主要以要素的方式存在,不能以全有全无的方式适用,需要考量不同要素的分量以及要素组合的整体状况,主要是判断控股股东不分配利润的行为是否违反禁止股权滥用原则以及是否对小股东的利益造成侵害。第一部分的构成要件争议较少,本文不再探讨。

⑩ 例如,在河南思维自动化设备有限公司与胡克盈余分配纠纷案中,一审与二审法院存在截然不同的意见。在第15条之下,这种争议仍然不可避免。对该案的评析,参见梁上上:《论股东强制盈余分配请求权——兼评"河南思维自动化设备有限公司与胡克盈余分配案"》,载《现代法学》2015年第2期。

⑪ 法律原则或者概括条款的司法适用都存在具体化的问题,主要通过价值填补与类型化的方法予以实现,使法律适用具有可操作性。参见于飞:《公序良俗原则研究——以基本原则的具体化为中心》,北京大学出版社2006年版,第6~8页。

⑫ 除此之外,现有文献主要是对强制盈余分配这一制度之正当性的论证,这虽是本文的前提,但鉴于《公司法司法解释(四)》已经明确规定,正当性论证不再是本文的重心,故本文直接围绕第15条的具体适用问题展开。相关文献参见李建伟、吴冬:《论有限公司强制分配股利之诉》,载《法律适用》2008年第8期;周游:《公司利润分配之司法介入及其界限忖度》,载《天津法学》2013年第4期;马胜军:《司法可否介入公司股利的分配》,载《法律适用》2013年第8期。

积"[13]或者"存在欺压或者排挤"两个要素居其一,就构成滥用股东权利不分配利润。梁上上教授认为,若"公司存在巨额盈余但不予分配"[14],应强制公司分配利润。而李建伟教授认为,强制盈余分配应以存在权力滥用为前提,尊重公司自治,综合公司的盈余状况与公积金提取状况以及是否存在欺压等诸因素进行判断。[15] 对于不分配利润是否构成欺压,有学者主张借鉴美国法的合理期待标准,限制商业判断规则在盈余分配中的适用[16]。但是,欺压及合理期待标准仍过于抽象[17],需要对强制盈余分配的相关评价要素及其关系进行更全面的梳理[18]。而且,既有研究主要是对《公司法司法解释(四)》施行前相关案例的总结,《公司法司法解释(四)》施行后,强制盈余分配有了法源依据,法官可能归纳出更具体的案型。例如,最高人民法院公报案例(以下简称公报案例)"甘肃居立门业有限责任公司与庆阳市太一热力有限公司、李昕军公司盈余分配纠纷案"[19]认为,"当部分股东变相分配利润、隐瞒或转移公司利润时,则会损害其他股东的实体利益,已非公司自治所能解决"。

下文将梳理《公司法司法解释(四)》施行后的相关案例,归纳法院适用第15条的司法经验与问题。在此基础上,借鉴动态体系论[20],构建强制盈余

---

[13] 施天涛教授进一步认为,这一要素可以参照适用《公司法》第74条第1款的规定。参见施天涛:《公司法论》,法律出版社2018年版,第234页。

[14] 梁上上:《论股东强制盈余分配请求权》,载《现代法学》2015年第2期。

[15] 参见李建伟、茅院生:《有限公司强制分配股利之诉的法理基础》,载《当代法学》2010年第2期。

[16] 商业判断规则强调对控股股东、董事会自由裁量权以及公司利益的保护,而合理期待标准更强调审查控股股东、董事会的行为对小股东的影响。参见常健、张强:《商业判断规则:发展趋势、适用限制及完善——以有限责任公司股利分配为视角》,载《法商研究》2013年第3期;龚博:《有限公司股东股利分配权的司法救济》,载《法学》2016年第12期。

[17] 正如美国Moll教授所言,在盈余分配这一具体领域,小股东的期待在何种情况下是合理的本就是一个需要具体讨论的问题。See Moll D. K. *Shareholder Oppression & Dividend Policy in the Close Corporation*, Washington & Lee Law Review, Vol. 60, 2003.

[18] 施天涛教授认为,法院在裁判公司分配时是否需要考虑其他要素,譬如公司的利润分配与公司长远发展的平衡关系,属于法官的自由裁量权。而且他认为,这一问题很复杂,可能涉及法官裁判权的定位甚至公司法本身的定位问题,因此不在教科书中予以讨论。参见施天涛:《公司法论》,法律出版社2018年版,第234页。

[19] 参见《最高人民法院公报》2018年第8期。

[20] 参见[奥]瓦尔特·维尔伯格:《私法领域内动态体系的发展》,李昊译,载《苏州大学学报(法学版)》2015年第4期;[奥]海尔穆特·库齐奥:《动态系统论导论》,张玉东译,载《甘肃政法学院学报》2013年第4期;[日]山本敬三:《民法中的动态系统论》,解亘译,载梁慧星主编:《民商法论丛》第23卷,金桥文化出版(香港)有限公司2002年版,第172页以下。

分配的评价要素，阐释这些要素的强度以及不同要素之间的互动如何决定是否强制盈余分配及其法律效果。在评价要素的基础上，本文对强制股利分配进行类型化研究㉑，对不同类型的审查强度、审查标准、举证责任、法律效果以及相关的请求权竞合等问题进行分析。这种类型化作业有助于增强《公司法司法解释(四)》第15条适用的确定性，实现小股东利益与公司自治之间的动态平衡。

二、强制盈余分配的司法实践及其问题

(一)样本案例

公司盈余分配纠纷属于《民事案件案由规定》明确的法定案由，笔者以"中国裁判文书网"作为案例检索库，以"案由：公司盈余分配纠纷；文书类型：判决书；裁判日期：2017年9月1日至2018年10月29日"为检索条件，共检索出316份判决书。通过全文阅读，筛选与第15条直接相关的案例㉒，最终获得62份判决，占盈余纠纷样本案件的19.6%。其中，驳回原告诉讼请求的判决50份，全部或部分支持原告诉讼请求的判决12份，胜诉判决占19.4%。这在一定程度上表明，《公司法司法解释(四)》实施后，已出现较多强制盈余分配的纠纷，但原告胜诉的比重不高。

62件强制盈余分配案例都发生在有限责任公司，而且有61份判决的原告是持股比例较低的小股东，㉓这说明盈余分配纠纷主要发生在有限责任公司的小股东与多数派股东之间。

㉑ 从现有的判例出发，使同类相聚，一类判例针对一类现实中的问题，具体地分析此类型的要件、法律效果及判断基准，从而为法官提供具操作性的帮助，这就是所谓的类型化。参见于飞：《公序良俗原则研究：以基本原则的具体化为中心》，北京大学出版社2006年版，第119页。

㉒ 即原告未提交载明具体分配方案的股东会决议，而请求法院强制公司分配利润的案例，同时排除与第14条或者其他盈余纠纷相关的案例，并且剔除不同股东以同一事由诉同一公司的重复判决书。

㉓ 只有一份判决是大股东诉掌握公司控制权的小股东，参见上海浦东新区人民法院民事判决书，(2017)沪0115民初56327号。

(二)裁判理由分析

1. 驳回判决的裁判理由分析

50 份驳回诉讼请求的判决中,有 33 份以原告没有证据或提交的证据不足以证明"滥用股东权利导致不分配利润"为由驳回,[24]占驳回判决的 66%。但是,大多数法院对于何为"滥用股东权利"缺乏解释,只有个别法院对不构成"滥用股东权利造成不分配利润"的理由进行说明,主要包括以下考量:(1)公司开始盈利的时间较短;(2)公司盈余数额较少;[25](3)公司流动性资金主要源于负债;(4)公司存在债务纠纷,盈余分配可能损害债权人利益;[26](5)控股股东就公司的经营管理与小股东存在多次协商;[27](6)多数派股东没有以其他形式从公司获得实际的盈余分配;(7)控股股东召开股东会对不分配利润的理由进行了说明;[28](8)原告持股 10% 以上,可以先通过内部程序寻求救济;(9)原告股东实际参与了公司的管理,对公司的状况有所掌控。[29] 其中,(1)至(4)项是对公司财务状况的考量;(5)至(7)项是对控股股东主客观行为的考量;(8)(9)两项主要考虑了小股东自力救济的可能。

2. 支持判决的裁判理由分析

12 份支持原告诉讼请求的判决中,法院认定控股股东滥用权利的情形主要有:(1)多数派股东变相分配利润,包括发放过节费、提供超额绩效工资以及未召开股东会但直接给大股东分红等;[30](2)控制股东转移公司利润谋取私利;(3)公司账簿、利润分配表等其他文件对利润分配方案有记载;(4)公司及控股方的行为导致小股东有理由信赖公司已经做出了利润分配决议;(5)根据小股东投资协议的内容与目的,其投资是为了获得公司的经营利润;

---

[24] 另外,有 5 份判决仅援引第 15 条前半句,以没有提交载明具体利润分配方案的股东会决议为由驳回诉讼请求;有 3 份判决以盈余分配属于公司自治事项为由驳回诉讼请求。有 7 份判决以原告没有证明公司有盈余或者没有证明盈余的真实性为由驳回诉讼请求;2 份判决则以原告不具备股东资格为由驳回诉讼请求。

[25] 参见沈阳市大东区人民法院民事判决书,(2017)辽 0104 民初 11417 号,公司"在 2004 年以后开始逐年盈利,但截至 2014 年才弥补完此前的亏损,截至 2016 年才盈余 76090.66 元"。

[26] 参见陕西省铜川市耀州区人民法院民事判决书,(2018)陕 0204 民初 659 号。

[27] 参见浙江省杭州市中级人民法院民事判决书,(2015)浙杭商外初字第 86 号。

[28] 参见广东省佛山市顺德区人民法院民事判决书,(2017)粤 0606 民初 17873 号。

[29] 参见上海浦东新区人民法院民事判决书,(2017)沪 0115 民初 56327 号。

[30] 参见广东省清远市中级人民法院民事判决书,(2017)粤 18 民终 969 号;广西壮族自治区资源县人民法院民事判决书,(2017)桂 0329 民初 540 号;浙江省义乌市人民法院民事判决书,(2017)浙 0782 民初 10661 号。

(6)控股股东未按照公司法规定的程式运营公司,公司财务账目不清;(7)大股东拒绝召开股东会,小股东的利润分配请求权应予保护。其中,变相分配利润是司法实践中常见的情形,有4个案件都属于这一类型。而且,实务上已经发展出更具体的要素用于判定滥用股权,如控股股东是否严重不遵守程式、小股东是否存在分配利润的信赖等。

所有支持判决都直接强制公司分配一定数额的利润。在确定具体的分配数额时,也有部分法院考虑了公司及公司利害关系人的利益。例如,在是否应该提取盈余公积金以及提取比例上,有法院判决参照公司以前年份提取比例之惯例,以最大限度尊重公司自治。[31] 公报案例也认为,盈余分配数额的确定要"优先保护公司外部关系中的债权人、债务人等的利益",拒绝将有争议的债权计入公司收入。

(三)司法实践中存在的争议与问题

法院在个案中已尝试对第15条的适用予以具体化。但是,仍然存在以下几个方面的争议与问题:

首先,不同法院对"滥用股东权利"存在不同的审查强度。部分驳回判决采较严格的尺度,只有控股股东长期不分配利润且压榨小股东利益时才予以认定。[32] 但部分支持判决采较宽松的标准,在特定的案件背景下,控股股东的不作为即被推定为滥用权利。有法院以"公司具有可分配利润,该公司仅有两位股东,在持股80%的大股东不同意召开股东会的情况下,持股20%的小股东无法一人召开股东会讨论通过利润分配的方案的决议"[33]为由强制公司分配利润。

其次,一些法院结合个案事实对强制盈余分配的情形予以类型化,但对具体类型的正当性欠缺说理。例如,有法院以"小股东有理由信赖公司已经做出利润分配决议"[34]为由判决强制利润分配,但没有对该类型与滥用股权之间的关联进行论证。

再次,不同判决在举证责任方面存在较大差异。所有驳回判决都要求原告承担举证责任,证明公司存在净利润、利润的真实性以及控股股东存在滥

---

[31] 参见广东省佛山市禅城区人民法院民事判决书,(2018)粤0604民初4721号。

[32] 参见黑龙江省鹤岗市中级人民法院民事判决书,(2017)黑04民终406号。

[33] 参见安徽省高级人民法院民事判决书,(2016)皖民终803号。

[34] 参见北京市第三中级人民法院民事判决书,(2017)京03民终13605号。

用股权的情形,未见将举证责任转移给被告的案例。例如,在"李某某与内蒙古神华置业集团永固商砼有限公司公司盈余分配纠纷案"[35]中,原告提交了股东利润分配协议,但法院认为,该协议记载的经营情况与账面利润没有其他财务会计报告和审计报告为依据,不足以反映公司的实际经营与盈余情况,遂驳回原告的请求。在支持判决中,部分法院考虑到控股股东控制公司的事实,将部分举证责任分配给公司。例如,在"周口市泛区扶北粮油购销有限公司、娄某某合同纠纷"案[36]中,法院认为,被告公司未按公司法的程式经营公司,没有提供公司的财务账目,应举证证明公司存在费用支出,因公司无法举证,法院支持原告根据营业收入估算净利润的请求。[37]

最后,对于是否赔偿原告利息损失存在否定、支持与折中三种意见。公报案例持否定意见,明确采用二分法,认为基于第 14 条的利润分配请求权应支付利息,而基于第 15 条的强制盈余分配不应该支付利息,其核心理由是对于司法干预的强制盈余分配案件,在盈余分配判决未生效之前,公司不负有法定给付义务;支持判决认为,法院强制的利润分配同样属于股东应得而未得的收益;[38]折中判决认为,公司未分配利润构成迟延,但是无法确定具体的应该分配的日期,应该将计息日调整为原告起诉之日。[39]

上述争议问题的解决需进一步探讨第 15 条规范背后的法益以及平衡相关法益需考量的要素。

三、强制股利分配需考量的诸要素及其协力

(一)动态体系论的方法指导

《公司法司法解释(四)》第 15 条欠缺明确的构成要件,无法适用涵摄模

---

[35] 参见内蒙古自治区乌海市中级人民法院民事判决书,(2017)内 03 民终 727 号。

[36] 参见河南省周口市中级人民法院民事判决书,(2018)豫 16 民终 1410 号。

[37] 公报案例认为,"在确定盈余分配数额时,要严格公司举证责任以保护弱势小股东的利益"。但没有对是否强制盈余分配阶段的举证责任分配进行解释。

[38] 参见广东省清远市中级人民法院民事判决书,(2017)粤 18 民终 969 号。

[39] "公司章程与股东协议都没有明确具体的分配日期,股东也没有向公司主张分配利润,因此应该调整原告主张的计息日至起诉之日。"参见广东省广州市荔湾区人民法院民事判决书,(2017)粤 0103 民初 4579 号。

式获得确定的法效。相较而言,借鉴动态体系论的方法能够更好地实现第15条的规范目的。

动态体系论,又称动态系统论或可变的复数要素之体系,由奥地利私法学者维尔伯格在比较法的基础上创立,[40]其核心思想是"特定在一定的法律领域发挥作用的诸'要素',通过'与要素的数量和强度相对应的协动作用'来说明、正当化法律规范或者法律效果"[41]。首先,动态体系论主张,一般条款或不确定概念背后存在不同原理之间的冲突,而原理是一种最佳化的命令,具有妥当性的原理应该尽可能地得到满足,在解释时需要充分考量反映这些原理的多元要素,单一要素一般难以正当化特定的法律效果[42]。例如,侵权法的相关规则无法仅通过过错进行单因解释,危险性、经济状况等其他因素也扮演着重要角色。[43] 其次,与固定构成要件"全有全无"的规范模式不同,动态体系论认为,要素具有可变性或弹性,要素在个案中存在满足度或充足度的差异,要素的充足度越高,越能正当化特定的法律效果。例如,在判断显失公平时,给付与对待给付之间的不均衡程度越高,越能正当化显失公平的结论。[44] 再次,动态体系论反对像"要件—效果"论那样以所有要件的具备为必要,而是强调诸要素所构造的体系内部呈现的动态关系,即可变要素的协力。其中单个要素的有无或大小一般不是决定性的,某个要素分量过小甚至缺位,可以借助另一个要素的较大分量而得到弥补。[45] 动态体系论认为,某一法

---

[40] 我国民法学者对动态体系论的阐述与具体运用已经很多,但未见动态体系论在公司法或商法领域的运用。参见尚连杰:《缔约过程中说明义务的动态体系论》,载《法学研究》2016年第3期;周晓晨:《过失相抵制度的重构——动态系统论的研究路径》,载《清华法学》2016年第4期。对动态体系论的评价,参见解亘、班天可:《被误解和被高估的动态体系论》,载《法学研究》2017年第2期。

[41] [日]山本敬三:《民法中的动态系统论》,解亘译,载梁慧星主编:《民商法论丛》第23卷,金桥文化出版(香港)有限公司2002年版,第177页。

[42] 单一要素的解释理论"往往通过虚构扩张某些基本的价值或目的而贬低其他的价值和目的,以实现对某些基本价值的过分强调,尽管其他价值也在独立发挥着作用。"参见[奥]海尔穆特·库齐奥:《动态系统论导论》,张玉东译,载《甘肃政法学院学报》2013年第4期;陈永强:《论中间型物权变动之多元要素解释方法》,载《法商研究》2016年第2期。

[43] 参见[奥]海尔穆特·库齐奥:《动态系统论导论》,张玉东译,载《甘肃政法学院学报》2013年第4期。

[44] 参见武腾:《显失公平规定的解释论构造——基于相关裁判经验的实证考察》,载《法学》2018年第1期。

[45] 参见汤文平:《批准生效合同报批义务之违反、请求权方法与评价法学》,载《法学研究》2014年第1期。

律后果既可由极端严重的单一要素导致,也可以由若干要素的组合所导致。要素之间具有互补性,应从多个要素动态协作所呈现的整体状况进行判断。而此要素的充足度与彼要素的充足度之间之所以存在互补关系,是因为要素的背后总有与之相对应的法律原理或原则存在,在某一个问题上,可能多个原理均具有妥当性。最后,动态体系论不仅强调要素之间的互补,而且认为要素与法律效果之间也存在互动关系,法律效果也不是"全有全无",而是具有弹性化适用的可能,要素的满足度决定了法律效果的强度。"法律效果应当反映构成阶段评价要素的分量,这样才能让价值判断得到精细的实现。"㊻总之,动态体系论主张"法院在审判过程中,应在考量各个因素的权重及其相互作用的基础上进行综合判定,以期实现对立各方利益的最大化满足"㊼。通过将规范要素化,构建评价框架,有助于弥补固定构成要件的僵化和一般条款的宽泛与不确定。

动态体系论表明,第 15 条的适用同样不能过于强调商业判断或小股东利益保护的绝对优先性。强制盈余分配虽旨在通过"司法适当干预,以实现对公司自治失灵的矫正",但不同案件中公司治理从正常到完全失灵存在程度差异。该领域存在公司自治原则㊽、禁止权利滥用原则与股东平等原则的效力,各原则在第 15 条的个案适用中都具有一定的妥当性。在强制盈余分配领域,控股股东的商业判断与小股东的合理期待之间不是"非此即彼"的关系㊾,而是都需要考量的要素。这些要素在个案中的强度存在差异,控股股东显著的恶意或欺诈这一单一要素的极度满足虽足以正当化强制盈余分配,但在控股股东恶意不明显的情况下,其他要素的组合也能够在特定情况下充分强制盈余分配。而且,个案中这些要素的强度差异以及组合状况还可以通过盈余分配具体数额的大小予以精细化地体现,从而更好地平衡不同的法益。

㊻ 叶金强:《论侵权损害赔偿范围的确定》,载《中外法学》2012 年第 1 期。

㊼ [奥]海尔穆特·库齐奥:《动态系统论导论》,张玉东译,载《甘肃政法学院学报》2013 年第 4 期。

㊽ 公司自治原则的确是公司法上的重要原则,它要求司法机构在处理公司问题时充分尊重公司的自我决定。

㊾ 美国学者 Means 就认为,商业判断标准、完全公平标准及合理期待标准之间并非完全排斥,应该根据个案中小股东在公司参与度的不同以及公司遵守程式的情况,分别适用不同的标准。See Means B., *A Voice-Based Framework for Evaluating Claims of Minority Shareholder Oppression in the Close Corporation*, 94 Geo. L j. 1207(2008).

(二)强制盈余分配需考量的多元要素

第15条但书是禁止权利滥用原则对公司自治原则的限制,但"权利滥用的鉴别无统一标准,需结合权利人的主观意思、滥用权利的客观行为、对本人无益或获利远小于致他人受损、行为违反权利的客观目的等四项要素对权利滥用加以认定"[50]。需重点考察权利人行使权利的主观目的以及权利行使造成的客观利益结果。[51] 具体到强制盈余分配领域,美国判例法对控股股东或董事会不分配利润的行为主要进行两个层面的审查[52]:多数派股东的意图是为了公司的利益还是为了个人的利益;公司累积盈余是否有合理的商业目的,且两者并不排斥。一些法院强调恶意或欺诈对于强制盈余分配的重要性,而另一些法院则在控股股东的行为构成任意性或压制性时强制分配利润。在Gordon诉Elliman案[53]中,纽约上诉法院详细阐述"衡平法对利润分配的介入需从各方面考虑公司利益,包括但不限于利润、盈余、流动与固定资产、负债、企业的行业性质、利润可能发生的波动、公司对新资金的需求以及行业的竞争状况等,而这些因素需要和股东通过投资获取合理利润回报的期待进行权衡,还需要考虑董事的行为是否出于其他隐秘的动机。这些要素的权衡需要综合考量案件的背景与相关事实"[54]。我国《公司法司法解释(四)》第15条的文义也表明,强制盈余分配不仅需要考虑控股股东的行为,也要考量不分配利润给其他股东利益造成的不利。综合禁止权利滥用原则的法理[55]、我国及域外强制股利分配的相关判例,本文认为,判断案件是否符合第

[50] 彭诚信:《论禁止权利滥用原则的法律适用》,载《中国法学》2018年第3期。

[51] 另有学者指出,权利滥用应包含三个要件,即行为人须有权利,权利之行使边界不明、以损害他人为目的或者权利之行使造成权利人所获利益与他人所受损失严重失衡。参见李敏:《我国民法上的禁止权利滥用规范——兼评〈民法总则〉第132条》,载《法律科学(西北政法大学学报)》2018年第5期。

[52] 不同判例对强制盈余审查标准的表述存在差异,包括(1)滥用裁量权(abuse of discretion);(2)任意性行为(arbitrary action);(3)合理的商业判断(sound business judgment);(4)压制性(oppressiveness);(5)不诚信(dishonesty);(6)恶意(bad faith);(7)欺诈(fraud);(8)恶意压制(malicious suppression)。See Stewart W. S., *Judicial Review of Dividend Policy in Suits by Minority Shareholders*, American Business Law Journal, Vol. 12:1, p. 43 – 52(2010).

[53] Gordon v. Elliman, 306 NY 456, 119 NE2d 331.

[54] See Gordon v. Elliman, 306 NY 456, 119 NE2d 331 at p. 339.

[55] 例如,《荷兰民法典》第三编第13条第2款规定:行使权利专以损害他人为目的,或者不符合授予其权利的目的,或者,行使权利的人的利益与受到损害的人的利益不成比例,按照诚实信用原则不应允许其行使权利的,属于权利滥用。

15 条中“滥用股东权利导致不分配利润,造成小股东损失”的规定需考量以下四个方面的要素:控股股东的主观过错;小股东利益受侵害的程度;公司分配股利的财务能力;商业目的的合理性。

1. 控股股东的主观过错

控股股东通过表决权或控制权的行使决定是否分配利润具有权利行使的正当性,一般被认为是善意且无过失的。[56] 但是,在封闭公司中,控股股东对公司与其他股东的利益负有受信义务,当控股股东不分配利润具有主观过错时,控股股东“失权”就具有了可归责性。

主观过错需从控股股东的客观行为中探求,根据个案发生的背景以及控股股东的相关行为,控股股东不分配利润的主观过错可能有故意、重大过失或一般过失的不同程度[57]。控股股东的故意是指不分配利润的目的是获取不正当的个人利益或损害小股东的利益[58],客观表现为控股股东为自己发放超额津贴,将公司资金长期无偿提供给关联企业,为了迫使小股东低价转让股权而停发股利[59]等。控股股东的重大过失是指对小股东利益的严重忽视,没有建立在公司财务信息基础上,随意作出不分配利润的决定,造成控股股东利益与小股东利益严重失衡的后果,如逐年累积巨额利润而不考量公司实际的现金需求,控股股东逐年增加薪资收入的同时拒绝为小股东提供工作机会,没有建立基本的财务账目造成公司资产收益状况不明等重大的程序瑕疵。控股股东的一般过失是指对小股东的利润期待欠缺考虑,造成小股东较长时间无法获得收益,客观表现为不召开股东会、拒绝提供财务信息以及其他不遵守公司程式的轻微瑕疵。在个别中间型案件中,控股股东的主观状态难以准确断定,需要充分考量个案中股东间的关系、背景进行综合判断。

控股股东的恶意越明显,越能单独正当化强制盈余分配。在控股股东仅

---

[56] Peeples R A., *Use and Misuse of the Business Judgment Rule in the Close Corporation*, Notre Dame L. rev, 1985.

[57] 民法上的研究也认为,除了故意,权利人过失亦属于权利滥用的意思鉴别要素。参见彭诚信:《论禁止权利滥用原则的法律适用》,载《中国法学》2018 年第 3 期。

[58] Gottfried v. Gottfried, 73 N. Y. S. 2d 692, 695 (Sup 1947).

[59] See Yates v. Holt-Smith, 2009 WI App 79, 768 N. W. 2d 213 (Wis. Ct. App. 2009). 该案法官认为,被告的行为不受商业判断规则的保护,因为其行为是恶意的,主要动机或目的是从财务上进一步压制股东以迫使其将股票出售,增强自己的谈判筹码,因为之前存在双方协商出售股票的事宜。

具有一般过失时,公司自治难谓失灵,原则上不应认定为滥用股东权利。但是,这也不是绝对的,控股股东过错的不足可以通过其他要素较高的强度得到弥补。

2. 滥用行为对股东利益的侵害程度

除了考察控股股东的主观过错外,其客观行为给其他股东的利益造成的损害也是判断控股股东是否滥用权利的要素。第15条中滥用股东权利还需满足“给其他股东造成损失”这一要件。有学者认为,“这是一个排除性要件,对该要件的适用尺度应当适当宽松把握。原则上,滥用股东权利的行为本身,可推定出对其他股东股权的侵害,进而造成了其他股东的损失,即只要证明滥用股东权利即可”[60]。反对者认为“公司存在未分配利润股东未能实际分享,并不能认定给股东造成了损失,因为该项抽象的利润并没有丢失而是存在于公司的资产之中,股东的潜在权利仍在”。[61] 本文认为,股东投资的目的是获取收益,股东期待公司在合理条件下按比例分配利润,这种期待利益应该得到保护[62]。但是,不同股东在不同的情景下对利润分配的期待程度存在差异,公司不分配利润对小股东利益的侵害程度或不利影响是不同的。一般而言,上市公司的股东对分配利润的期待最小,公司不分配利润对其造成的不利影响也最小,金融学的研究者支持这种“股利无关论”[63](dividend irrelevance),上市公司的股东可以自制股利。在封闭公司中,股东对于利润分配存在一般期待,但偶尔或者有充分理由的不分配不会对小股东的利益造成损害,股权投资者没有像债权人那样存在还本付息的期待,公司将盈余用于扩张或发展有利于全体股东的资本增值。因此,需要在个案中考量特定小股东在公司中的客观利益状况,而不能抽象地判断股东利益是否受到侵害。

在确定小股东期待利益受侵害的程度时,需要考量更具体的子要素,如公司历史上的股利政策、不分配利润的持续时间、公司所处的发展阶段、小股东是否通过其他方式获取收益、小股东是否曾请求公司分配利润、是否存在转让股权或请求公司回购股权等其他途径。相较于单纯不分配,不当解除小

---

[60] 许德风:《依法保护股东的利润分配权》,载《人民法院报》2017年9月3日,第2版。

[61] 滕娟:《〈公司法解释(四)〉实施　专家称个别条款与〈公司法〉有矛盾》,载《财会信报》2017年9月4日,A06版。

[62] 《公司法》第74条第1款就是对股东利润分配期待利益的一种保护。

[63] See Merton H. Miller & Frank Modigliani, *Dividend Policy, Growth, and Valuation of Shares*, 34 J. Bus. 411 (1961).

股东的雇佣关系、给多数派股东发放优厚的薪酬的行为,小股东利益受到侵害的程度更严重。在此情况下,小股东不仅无法期待利益冲突的控股股东在将来会改变不分配政策,而且其投资价值也会相应地减损[64]。

此外,股东在投资入股时是否向公司或控股股东表明对利润分配的特殊期待,也是一个重要的考量要素。股东签订了固定的利润分配协议,对利润分配有过相关协商或者按照公司业务的性质,股东就是为了在短期获取投资回报,则该股东对利润分配的期待程度强于一般投资者,不分配利润对其的侵害更严重。在一些特殊情况下,公司控股股东的相关行为可能使小股东产生公司将分配利润的信赖,这种信赖利益也应该得到更高的保护。

在个案中,即使控股股东不分配利润的行为无法被解释为恶意,若该行为严重损害小股东的实体利益或期待时,仍然可以正当化强制盈余分配的决定。

3. 公司分配利润的财务能力

公司分配利润以存在净利润为前提,但在决定是否分配利润时仍然需要考虑公司支付股利的财务能力。这种财务能力以公司各项财务指标的整体状况为判断标准,包括资产负债结构与现金流状况。公司分配股利的财务能力是一个相对客观的指标,在控股股东是否有过错以及小股东利益是否受到侵害难以断定时,公司的财务能力有助于说明公司不分配利润的合理性程度,公司的财务能力越强,司法就越有理由介入公司利润分配事项。在此情况下,司法介入对公司自治与正常经营的影响相对较小,不会对公司其他股东的利益以及公司发展前景造成过度不利的影响。我国判例与学理也支持考量公司的财务状况,但主要侧重对财务报表中盈余公积和未分配利润科目的考量[65],如盈余公积的数额或者盈余占股本的比重,这种静态的财务指标仍然较为片面。即使公司存在大量未分配利润和盈余公积,也并不意味着公司有充足的货币资金可以分配,不同行业、规模的公司对营运资金的需求不同,而且公司资产可能体现为较多的应收账款、存货等非货币。因此,为了更准确地反映公司的财务能力,还需要关注公司的资产负债结构以及现金流状况,如营运资金(working capital)、流动资产、流动负债、流动比率等更动态的

---

[64] 这就是公报案例认为的,小股东的实体利益将因公司财产的不当减少而间接受损。

[65] 参见梁上上:《论股东强制盈余分配请求权》,载《现代法学》2015 年第 2 期。

指标。这些财务指标更能说明公司的盈余累积是否超出公司经营与发展的需要。相较而言,美国判例法对于财务指标的关注与运用更加科学,可资借鉴。在 Miller 诉 Magline 案[66]中,控股股东的薪酬虽没有超出合理范围,但法院综合考察了公司的财务状况与支付能力,判决公司分配利润。首先,公司具有充足的营运资金,营运资金占公司资产的66.8%,而该公司同行业的平均水平为31.2%;其次,盈余公积与未分配利润占公司总资产的比重为84.2%,而同行业的平均水平为52.8%,同等资产规模公司的平均水平为55.4%;最后,庭审时公司流动资产与流动负债的差额超过100万美元,这个差额占总资产的比值为29.7%,而同行业的平均水平为负1.3%。此外,公司历史上只是偶尔发生短期贷款,且很快偿还,从未有长期债务,也没有发行普通股之外的其他融资工具筹集资金,公司只有很少的债务资本。而且,法院认为,在决定具体分配利润的数额时,还需进一步考虑公司流动资产的结构,包括现金、债券、应收票据、应收账款净额以及存货的数额与比值,因为即使公司资产负债表上存在大量的盈余或未分配利润,法院一般也不能要求公司出售资产或借债分配利润,利润分配的主要来源还是公司自有资金。

总之,相比于公司的规模与同行业水平,公司具有较高水平的营运资金、流动资产以及较多可运用的融资手段,较少的流动负债与长期负债,则公司不分配利润的合理性就值得质疑。

4. 商业目的的合理性程度

控股股东不分配利润的行为可能存在混合动机,在追求个人利益或损害小股东利益之外可能也存在一些合理的商业目的或理由。例如,在 Dodge 诉 Ford Motor 公司案[67]中,福特不分配利润的一个重要动机是降低汽车的价格以服务于社会,但同样存在需要资金扩建工厂的商业计划。合理的商业目的主要指公司需要在一般的营运资金之外累积更多的资金用于企业扩大规模,应对很可能产生的市场风险以及投资新的领域等。存在合理的商业目的表明,小股东因无法得到利润产生的损害可以因公司良好的发展前景而得到部分弥补。此时,强制分配利润可能不符合其他善意股东的最佳利益。合理的商业目的能够部分增强无股利或少股利的正当性。一般情况下,法院应尊重

---

[66] Miller v. Magline, Inc. ,76 Mich App 284, 256 N. W. 2d 761.

[67] Dodge v. Ford Motor Co. , 204 Mich. 459, 170 N. W. 668(1919).

控股股东或董事会的商业判断,假定公司董事会或控股股东的决策存在合理的商业理由,控股股东不需要就商业目的承担证明责任,而起诉的小股东需要证明控股股东的行为不具有任何合理的商业目的。

但是,在其他三个要素的充足度已经很高的情况下,合理的商业目的只是一项抗辩事由,应该由控股股东举证证明商业目的的合理性。一方面,由于控股股东控制着公司的经营决策以及相关信息,由其承担证明责任不会对其造成明显的负担。另一方面,在其他三个要素已经较充足的情况下,控股股东不分配利润已经具备可归责性,可以推定不分配利润构成权利滥用,控股股东需举证推翻该假定。

法院对商业目的的审查有一定的难度,应依个案中其他要素的情况而定,其他要素越充分,对控股股东商业目的的合理性要求就越高。否则,该要素不具备影响是否强制分配利润的资格,至多只能影响利润分配的数额大小。根据相关判例,法院可以结合个案情况对商业目的作出以下不同层次的合理性审查:第一层次的审查是最低程度的审查,控股股东只需提出一个貌似合理的理由即可,无须证明商业目的的程序与内容,在 Zidell 案[68]中,被告提出不分配股利是由于公司扩张建厂等方面的资金需要,原告主张这些不是被告作出商业决策时所依据的理由,法院考虑到原告是自动辞职,而非被迫辞职,没有证据证明被告正在通过无股利政策压迫原告,因而认为“被告参与公司的日常管理,熟悉公司现有的财务状况及将来的商业需求,无须提供做出决策时的书面文件或正式的研究计划”。对此问题的举证责任在原告。第二层次的审查则要求程序性方面的合理性,主要指是否存在有效的决议或相关文件,对特定的商业目的是否进行过讨论,该商业计划是否进行过规划并且正在展开。在 Gay 案[69]中,法院认可了董事会关于公司需要资金进行扩张的抗辩,除了董事的证言,董事会会议备忘录等都证明了董事会讨论了公司财务需求,对扩展计划与不分配股利的决定进行了说明。在我国“张福元与佛山市华跃计算机系统有限公司、陈茂宇公司盈余分配纠纷案”[70]中,法院同样以公司提交的股东会决议载明不分配利润是因公司搬迁及装修等的理由

---

[68] Zidell v. Zidell, 277 Or. 413, 560 P.2d 1086 (1977).

[69] Gay v. Gay’s Super Markets, Inc., 343 A.2d 577 (Me. 1975).

[70] 参见广东省佛山市顺德区人民法院民事判决书,(2017)粤0606民初17873号。

而驳回了原告的诉讼请求。相反,在 Miller 诉 Magline 案[71]中,虽然被告主张公司有建厂与多元化生产的资金需求,但是,鉴于有证据表明公司未曾有建厂的计划,也没有任何正在进行的建设工程,公司相关备忘录同样没有具体的改善厂房与多元化生产的记录,被告关于商业目的的抗辩不成立。法院认为,被告提出的商业目的应该是基于现实的以及将来极有可能发生的风险,而非想象中的计划。

更高层次的审查要求达成商业目的的手段与该目的之间符合比例原则[72],在盈余分配案件中,主要考量的是公司的财务状况是否足以实现特定的商业目的。例如,在 Dodge 诉 Ford Motor 公司案[73]中,法院肯定了公司董事会扩建工厂的商业目的,但是并没有因此否定原告强制盈余分配的请求,而是对该商业目的的资金需求进行了实质审查。法院认为,扩建计划的预算费用是逐年支付的,只会花费现有资金的一半,并且公司拥有大量短期结算的现金流收入。基于比例原则,法院认为,应该支付一半现金盈余作为特别股利[74]。这种比例原则的审查标准已经是对公司商业决策很高程度的干预,需要其他要素具有很高的充足度。

总之,其他要素的充足度越高,被告通过合理商业目的否定强制盈余分配的难度就越大,越需要就商业目的的实质合理性进行举证。当控股股东具有极大恶意或者小股东的利益受到极大程度的侵害时,小股东无法期待能够在将来公平地分享公司商业发展所带来的收益,此时,即便公司存在合理的商业目的,仍然应该判决强制分配利润。例如,在控股股东持续通过超额薪酬变相发放股利的情形下,控股股东具有损害小股东的故意,小股东的实体利益受到损害,即使控股股东证明存在合理的商业计划,也不具有阻却强制利润分配的效果。法院至多在确定具体数额时酌情考量该要素。

5. 不同要素之间的关系

是否强制盈余分配需综合考量四个要素的充足度及其组合关系。在位

---

[71] Miller v. Magline, Inc. ,76 Mich App. 284, 256 N. W. 2d 761.

[72] 在 Wilkes 案中,法院同样要求控股股东的商业决策符合比例原则,只是将举证责任分配给原告。See Wilkes v. Springside Nursing Home, Inc. , 353 N. E. 2d 657 (Mass. 1976).

[73] Dodge v. Ford Motor Co. , 204 Mich. 459, 170 N. W. 668(1919).

[74] Dodge 案包含了一系列非同寻常的事实:公司能够大量赢利;而且能够确保将来如此赢利;拥有大量现金流;没有长期债务;由一个坦言主要目的不是为了使股东获得更多利润的人物所控制。

阶上,控股股东的过错、小股东利益的侵害程度是主要因素,具有更高的分量。控股股东具有显著恶意或者小股东利益受到严重侵害的情况下,单一要素足以将法院强制股利分配的决定正当化。例如,部分股东变相分配利润或者转移利益。而公司财务能力与商业目的的合理性在判断时居于辅助地位,可以补足控股股东过错以及小股东利益受侵害这两个要素的欠缺或不足。在特殊情况下,非常良好的财务状况及欠缺合理的商业目的可以推定控股股东存在滥用权利。但是,这两个要素一般不足以单独正当化股利分配的决定,而是更多地在决定具体的盈余分配数额时发挥作用。控股股东滥用权力的恶意程度、小股东利益的侵害程度与公司财务能力这三个要素之间具有互补关系;而商业目的的合理性程度这一抗辩要素与其他三个要素之间具有抵消关系,控股股东的商业决策越具有合理性,其他三个要素就越需要有较高的充足度。这种比较命题只能部分提高价值判断的精确性,对于一些边界案例,法官的个案决断仍不可避免。

(三)诸构成要素与法律效果之间的互动

要素的组合状况不仅决定是否强制盈余分配,也应该决定利润分配比例、是否赔偿利息损失等法律效果。在控股股东具有显著恶意且无法期待控股股东作出合理的股利分配决定时,法院应该更加积极地介入股利分配。在Patton诉Nicholas案⑮中,得克萨斯州最高法院考虑到控股股东曾表达"只要原告还是公司的股东,就永远不会支付股利和回购股份",小股东没有职位,公司自设立起从未分配股利,而且公司具有持续盈利的财务状况等多种因素,不仅判决强制分配利润,而且指示下级法院设定5年的司法管辖期,对公司未来5年的股利政策进行持续司法监督,防范控股股东的恶意对小股东的持续侵害。此外,美国相关判例表明,法院会根据个案中要素强度与组合的不同,在强制股利分配、股份回购、强制解散公司等多种救济方式之间进行灵活选择。⑯ 在控股股东的恶意不明显的情况下,法院倾向于通过强制股利分配或要求公司建立合理的股利政策⑰,在控股股东具有明显的排挤或压制意

---

⑮ Patton v. Nicholas, 154 Tex. 385, 279 S. W. 2d 848 (1955).

⑯ 例如,俄勒冈的上诉法院认为,在考虑具体的救济形式时需要考虑压制行为的程度(taking into account the extent of the oppressive conduct),根据案件事实,法院拒绝小股东要求赎回股份或清算公司的请求,而是判决公司支付更高数额的股利,并且保留对董事会股利政策的司法监督权。See Naito v. Naito, 178 Or. App. 1, 35 P. 3d 1068 (2001).

⑰ See Naito v. Naito, 178 Or. App. 1, 35 P. 3d 1068 (2001).

图时,法院则较多通过强制公司或控股股东回购的方式赋予小股东退出渠道,减少小股东的维权成本与讼累。我国的公司法与民事诉讼体系虽不能按美国衡平法那样灵活解释,但是,小股东请求公司分配利润的成本较高,且控股股东随时可能进行"报复",在各要素都具有较高充足度的情况下,可以判决分配更高比例的利润。例如,在公报案例中,控股股东长期占用公司资金获取个人利益,长期不分配利润,而且公司的主营业务与资产已经被全部收购,收购后公司未开展经营活动,公司的资产以现金为主,这些要素说明控股股东具有明显的恶意,小股东的利益受到严重的侵害,公司留存利润缺乏合理的商业目的,而且公司有足够的财务支付能力。在此情况下,法院应该判决公司尽可能多地将留存利润分配给股东[78]。

对于利息损失,不能如公报案例所主张的"一刀切"地予以否定,而是需要充分考量个案中相关要素的状况。[79] 在控股股东具有明显恶意阻碍利润分配条件成就或者以其他方式事实上获取公司利润的情况下,小股东对利润分配的期待已经受到侵害,其在法律上就获得了分配利润的权利。例如,在控股股东不通过召开股东会但事实上只给部分股东分配利润的情况下,小股东对公司利润所具有的按比例分配的利益受到侵犯,明显违背股东平等原则的要求,这与存在股东会利润分配决议而仅对部分股东进行分配的情况并无实质差异。基于股东平等原则,应该让小股东恢复到与控股股东一样的法律状态,只有通过赔偿控股股东获取事实股利分配之日起的利息损失,才能为小股东提供充分的救济。当然,对于利息的具体起算点,可以通过考量其他因素予以确定,如控股股东滥用权利的时间、小股东曾向公司主张利润分配的时间或小股东起诉的时间。

四、强制盈余分配的具体类型及其差异化审查

要素的强弱及其组合在不同案型中有不同的体现,需要对不同案型进行

---

[78] 此案中,最高院判决将绝大部分公司利润分配给股东,具有部分替代强制解散或清算的功能。

[79] 美国判例法上,较多案例支持原告赔偿利息的请求。See Ferber v. Am. Lamp Corp., 469 A. 2d 1046, 1049 (Pa. 1983); Erdman v. Yolles, 233 N. W. 2d 667, 669 (Mich. Ct. App. 1975).

差异化审查。下文将运用类型化的方法对司法实践中出现的相关案型的审查标准、审查强度、举证责任、法律效果以及请求权竞合等方面进行分析。

(一)多数派股东变相分配利润

多数派股东变相分配利润,又称排他性的事实股利,是指多数派股东不召开股东会但在事实上分配利润。变相分配利润存在直接与间接两种形式,直接的事实股利是指不召开股东会,直接给股东分配股利。间接的事实股利是不召开股东会但借助增加工资、奖金、津贴、福利消费等的比重而事实上从公司获取利润,管理股东或雇员股东在其合理报酬之外所获得的收入部分就属于事实股利。发放事实股利是封闭公司非正式治理的体现,这些方式能够不同程度降低公司的所得税、减少公司程式产生的成本。一般而言,这属于公司自治范畴,法院不应该审查薪酬的合理性。但是,当多数派股东给自己发放事实股利,剥夺或者排除小股东获得事实股利时,就构成排他性的事实股利。结合强制盈余分配的考量要素,法院应该对控股股东变相分配利润的情形进行较高程度的审查。首先,控股股东发放排他性的事实股利旨在谋取私利,不分配利润具有主观恶意;其次,多数派股东不成比例地获取公司利润,违背股东平等原则,造成小股东股权价值的减损,在实际效果上等同于股东大会决议只对部分人分配利润;最后,多数派股东在合理薪酬之外获取事实股利没有正当的商业目的。

直接的事实股利较易审查,原告只要证明公司给部分股东分红即可[80]。在判断是否构成间接变相发放利润时,核心是多数股东所获得的薪酬等方面的实质收入是否超过其为公司所提供的工作或服务的合理贡献,超过部分就构成事实股利。一旦认定控股股东获取事实股利,法院一般可直接决定强制分配利润,无须考量不分配股利的时间、利润累积状况等其他事实。

在举证责任上,由于有限公司以及大部分非上市股份公司的薪酬待遇都是由多数派股东或者多数派股东所控制的董事会自我决定,缺乏独立的薪酬制定程序,属于典型的自我交易。在此情况下,举证责任应该主要由被告承

---

[80] 在“北京自由空间酒店管理有限公司与华荣青公司盈余分配纠纷案”中,公司自认其在没有召开股东会的情况下向其他股东分红,不向原告分红是因其存在侵占公司资金的行为。参见北京市第一中级人民法院民事判决书,(2015)一中民(商)终字第437号。

担[81]。原告只需提供初始证据证明公司发放的奖金、福利、津贴足以引起一般理性人的怀疑即可。例如,同样是公司的管理者或员工,控股股东的薪酬显著多于其他股东。多数派股东或公司需要举证证明薪酬水平的合理性,如该薪酬符合相似规模或相似行业企业的一般水平或者符合其为公司所做出的特殊贡献。若其无法举证证明存在合理性,法院可根据事实情况认定超出正常薪酬水平的部分为事实股利。在法律效果上,变相分配利润的案件应遵循股东平等原则,按照多数股东的持股比例与所获事实股利的数额计算出公司分配利润的总数,进而根据小股东的持股比例计算应该分配的利润。例如,持股80%的控股股东获得的100万元薪酬中,有80万元属于超出合理范围的事实股利,则持股20%的少数股东可以请求公司分配20万元。这是小股东可以获得的最低数额,若小股东能够证明公司具有更高的财务支付能力,法律可酌情增加分配数额。发放事实股利时公司一般都没有提取法定公积金、弥补亏损与缴纳税款,在计算小股东应得的分红时一般也不应该考虑这种程序性瑕疵。[82] 同时,法院应该支持小股东的利息损失请求,在控股股东发放事实股利之日起,小股东就获得了分配利润的权利,一般应该从控股股东获取事实股利之日起计算利息。

在请求权竞合上,为了充分保护小股东的利益,应该允许小股东同时行使强制盈余分配请求权与异议股东回购请求权[83]。首先,异议股东回购请求权是以公司某一时点的财务状况为基础对公司公允价值的评估,只能保障股东获得公司未来价值的公平价格,无法弥补小股东因控股股东变相分配利润所实际造成的损害;其次,小股东通过主张存在排他性事实股利,能够使公司价值的评估更加准确,获得更公平的价格。事实股利的分配在财务上往往体现为费用,会减少公司账面上的利润与现金流,从而影响法院基于公司利润、

---

[81] See, e. g., Crowley v. Communications for Hosps., Inc., 573 N. E. 2d 996, 999 – 1000 (Mass. App. Ct. 1991).

[82] 例如,在"北京自由空间酒店管理有限公司与华荣青公司盈余分配纠纷案"中,法院认为,公司虽未提取公积金,但其他股东已经取得了分红。"上述实际分红情况结合管理公司股东间存在矛盾及内部治理缺失的事实,如在本案中对华荣青应当取得的分红单独予以扣减,将可能出现管理公司的股东间义务分担失衡及个别股东单独给付的结果。"参见北京市第一中级人民法院民事判决书,(2015)一中民(商)终字第437号。

[83] Moll D. K., *Shareholder Oppression & Dividend Policy in the Close Corporation*, Washington & Lee Law Review, 2003, 60.

现金流等财务指标所进行的公司估值,而通过主张排他性事实股利,公司需要更正相关财务报表,将事实股利部分由费用修正为公司利润,从而增加公司账目上的利润与现金流,提高公司的估值。在“清远市酒厂有限公司、江绍约公司盈余分配纠纷案”[84]中,公司连续5年盈利但不分配利润,法院判决公司回购股权。之后,小股东提起诉讼主张多数派股东存在分配超额绩效工资的情形,法院同样支持了原告按比例获取利润的请求,通过对这两个请求权的行使,原告获得了充分的救济。

此外,变相分配利润还涉及强制盈余分配请求权与股东派生诉讼之间的竞合。有观点主张,即使多数派股东存在超额发放薪酬等情况,也不应该强制分配利润,小股东可以通过派生诉讼主张控股股东或董事违反对公司的受信义务,要求其将事实股利部分返还给公司并承担损害赔偿责任。但是,在封闭公司中,相比于强制盈余分配这一救济方式,股东派生诉讼存在明显的缺陷:首先,在封闭公司中,股东人数较少,公司的独立性不足,公司利益实质上就是小股东与控股股东的利益,派生诉讼的必要性不足,程序烦琐,徒增不便;其次,派生诉讼的法律效果是将事实股利返还给公司,该财产最终仍然受控于多数派股东,小股东无法获得任何收益,其提起派生诉讼的动力必然不足;最后,派发事实股利是公司自治的体现,本身不具有违法性,法律真正非难的是事实股利的不公平性。因此,小股东通过派生诉讼要求控股股东返还利润会对公司自治造成过度干预。相较而言,判决公司按照股东平等原则给小股东公平分配利润更高效、便捷。正如公报案例所言,“不同的救济路径对股东的权利保护有实质区别”,应该允许小股东自由选择派生诉讼或分配利润[85]。

(二)控股股东转移公司利润

控股股东转移公司利润是指其通过不公平的自我交易转移利润或者恶意侵占或挪用公司资金,如未经其他股东同意,向控股股东及其关联方提供长期无息贷款,或者以明显不合理的价格购买控股股东及其关联方的资产。但是,偶尔发生且数额较小的关联交易不属于控股股东转移公司利润。与变相分配利润一样,控股股东转移公司利润的事实同样足以单独正当化法院对

---

[84] 参见广东省清远市中级人民法院民事判决书,(2017)粤18民终969号。

[85] 但是,当公司不能履行债务或者濒临破产时,不应该支持原告强制分配利润的请求,只能支持派生诉讼,从而将其他股东所获利润返还给公司,增加公司的偿付能力。

利润分配的介入,因为该行为表明控股股东具有明显的恶意,欠缺正当的商业目的,而且小股东的投资利益也受到侵害。

判断控股股东是否转移利润的审查标准是相关自我交易是否具有公平性,自我交易的公平性包括程序与结果上的公平性[86]。原告股东仅需证明控股股东存在关联交易或占有公司财产的事实,控股股东需要举证证明相关交易的公平性。在无偿提供贷款等案件中,这种不公平性是显而易见的。

虽然转移利润行为与变相分配利润都旨在排除小股东获取公司收益,但是,在具体的行为表现上,两者仍然存在差异。控股股东转移利润的行为不具有分配利润的意思,一般无法被解释为事实股利进行处理。因此,在控股股东转移利润案例类型中,法院需根据控股股东转移资金的数量裁量分配数额。在事实股利案件中,控股股东无须返还利润,而控股股东转移利润案件则涉及返还的问题,因而会发生不同请求权的竞合关系。

公报案例认为,小股东可以在盈余分配案件中同时起诉公司与控股股东,在公司不履行支付利润义务时,原告可以要求控股股东对利润分配承担连带责任。一般情况下,公司控股股东、董事、高管转移利润的行为直接损害公司利益,而非其他股东的利益,其他股东不能按照《公司法》第 152 条提起直接诉讼,只能提起派生诉讼。但是,最高人民法院认为,当公司因控股股东转移利益而不足以现实支付利润时,不仅直接损害了公司的利益,也损害到其他股东的利益,利益受损的股东可直接依据《公司法》第 20 条第 2 款的规定向滥用股东权利的公司股东主张赔偿责任。最高人民法院的这种解释方案可以减少小股东的诉讼负担,充分保障小股东的权益。否则,在公司没有财产履行对小股东的股利支付义务时,小股东还需提起股东派生诉讼要求控股股东返还财产。

(三)小股东对分配利润存在合理信赖

禁止权利滥用原则的一个规范功能是保护相对人的信赖,避免自相矛盾的行为或"禁反言"[87]。当权利人的在先行为引起相对人合理信赖时,其嗣后的权利行使可能给相对人造成更大的不利。在盈余分配案件中,当控股股东不分配利润的行为对小股东的信赖造成损害时,权利人嗣后的权利行使就应

---

[86] 参见施天涛、杜晶:《我国公司法上关联交易的皈依及其法律规制——一个利益冲突交易法则的中国版本》,载《中国法学》2007 年第 6 期。

[87] 王泽鉴:《民法学说与判例研究》(第 1 册),北京大学出版社 2009 年版,第 157 页。

该受到限制,即使权利人对于小股东利益的受损仅有一般过失。

有限责任公司和部分股份公司的经营具有类合伙的性质,股东之间具有特别的信赖关系,利润分配不完全通过正式程序。控股股东控制着公司的财务与利润分配过程,在召开股东会之前,可能通过各种非正式方式与其他股东就公司利润分配问题进行协商。当多数派股东的行为外观引起少数股东对利润分配的信赖时,嗣后不分配利润的决定应该被推定为权利滥用,除非控股股东能够举证证明之后不分配利润的决定存在合理理由。如公司的财务状况恶化导致不符合分配利润的情况或者公司需要资金应对新出现的债务等。否则,应保护小股东的信赖,支持强制利润分配的请求。在具体数额的确定上,可以参考公司的惯例以及股东先前协商的数额,提取法定公积金后分配利润。

这种信赖型盈余分配的核心是审查控股股东的行为是否足以让一般的小股东产生公司将分配利润的信赖,如控股股东是否有口头或书面的类似承诺、是否制定了明确的利润分配表、是否送达等。这种信赖越明显、具体,不分配利润对小股东利益的侵害就越大,越应当强制分配利润。当然,如果有其他要素的补强,如公司具有充足的现金,则更能正当性这种类型的盈余分配。

在司法实践中,虽然小股东未提交股东会决议,但有法院基于对小股东的信赖保护而强制公司分配利润。在"北京市中星世嘉汽车销售有限公司与栗志利公司盈余分配纠纷案"[88]中,法院认为,"对于2011年的分红问题,公司主动向小股东发出2010年及2011年度红利分配方案及2011年1月1日至12月31日利润表。其中就分红比例及利润情况作出明确说明,该分配方案经公司加盖公章,且有控股股东的配偶兼公司总经理的签字,其分红的意思表示明确具体,小股东完全有理由相信公司对2011年的分红作出了决议"。在该案中,多数派股东控制的公司向小股东主动提供相关财务信息与明确的利润分配方案,小股东合理信赖公司即将做出利润分配的正式决议或者即将直接执行该具体的利润分配方案,并且很可能将基于这种信赖而调整自己的行为,如继续投资于该公司而非转让股权。这种类型与根据《公司法司法解释(四)》第14条所主张的利润分配存在明显差异。第14条是为了解决公司

[88] 参见北京市第三中级人民法院民事判决书,(2017)京03民终13605号。

拒不执行股东会决议,存在股东会决议是必要条件,即使法院推定公司存在盈余分配决议[89],控股股东仍然可以提出证据推翻该假定。而信赖保护型盈余分配的目的是保护股东的信赖,公司事实上是否做出盈余分配决议并不重要,即使公司举证证明不存在任何盈余分配决议,基于对小股东信赖利益的保护,法院仍然应当强制公司分配利润。

(四)小股东对分配利润存在特殊期待

不同投资者对于利润分配存在不同的偏好,例如,一些投资者通过优先股、固定利润回报条款等特殊安排保护自己的投资收益。在一些特殊的股权投资中,小股东虽然没有与公司、控股股东签订书面的利润分配协议约定何时分配利润,但是,从小股东投资入股时的背景、行为、其他相关协议的内容以及公司性质等综合情况可以认定,该小股东对获取利润回报具有更高的期待。在该控股股东知悉或应该知道该特殊期待的情况下,控股股东拒绝分配股利就足以推定其滥用股东权利,控股股东需举证其不分配利润的行为存在合理的商业目的或者公司的财务状况不足以分配利润,法院可根据被告的证据以及其他要素的情况决定是否分配利润以及具体的数额。

在"周口市泛区扶北粮油购销有限公司、娄某某合同纠纷案"[90]中,法院认为,从双方合作协议内容及目的看,小股东增资入股的合作目的是获取粮食仓储利润,其作为新成立的小股东,在其自身利润分配目的不能实现的情况下,可以请求强制分配利润。该判决考量了个案中小股东投资目的的特殊性,但欠缺明确的说理。事实上,该公司是一家收购粮食的政策性公司,小股东投资入股属于公私合作,公司的业务只是负责为国家季节性收购粮食并且进行仓储,获取仓储费与补贴,而原告入股前是粮食收购商,是以自己的仓库等实物增资入股,小股东在收购过程中为公司垫付费用,小股东与公司签订了补充协议,协议约定扣除费用后,按照持股比例分配利润。综合上述情况,小股东增资的一个重要目的是获取国家补贴,不分配利润将损害其增资时的合理期待。

---

[89] 例如,在"徐某与江苏牧羊集团有限公司公司盈余分配纠纷案"中,法院认为,被告公司作为扣缴义务人已经向税务部门申报了原告分红所得的个人所得税,应该推定公司已经做出了盈余分配决议。参见江苏省高级人民法院民事判决书,(2015)苏商终字第00272号。

[90] 参见河南省周口市中级人民法院民事判决书,(2018)豫16民终1410号。

(五)公司持续盈利且不分配利润

公司能够长期持续盈利,一定程度上表明公司已经进入正常的发展时期,此时小股东对利润分配具有更高的期待,公司分配利润对其正常运营的影响较小。《公司法》第74条第1款第1项规定就是对小股东利润期待进行保护的一个原则性示例。有观点认为,可以参照适用该条的构成要件,确定强制盈余分配的类型[91]。也有学者认为,相比于强制回购,强制利润分配对公司自治的影响较小,公司连续盈利且不分配利润的时间达到3年,即可要求公司分配利润[92]。本文认为,不应该机械地确定一个时间。首先,不同行业与发展阶段的公司的情况存在明显差异,对资金的需求不同,即使连续5年盈利,公司可能仍然处于成长阶段,需要大量资金满足发展需求。其次,即使公司连续盈利,但每年的盈利数额可能较小,累积的利润仍然难以满足公司的发展需要。因此,需要根据个案中公司的财务状况以及发展阶段综合确定盈利但不分配利润的时间。

在持续盈利且不分配利润这一类型中,若公司同时满足《公司法》第74条第1款的规定以及强制盈余分配的情形,法院一般只应该支持其中一个请求权,因为任何一个请求权都足以保护小股东的利益。若法院支持强制公司分配利润,应视为公司已经同意分配利润,强制回购的条件不再满足。而且,股东请求强制盈余分配表明其愿意继续留在公司,分享公司的发展成果,而强制回购则表明股东不认同公司的股利政策,希望退出公司,同时行使这两个请求权将造成自相矛盾。同样,在股东已经行使强制股份回购的情形下,即使该股东还保留股东资格,同样不得再要求强制分配利润,因为强制回购是以公司现有的资产状况为基础进行股权价值评估,再要求强制利润分配会影响股权的估值,而且强制回购足以保护股东因长期未分配利润造成的损害,再支持强制利润分配会对公司自治造成不必要的干预。

(六)公司不合理的利润累积

公司不合理的利润累积,是指公司的账面资金显著超过公司经营与发展所需。相比于变相分配利润、转移利润等显著滥用股东权利的行为,法院对累积利润行为的审查应该相对慎重。首先,公司累积利润可能存在多种动

---

[91] 参见施天涛:《公司法论》,法律出版社2018年版,第234页。

[92] 参见黄盛秦、武坚:《有限责任公司股东强制盈余分配请求权的司法困境与出路》,载《行政与法》2018年第1期。

机,累积利润无法说明控股股东存在恶意;其次,公司累积利润的行为对小股东的不利相对较小,股东可以期待股权的增值;最后,法院对于利润累积合理性的审查难度较大。通常情况下,公司存在巨额利润或盈余的事实不足以正当化强制股利分配,还需要考量其他要素的充足度。如公司持续不分配利润的时间、小股东是否有其他收益、公司的资产结构状况以及公司是否有规划中或者进行中的商业项目。原告需就公司的利润累积状况以及不合理性承担举证责任,如通过与同行业规模相关企业的比较,证明公司需要的营运资金明显少于公司留存的现金。在法律效果上,由于公司何时负担利润分配的义务无法明确,对小股东的损害较小,一般不应该支持利息损失。

五、结论

《公司法司法解释(四)》第 15 条但书部分规定了强制盈余分配请求权,但该请求权欠缺确定的构成要件,需对滥用股东权利予以具体化。在司法实践中已经出现较多强制盈余分配纠纷,一些法院已经通过相关考量要素与类型化的方法对第 15 条的具体适用进行了探索。但是,不同法院在滥用股东权利的审查标准、举证责任以及利息赔偿等方面仍存在争议。本文借鉴动态体系论的方法,认为强制盈余分配涉及公司自治原则与禁止权利滥用原则、股东平等原则之间的冲突与平衡,需要综合考量控股股东过错程度、小股东利益受到侵害程度、公司支付股利的财务能力以及商业目的的合理性程度四个动态要素,这些要素的强弱以及要素之间的组合关系共同决定是否强制分配利润以及利润分配的具体数额等法律效果。这种动态体系论方法的适用虽不能完全避免法律适用的不确定性,但有助于增强法院价值判断的精细化与可审查性。要素的强弱及其组合在不同案型中有不同的体现,需要对不同案型进行差异化审查。本文运用类型化的方法归纳出多数股东变相分配利润、控股股东转移公司利润、小股东信赖公司分配利润、小股东对利润分配存在特殊期待、公司持续盈利且不分配利润以及公司不合理的利润累积这六个类型,并对这些案型的审查标准、审查强度、举证责任、法律效果以及请求权竞合等方面进行了具体分析。类型化的方法不可避免带有不周延性,《公司法司法解释(四)》施行的时间较短,第 15 条的具体化仍然有待我国本土案例群的进一步发展与总结。

Typological Analysis of Compelling Dividends

—Based on Article 15 of the Judicial Interpretation of Company Law(4)

Abstract: Article 15 of the "Judicial Interpretation of Company Law (4)" provides the legal source of mandatory surplus distribution, but the mandatory surplus distribution claiming rights provided in this article lacks clear elements and legal effects, and its application still needs to be specified. Case studies show that judicial practice has considered factors such as the company's financial situation and the objective behavior of the controlling shareholder. Different courts are still controversial in terms of review criteria for abuse of equity, burden of proof, and interest compensation. The distribution of surplus involves the conflict and balance between the principles of company autonomy, the principle of prohibiting abuse of rights, and the principle of equality of shareholders. We should use the method of dynamic system theory to comprehensively consider the degree of fault of the controlling shareholder, the degree of infringement of the interests of small shareholders, and the financial capability as well as rationality of business purposes. The strength of these evaluation factors and their combined relationship not only determine whether to force the distribution of surplus, but also determine the legal effects such as the specific distribution amount. According to the different performance and weight of the evaluation elements in the case, the relevant cases can be typed, such as the majority shareholders' distributive profits in disguised form, the controlling shareholders' transfer of company profits, the small shareholders' reasonable belief in the distributing profits, the company's continued profitability and refusal to allocate, and the company's unreasonable accumulation of profits. Different types need to be judicially reviewed differently, which helps to enhance the certainty and auditability of the application of Article 15.

Key words: Compulsory Surplus Distribution; Dynamic System Theory; Consideration Factors; Factor Strength; Typification

清华法律评论(第十卷第一辑)
第153~167页

我国行政主体职权法定的法定机构模式

赵丽君*

目　次

摘　要　我国行政体制改革背景下,简政放权原则必然引发权力下放的浪潮。权力下放的形式和内容,以及如何明确地方政府现有的权力,在法治中国建设中显得尤为重要。然而,就我国行政主体的具体职能而言,《宪法》侧重政府的政治正当性,不涉及具体职责;组织法等宪法性法律侧重程序设定,缺乏实体法上的应然性规定;其他的行政主体内部规定缺乏外部效力,最终导致职权划分不清,影响行政效率、权利救济和行政责任的承担。为了解决行政主体职权相关立法的效力性和实效性问题,已有地方政府借鉴法定机构的模式,以专门立法规定其具体职

* 中共北京市委党校讲师,法学博士。

权,这为行政主体理论的重构、行政主体职权法定提供一种新的论证途径,并成为探索我国地方治理的一种崭新的方式。

关键词 地方治理;法定机构;职权法定;内部构建

一、引言:问题的提出

行政主体职权法定是依法行政的要求之一,也是行政法上行政主体理论的组成部分。然而,我国行政主体理论"侧重外部行政关系与责任"①,却长期忽视了内部行政职权的划分②。为了实现行政主体的职权法定,我国目前已经形成了由《宪法》搭建框架、组织法③规定基本职责、地方性法规或地方政府规章填充设置细节、其他规范性文件公布具体设置和职责的法规范结构体系。在此体系中,行政主体的职责和性质由组织法规定,具体设置、变更等行政管理性质较浓的事项由行政法规、地方政府规章、其他规范性文件的形式规定,如"三定方案""权力清单""负面清单"。此外,已有部分地方政府以法定机构的模式明确行政主体的职权,形成另一种职权法定的方式。例如,

---

① "行政主体理论的出现,大约是1989年《行政诉讼法》颁布前后的事,很大程度是为了解答行政诉讼中被告如何确定以及谁具有独立对外执法资格等问题。从这样的问题出发,决定了该理论一开始就只关注外部行政关系与责任。"参见余凌云:《行政法讲义》,清华大学出版社2014年版,第109~110页。

② 我国行政主体的职权权限由《宪法》和组织法等相关规范性文件加以规定。其中,《宪法》规定中央行政机关的主要职权,组织法具体规定国务院组成部门、地方各级行政机关和行政机构的具体职责。因此,我国行政主体的职权由宪法搭建起主体框架,由组织法规定基本职责,再由国务院《地方各级人民政府机构设置和编制管理条例》规定设置方案,由地方性法规或地方政府规章填充设置细节,并最终由其他规范性文件公布具体设置。但是,我国宪法以及发端于宪法的组织法,侧重的是体现行政机关和行政机构的政治正当性,二者强调行政组织的建构应当按照民主代议机关制定的法律或者明确的授权来进行,并没有规定行政主体的职权划分方式。

③ 为简化表述,如无特别说明,本文探讨行政主体时以"组织法"一词代替《国务院组织法》和《地方各级人民代表大会和地方各级人民政府组织法》两部法律,将《地方各级人民代表大会和地方各级人民政府组织法》简称为《地方组织法》。简称的先例,参见姜明安:《行政法与行政诉讼法》,高等教育出版社2011年版,第89页。

深圳前海深港现代服务业合作区管理局(以下简称前海管理局)④通过深圳市人大制定专门立法规定其具体职权。行政相对人可以依此对法定机构侵犯其合法权益的行为向人民法院提起行政诉讼。在地方人大立法的前提下,地方政府可以在此基础上制定政府规章或其他规范性文件,进一步细化法定机构的职权和责任,避免出现授权不明、职权不清、救济不利的局面。

但是,上述做法各有局限性。首先,宪法侧重行政主体的政治正当性,强调行政组织的建构应当按照民主代议机关制定的法律或者明确的授权来进行。这是一种宏观的自上而下的权力分配和授予的过程,不涉及行政主体的具体职责。其次,组织法和编制管理规范侧重程序规定,⑤然而,由于行政主体受到编制管理的严格限制,面对日常行政管理的需求,行政机关将部分行政管理事项委托给社会机构,或与自然人签订劳动合同招纳大量“编外人员”,会影响行政问责和行政相对人权利救济。最后,“三定方案”⑥和“权力清单”是行政机关内部文件,实质是行政机关内部实施行政管理的一种方式,对外不发生法律效力;而且“这种内部规范效力是否可以外部化,成为执法依据和护权理由不清楚,其与法律规定不一致效力时孰高孰低不清楚”⑦,只能通过行政机关内部责任追究的形式加以调控,仍然与法治政府的要求相距甚

④ 深圳前海管理局的建立,起源于深港两地政府签署《关于推进前海深港现代服务业合作的意向书》等合作协议决定深港合作共建现代服务业示范区。为此,深圳市先后出台《深圳经济特区前海深港现代服务业合作区条例》、《深圳市前海深港现代服务业合作区管理局暂行办法》和《深圳前海湾保税港区管理暂行办法》,正式以立法形式确认前海管理局为前海的开发机构,构成支持前海开发开放的法律框架。

⑤ 我国组织法规定国务院组成部门、地方各级行政机关和行政机构的具体职责。各个层级的编制管理条例、规定等规范性文件从编制设置、变更的职权和程序方面规定,是为了落实组织法的程序化规定:国务院以行政法规和国务院命令、决定的形式加以具体规定;省一级权力机关和行政机关通过制定地方性法规或地方政府规章的形式具体制定本辖区行政机构和编制的管理规定;各级地方行政机关据此以通知的形式向社会公布本辖区行政机构和编制的具体情况。原因是,组织法的政治正当性“是一种程序论的或形式主义的,即把行政组织的合法性奠基于民主代议机关的立法或者授权过程,而不论依照法律或授权所形成的具体建构方案是否与人们对特定组织体的实质合法性要求相适应”。参见沈岿:《公共行政组织建构的合法化进路》,载《法学研究》2005年第4期。

⑥ “三定”规定是根据国务院机构改革要求,制定的“定职责、定机构、定编制”的规范性文件的简称。“三定”规定一般以本级政府办公厅文件形式发布的规范性文件。国务院的“三定”规定主要包括确定职责调整,规定部门职能和相应责任,确定内设机构的设置和具体职责,核定行政编制数,明确与有关部门的职责分工,部门派出机构和直属事业单位的机构编制事宜等。

⑦ 黄海华:《权力清单制度的法治价值及其实施》,载《中国法律评论》2015年第2期。

远。质言之,我国有关行政主体职权的法规范中,出现了一个有对外效力的法规范但缺乏具体规定的实效性,而有实效性的法规范却没有对外效力的困局。而这一困局引申出现实中行政主体职权的两个极端现象:一方面,机构设置冗杂,科层制的管理分布在各级行政机关,掣肘基层行政治理的效率;另一方面,职权划分不清、相互混杂,很多社会管理事务缺乏有效的规制。

为了解决上述效力性和实效性的困局,法定机构的治理模式从形式意义上满足了行政主体职权法定的要求,也避免了因缺乏外部性而导致救济不利局面的出现。但是,我国法定机构在实践中出现了"回归科层制结构"的趋势,动摇了实质意义上职权法定的要求。以深圳为例,问题之一,职权混杂。深圳市人大和政府制定的规范性文件赋予了前海管理局包括行政审批在内的行政管理和公共服务职权,导致前海管理局兼具政府、事业单位、法定机构、企业等多种机构的特点,与法定机构的原型相距愈远。问题之二,授权混乱。前海管理局的职权主要源于国务院批复、国务院主管部门的权力下放、深圳人大立法等政策文件,以及深圳市相关部门以"备忘录"为形式的行政委托⑧。其形式纷繁、内容混乱,偏离了法定机构"职权法定、依法办事"的特点。问题之三,制度不兼容。2015 年深圳成立蛇口自贸区,采取管委会治理模式。前海地区被划归在自贸区的范围内,蛇口片区与前海管理局合署办公,产生两种模式的兼容性问题,集中体现在二者决策权的具体行使上。

法定机构模式本可以精准地解决我国现有的行政主体职权法规范效力性和实效性之困境。但是由于我国在实践中只"借其形而略其实",使法定机构模式逐渐被同化为"三定方案",游离出制度本身的框架和内核。本文将回归法定机构的起源,借鉴英国、新加坡等典型的法定机构模式,剖析法定机构的核心特质,希冀对我国法定机构乃至行政主体职权法定化的研究有所裨益。

二、制度之缘起

法定机构模式缘起于英国,是专门立法成立的、针对特定事项的管理执

---

⑧ 例如,深圳市规划和国土资源委员会通过与前海管理局签署"备忘录"的形式,将相关规划和土地管理委托前海管理局行使。

行机构。英国的法定机构是为了解决政府职权混杂和行政机构冗杂的问题，提高民众信任而专门设立的，[9]典型形式是英国政府机关各部（ministries）之外的公共团体中的“执行性公共团体”。英国“执行性公共团体”在20世纪80年代得以兴盛，时代背景与我国现状相似。当时的英国政府机构臃肿、效率低下，在公共选择运动的影响下，英国政府着手为政府机构“瘦身”：政府部门只保留政策的制定权，具体政策和社会管理事务的执行、管理、服务职权交给由制定法设立的半官方机构。这些法定机构一方面有制定法明确赋予的具体职权，对法定事项的管理、执行有立法保障；另一方面其内部以公司的运营模式加以运作，效率高、灵活性强，成为解决社会事务不断增多、政府机构效率低下的有效方式。质言之，法定机构是有法律地位的法律实体，法律直接对其赋予权力。[10] 它整合外部利益，整合各类专家，提高利害关系人对团体行政过程中独立地位的信任。

由此观之，法定机构的性质被定义为“公共机构”或“公共团体”，是实现政府职权的一种方式的选择。[11] 其理论预设是，在现代社会管理体系中，公行政（包括国家公行政和社会公行政）按照流程可以分为“决策—执行”两个阶段。政府负责决策和政策制定，而具体的、专业的、技术性的、服务性的工作

---

[9] 英国以专门立法的方式设定法定机构的原因在于，首先，英国并没有典型意义上的、作为权力分立一支的、执行议会立法的“政府”。“政府”一直是以王室特权的形式存在的，其源于英国习惯法和国王权力。英国有关行政的职权并没有施加于作为整体的行政机关，而是属于部长、文官和各种当局组成的异质结合体，行使各种大量的明显不相关的职权。其次，英国没有成文宪法，因此没有以组织的层层授权的形式创设行政机构。当社会中出现新的需要管理的事务之时，议会通过专门立法或者政府通过制定法的形式，创设一个新的、具有针对性的执行性机构加以管理。See Office of Public Service（1996a），Agency Chief Executives，Handbook（London：Cabinet office），Part D. 转引自［英］特伦斯·丹提斯、阿兰·佩兹：《宪制中的行政机关——结构、自治与内部控制》，刘刚、江菁、轲翀译，高等教育出版社2006年版，第27～35页。

[10] 在英国，部一级的组织当中，各部以外的公共团体是英国一种最为传统的（治理模式的）选择——它们是权力下放的老办法，不同于设立机构这种（对英国来说的）新方法，其设置原因是不愿意再将行政权授予政治性的执行机关或行政机关；同时，传统的行政机关及其各部对每一件事都要向议会负责，过于僵化和谨慎，无法达到行政权所需的主动和效率的要求。

[11] 本文之所以要特别强调分析法定机构的性质，是因为英美法系国家的法定机构模式不一定能完整地嵌套在我国的现有法律制度之中，尤其体现在责任追究和权利救济方面。在英国等普通法系国家和地区，公民可以通过投诉，或直接向普通法院起诉的方式追究法定机构责任。但是，在我国，可纳入行政复议和行政诉讼救济途径的主体，只包括行政机关、派出机关、派出机构以及法律、法规、规章授权的组织和受行政委托的组织。因此，法定机构的性质不明，会导致其游离在我国现有的法律体系之外。

交由专门的执行机构去执行、管理、服务。法定机构在立法创设后即具有独立的主体地位,除了创立它的单独立法之外,法定机构与政府(行政机关)的关系只体现在法定机构的内部决策部门——理事会或委员会之中,有一定比例的政府官员,以保证法定机构的内部决策符合政府政策和公益方向。

从英国起源的法定机构可以得出三点借鉴意义。其一,法定机构应当由立法设置,赋予法定机构独立的法律地位,以便法定机构日常正常履职,也可以避免行政机关对法定机构的不当干涉和无视。其二,法定机构的职权规定可以与细节性的执行性规定相分离,围绕法定机构,构造层级分明的规范体系。其三,法定机构的决策权和执行权应当保持科学性和中立性,吸纳社会治理因素和利益代表,提高利害关系人对法定机构在行政过程中独立地位的信任。

我国法定机构在实践中被行政机关或其他行政主体看作一个事业单位,就是因为其虽然是以"法定机构"的形式和名义设立,但是它的管理人员依然全部是有一定行政级别的政府官员,其职权虽然有地方条例规定,但是在运行中却履行了与法定职责相关的、属于地方政府的社会管理职权。质言之,作为法定机构的独立的法人地位不明显。例如,深圳市前海管理局的职权虽然有《深圳经济特区前海深港现代服务业合作条例》(以下简称《前海合作条例》)的规定,但是在运行中却履行了与法定职责相关的、属于地方政府的社会管理职权。在领导体制方面,实行管理局局长负责制,同时接受深圳市政府的领导,重大事项需经市政府批准后实施。在决策机制方面,管理局的最高决策由"领导小组"产生。该领导小组由深圳市委书记和深圳市长担任双组长,主要负责研究前海体制机制创新以及开发建设中的重大问题和重大事项,研究决定相关立法规定的需要提请领导小组审定的有关事项。目前,根据《前海合作条例》的规定,深圳前海管理局的法律性质,属于我国"法规授权的组织",它的特殊性仅体现在"单独立法"方面。

三、典型样本与核心权力

法定机构承载着"被下放的行政权力"。现代社会中,地方政府不仅是管理者,更是公共产品的提供者、经营者和服务者。经营者拥有管理职权,既审批又开发还经营，很容易滋生腐败。这也是法定机构在简政放权背景之下承载被下放的权力时要解决的重点问题。对此，新加坡的法定机构治理模式具有针对性的行之有效的防控措施值得借鉴。⑫

1. 中立而集中的决策权

新加坡法定机构的决策权由理事会行使。理事会成员由商人、相关领域的专家、工会委员和个别高级公务员组成。理事会设置一名主席、一名副主席以及10～25名理事会成员。⑬ 理事会的每一位理事均由监管该法定机构的政府部门的部长任命，每届任期3年，可以连选连任。当理事会成员未就某一事项达成一致意见时，理事会主席的意见有决定作用。

新加坡法定机构引入公司式的决策机制，⑭设立理事会集中决策。而理事会中吸纳了政府官员、专家学者、各种社会利益代表，最大限度地在决策过程中吸纳各方意见。政府部门或行政机关监督、参与、控制法定机构的方式也是通过程序性的人事任命完成的。因此，法定机构的决策人员和管理人员虽由政府任命、决定，但是政府并不因此而当然地参与法定机构的具体决策。质言之，行政机关以“决定决策者”的方式对法定机构间接监管。

2. 专业而灵活的执行权

我国法定机构的职权来源具体包括人大立法、政府规章、国家政策性文件、备忘录等多种形式的授权，涉及从人大立法到部门文件各个层级的权力

---

⑫ 新加坡政府是宪法规定的执行法律的权力分支。政府由各个部(ministries)、国家机构(organs of state)、法定机构(statutory boards)、公共服务联系人(public service contact)和其他组织(other organizations)组成。根据新加坡现行宪法第21条、第22条的规定，法定机构的设置和预算由总统自由裁量。新加坡法定机构是由议会通过法案设立，由政府的相关部门(ministries)监管的自治机构。每一法定机构都由单独的一个议会法案设立，并详细规定其成立宗旨、具体权利(法定机构面向总统的权利，如接受任命的权利、保障经费的权利等)和自治权力(法定机构面向公众的权力，如对特定社会事项的管理权)，向其监管部门定期报告。法定机构区别于政府其他组织之处在于，它内部不再细分职能科室(departments or divisions)，其理事会成员也非由公务员担任，在日常工作中具有灵活性和独立性。目前，新加坡共有66个法定机构，发展过程中曾有11个法定机构被合并或取消。有关新加坡的相关材料，如无特殊说明，均来自新加坡政府官方网站，详见http://www.gov.sg/，最后访问日期：2020年3月25日。

⑬ See Barbara Leitch Lepoer, Statutory Boards, *Singapore: A Country Study*, Washington, D. C.: GPO for the Library of Congress, 1989.

⑭ 经部长同意，法定机构的理事会可以聘请一名总经理负责法定机构日常的行政管理工作。法定机构的日常的行政管理工作交由专门的总经理去执行和管理。总经理是经部长同意、由理事会任命的，对理事会负责，受理事会决策的指引。总经理一经任命，非经部长的同意，理事会也不得将其撤换。法定机构中的其他工作人员由理事会直接雇佣。

下放。同时,现有的有关职权规定的条款有职无权、有权无责的现象比较广泛。[15] 法定机构应当专职于行使某一领域内的公共管理或公共服务职权,不应过于宽泛和复杂。以新加坡经济发展局(Singapore Economic Development Board,EDB)为例,新加坡经济发展局是新加坡政府贸易和工业部(Ministry of Trade and Industry,MTI)下设的法定机构,由新加坡议会于 1961 年通过《经济发展局法》(Economic Development Board Act)[16]设立。经济发展局的总体职责是获得、持有、发展或处置包括动产和不动产在内的财产,具有诉讼主体资格以及其他社团法人具备的实施合法事项的权利。理事会具体负责制定新加坡经济增长和发展规划,制定投资政策,帮助提高工业、制造业和服务业的能力,鼓励国内外工业企业升级制造技术、员工培训与科研,支持中小型企业的发展,帮助本土企业扩大和提升管理水平,鉴别出关键的企业并鼓励它们在新加坡设立总部,帮助企业提升国际服务和商业行为,以及行使制定法赋予的理事会的其他职权。法案规定的理事会的职责是法定的、有强制力的,法院可以根据上述规定依据诉讼程序强制理事会履行职责。

除了以上法定职责之外,理事会还拥有广泛的自由裁量权,灵活运行法定机构:承销股票和债券、发放贷款、投资设立公司、管控下属子公司、在政府与私人企业之间授权或担保、开发房地产和员工住房、为员工提供社会和生活福利和保障。[17] 但是,法定机构不能直接强制征收土地,征收土地要有公共利益的考量,先提交理事会讨论,再经过总统的同意。

政府对法定机构的裁量权有专门的监督和干预的方式,其中负责该法定机构的部长在此起到关键作用。其一,法定机构理事会自由裁量权的行使以部长同意为前提。换言之,理事会在运作法定机构过程中,应当更严格地按

---

⑮ 以深圳前海管理局为例,具体表现为职责界定不够清晰。一是相关立法仅规定由前海管理局具体负责协调辖区政府及市相关部门在前海承担社会管理及行政管理职权,但未就前海管理局的协调权限、协调方式等进行规定,导致前海管理局在社会管理方面的协调职权不够清晰。而且,地方立法也暂未明确前海城区建设不断完善之后,前海管理局在社会治理中的定位与职责。二是立法暂未对前海管理局根据立法授权及相关部门委托、下放所承担的行政审批事项的后续监管职责的承担主体及行使方式等进行规定,未明确规定前海合作区内的行政执法主体及其职责。此外,相较于新加坡法定机构一般专职于某一领域内的公共管理或公共服务职权的特点,前海管理局作为法定机构的职权过于宽泛和复杂。

⑯ 参见新加坡法规在线网,https://sso.agc.gov.sg/Act/EDBA1961,最后访问日期:2020 年 3 月 25 日。

⑰ See Article 18, *Economic Development Board Act* (2012).

照立法规定赋予的职权进行，一旦遇到立法没有明确规定但是又与职权相关的事项时，法定机构也可以行使自由裁量权进行一般的商事活动和福利购买。但是，这必须经过部长的同意。鉴于此，新加坡在设立法定机构的法案中，甚至明确规定了法定机构可以裁量的事项范围，并为此增设了“部长意见”程序，保证法定机构灵活运行的前提下也满足政治正当性的要求。其二，部长在特定情形下可直接对法定机构发号施令。当法案规定的内容明显不适用于现实发展而又不能及时修改法案的情况下，部长与法定机构理事会或者其他咨询机构商讨后，可以给法定机构下达一个不符合法案规定、但是却在法定机构职责和功能范围内可行的指示，对于该指示，理事会必须予以落实，并随时向部长汇报。[18]

3. 法律保留后的条规制定权

我国的法定机构由于没有一定的行政级别，会在履职过程中受到有关行政机关及其内设机构不配合的情况。这是由法定机构特殊的法律性质决定的。以深圳前海管理局为例，在深圳市及其周边范围内，有关开发管理这类重大事项的负责机构，只有前海管理局实行了法定机构的治理模式，其余都是管委会或传统的行政机关治理模式。因此，在现有行政体制内，行政机关之间根据行政级别和管辖事项，具体协调职权和履职关系；管委会也根据授权和行政法上的行政主体理论，具有特定事项上的、一定的行政级别。管委会和行政机关之间可以通过授权内容和共同的上级行政机关协调职权和履职关系。然而，法定机构无论作为社会团体还是事业单位，都不具备与行政机关和管委会在同一语境下的协调机制。

新加坡法定机构主要以制定“条规”(rules)的方式解决上述履职问题。设置法定机构的法案、条例以一种类似我国《立法法》的立法技术，将特定事项进行法律保留，限制法定机构的“条规制定权”。[19] 除法律保留外，部长可以经与理事会讨论后，以制定条规(类似于我国的规章)的方式管理法定机构。这些条规制定后即可生效，但是在政府公报上公布之后要向议会报备。[20] 新加坡法定机构以条规制定权为基础的履职方式值得借鉴。一方面，以条规制定具体的施行细节，符合法治政府的基本要求；另一方面，条规由法定机构

---

⑱ See Article 7, *Economic Development Board Act* (2012).

⑲ See Article 11, *Economic Development Board Act* (2012).

⑳ See Article 29, *Economic Development Board Act* (2012).

制定,其内容是议会(人大)授权、部门(政府)规定进一步细化授权事项的基础上出台的。虽然其在效力上只能在特定区域或特定事项上有效,但是在实效上至少会对其他行政机关和管委会有约束力。

4. 相对独立的预算编制权

我国法定机构的财政主要源于政府的财政拨款和自身行政审批过程中收到的土地出让金。这也是为何我国的法定机构总想接近行政机关的职能、不放弃行政审批权的最主要的原因。在行政上领导、在财政上放任,正是我国法定机构在形式上"走形"的深层原因。而法定机构的设置初衷正好与此相反。以新加坡为例,新加坡法定机构的资金主要源于三部分。第一,启动资金由政府设立启动基金的方式拨付。新加坡总统应当将要设置法定机构列在宪法五年计划表内,能够新设的法定机构的价值累计(储备金)应当超过一亿新加坡元。第二,运行过程中法定机构为履行法定职责,还可以向政府贷款,在部长同意的情况下,以抵押贷款、信用透支、所有财产权担保、发放公司债券等方式,向国内、国外发起贷款申请。第三,在运营出现资金短缺的情况下,可以申请利用专门的储备金。法定机构的财政预算由总统批准,需要向总统报告预算情况,并要向总统说明是否要动用储备金;一旦总统有理由认为某法定机构来年的预算可能会动用法定机构储备金,则可以否决该法定机构的来年预算。

四、我国的借鉴

引入法定机构治理模式,应当是对现有制度的改良而非重构,要能够契合现有治理模式。例如,英国和新加坡的法定机构是由负责某一行政管理的部门授权的,这与我国将不同管理领域的权力统一授予法定机构的现状不同。以深圳为例,前海管理局与深圳自贸区蛇口片区管委会合署办公后,会产生法定机构和管委会两种治理模式的兼容问题,集中体现在决策权的分配上。同时,法定机构的具体权限也并非没有限制,地方政府承接"被下放"的权力并非获得了新的寻租空间。因此,法定机构模式要能够嵌套在我国现有的政府结构之中,应从以下三方面着手。

1. 多效力等级的授权结构

与西方法定机构不同的是,我国法定机构的上级行政机关不是专管某一特定领域的国家部委,其任务也不是治理社会中某一单一的领域,而是就某地的开发任务中涉及基建、环保、金融、法制等领域的治理。其职权纷繁且频繁调整是社会治理的需求,但也会因此动摇立法的稳定性。有关法定机构职权的规定并不是由单一的法律文本就能全面规定。笔者建议建立层级分明、内容各有侧重的法定机构职权法制结构。

首先,整合《宪法》、组织法、编制管理规定等综合性规定,以地方法规的形式规定一定地域范围内所有的履行行政管理和社会公共服务职能的政府、政府机构以及其他公权力组织的公权力分配原则、授予具体立法权限、权力纠纷解决的条款。其重要目的是保证政府职能整合和分配的政治正当性,在某地域范围内以地方法规的方式制定公权力分配的基本立法。

其次,根据上述地方法规的公权力分配原则和内容,政府制定政府内设机构的权利分配原则和具体内容;法定机构、事业单位等根据基本性立法中的授权条款,制定各自内部机构、分支机构的具体职权规定(可以称为"条规");政府规章、法定机构和事业单位授权制定的条规,应当详细确定各个机构的人员配备、组织形式、职能权限、执法程序和法定责任。但是,规章毕竟属于《立法法》规定的具有法律效力的规范性文件,它的内容建议参照"三定方案",而不宜像"权力清单"一样逐条列举,否则会造成行政立法不稳定的负面影响。

最后,以一般的行政规定、内部指南手册的形式,具体规定法定机构内部职权分配情况,向社会公布详细的"权责清单",接受公众监督。权责清单的内容是规章的具体化,性质是行政规定,体现法定机构职权的动态调整过程。而这些规范性文件一旦涉及行政纠纷,也可以通过行政复议或行政诉讼的方式接受本级机关、上级行政主管部门或人民法院的审查。这样既可以将具体的机构职能权限灵活化调整,又可以接受公众的监督和人民法院的审查,实现政府机构职权的双向发展和动态完善。

2. 决策机制的独立与兼容

法定机构最大的特点不是其法定性,而是其独立性——决策、执行、人事、预算等方面的独立,完全不同于行政机关的管理和运行模式。法定机构的决策者是相关领域专家组成的社会治理团体,政府官员只是参与其中的成员之一。选择法定机构的治理模式,应当从"社会公行政"方面加以论证,而诸如提高行政效率、不受编制管理制度掣肘、预算管理更加灵活等优势和特点,只是"社会共治"之下的附带优势。否则,一旦逆向论证,就会出现法定机构的实质是一个"有专门立法规定的管理委员会"的情况。

然而在我国实践中,法定机构有决策权的主体通常包括开发建设领导小组、规划建设工作小组等专责小组、咨询委员会等。[21] 这就会造成很多决策需要经过层层审批后才能具体实行,又绕回了传统行政机关层层上报的老路,不利于法定机构发挥高效灵活的制度特点。笔者认为,问题的根源在于我国法定机构的独立性有多大。若法定机构性质是地方人大赋予的,其具有政治上的正当性,也具有法律上的合法性。地方人大已经将某事项或地区交托给法定机构开发、管理,在重大事项决策方面,法定机构应当独立行使决策权。同时,比照新加坡的经验,法定机构由政府或部委直接监管,行政机关可以在对法定机构的决策者的任选方面加强控制,而不宜直接负责管理局的决策。

综合我国实际情况和法定机构的特点,笔者认为,我国在引入法定机构时,可以采取区分性原则,在设置法定机构的基本规范(地方法规)中区分不同的决策事项,规定不同的决策层级:对于日常管理和发展事项规定适用低级别的决策层级,直接赋予法定机构决策权;同时,将"咨询委员会"合并到最低决策层级中,突出法定机构的社会治理成分。

3. 核心职权的合法性

我国地方政府引进法定机构的模式主要适用于某地区的开发建设,而在

---

[21] 例如,深圳设立深圳市前海开发建设领导小组作为前海管理局的最高议事、决策机构。领导小组一般由深圳市委书记和深圳市市长担任双组长,主要负责研究前海体制机制创新以及开发建设中的重大问题和重大事项,研究决定相关立法规定的需要提请领导小组审定的有关事项。领导小组在前海管理局下设办公室,作为领导小组的日常办事机构,领导小组办公室的主任和副主任原则上由前海管理局的局长和副局长兼任。领导小组下设规划建设工作小组等专责小组,具体负责研究、解决专责小组分管事项,对重大事项形成专项意见报领导小组工作会议审议。专责小组会议原则上每月召开一次。前海管理局负责部分事项的决策:制订前海合作区发展战略、规划制订前海合作区的产业发展指导目录、准入条件等。且其制定的战略、文件大多数要由前海管理局履行初步决策职权后按规定报请市政府或相关部门批准方可实施。为促进《前海深港现代服务业合作区总体发展规划》实施,还成立了海蛇口自贸片区暨前海深港合作区咨询委员会(以下简称咨询委员会)作为前海的高层决策咨询、参谋机构。该咨询委员会的主要职责是为前海开发开放中遇到的重大问题提供咨询意见和建议。此外,还建立了法律咨询委员会、科创专家咨询委员会、规划建设专业咨询委员会、深港青年事务专业咨询委员会,为前海相关决策的制定发挥智力咨询和决策参考作用。

开发过程中又不可避免地会涉及一定的地方管理和行政审批事项。这造成了目前我国法定机构职责混杂、法定机构的独立性也被日渐冲淡的局面,法定机构也逐渐异质成了一个“兼有行政管理、社会服务、企业开发的事业单位”。这些问题表面看是由法定机构职权授权不明造成的,实则是因为我国法定机构的设置初衷和现实背景与一般意义上的法定机构有本质的不同。无论是英国还是新加坡,法定机构只就单一领域进行服务和管理。例如,新加坡经济发展局是在贸易与工业部监管下,主要负责社会服务、企业引导、制订发展规划等事项,有关行政审批等完全意义上的行政权,实际上还是归贸易和工业部这个典型的行政机关行使的。

因此,应当引起我们足够重视的是,行政审批权等典型的政府行政权力,应当收归政府行使。而具体到我国法定机构的实际运行情况,行政审批权由法定机构直接行使,“左手审批,右手开发”;或者为了加快审批进度,地方政府专管行政审批的机构直接进驻法定机构当场办理,减少流通程序。这样做有现实的可操作性,因为我国法定机构一般被视为当地政府的特例、“特区”,但是在行政区划上重叠,受当地政府直接管理。但是,行政审批权是我国行政体制改革中主要改革的行政权的类型之一,它直接影响地方经济建设和基层行政管理,是典型的、被下放的行政权力。行政审批权收归政府行使,一方面,避免管理局一边审批、一边开发的腐败与寻租隐患;另一方面,直接进驻审批的方式减少行政审批可能经过的市政府这一层的审核程序,更加便捷高效。

五、结论

本文以英国执行性公共团体、新加坡经济发展局、深圳前海管理局三个法定机构作为研究样本,意图阐明法定机构这一治理模式在我国的实际运行基础和实践,为我国行政主体职权法定化探索一条可行的道路。法定化是法定机构职权的确定方式,这是本文的基本观点。基于此,法定机构的具体职权应当至少保证有中立而集中的决策权、专业而灵活的执行权、受法律保留的条规制定权和相对独立的预算编制权。

我国法定机构治理模式主要适用于基层人民政府管辖的特定区域,因此在地域上不可避免地会受到行政机关、管委会的影响而产生制度兼容问题。这一问题集中体现在如何平衡行政机关、管委会、法定机构三者的决策权上。对此,应当区分决策层级,根据不同的决策事项,规定不同的决策层级,对于日常管理和合作区发展事项规定适用低级别的决策层级,直接赋予管理局决策;同时,将"咨询委员会"合并到最低决策层级中,突出法定机构的社会治理成分。将法定机构转化成当地行政机关或管委会的特殊区域,保证其法定机构的基本属性。

法定机构职权法定化的具体方式中,其基本路径是(地方)立法。立法的结构要成体系化、分层级。行政主体职权法定化的任务仅由政府作为单一主体是难以实现的,要凭借市人大、法定机构、事业单位等其他公权力部门和组织共同完成。据此,立法的内容要根据立法(规定)的层级各有侧重,详略得当。例如,有关法定机构的设立和授权规定应当在条例中有所体现。立法的功能也应全面展现,不仅要明确授权、清晰分工,更应规定相应的职权纠纷解决机制,保证制度的持久运转。

需要强调的是,我们致力于将行政主体职权法定化,不应当仅仅停留在响应中央号召的层面。更应当认识到,行政主体职权法定虽是行政法治的要义所在,但也是初级形态:法定化的职权不仅是将现有的相关规定简单堆砌,而是以立法的方式弥补政府规定职能模糊、权限不清、责任不明的缺点,同时以法定化的方式为依法行政、敢于作为、公众参与、公众监督提供法治保障。

The Statutory Boards on the Legalization of Administrative Subject Authority in China

Abstract: Under the backdrop of administrative system reform, a trend of decentralization has been inevitably triggered by the principle of streamlining administrative and delegating power. The form and content of decentralization, together with how to clarify the existing powers of local governments, are therefore significant in the construction of rule of law in China. However, concerning the specific functions of China's administrative subjects, the Constitution focuses on governments' political legitimacy rather than their particular responsibilities, with constitutional laws such as administrative organization laws concentrating on procedural setting and lacking the ought-to-be requirements in substantive laws, and the internal regulations of other administrative subjects are scarce of external effects. These issues have led to the unclear delimitation of administrative subjects' powers which further challenge the administrative efficiency, right relief, and the assumption of administrative responsibilities. In order to address the dilemma of the efficacy and effectiveness of the legislation related to the powers of administrative subjects, the governance of the statutory body, which derives from common law system, has been practiced in china through special legislation prescribing the specific powers. This strategy provides a new approach of argumentation for the reconstruction of the administrative subject theory and the statutory authority of the administrative subject. Meanwhile, during the functioning of the statutory body, it mixed with the governance of management committee, and the solution to their compatibility problem stands for a brand-new pattern for the grassroots governance.

Key words: Local Governance; Statutory Boards; Statutory Authority; Internal Construction

【实务研讨】

清华法律评论(第十卷第一辑)
第171~198页

受强迫行为中刑事责任的认定
——章某某受迫杀人案鉴定式分析

吕翰岳*

目　　次

摘　要　章某某受迫杀人案的判决存在两大疑问,即勒索财物型绑架罪是否包括向被害人本人勒赎,以及受胁迫杀害他人免除刑事责任的理由何在。本案涉及多个方面的问题,有通过鉴定式案例分析展示法律适用方法的标本意义。刘某等人劫持并向被害人本人勒赎不构成绑架罪或抢劫罪未遂,仅构成非法拘禁罪;刘某、岳某持枪支、刀具威胁的行为不构成独立的犯罪;章某某受胁迫杀人可

* 清华大学法学博士,北京大学法学院博士后研究人员。

通过对不可抗力作规范理解而免责,刘某等人构成故意杀人罪间接共同正犯;刘某等人以录像相威胁构成敲诈勒索罪未遂。刘某等人所构成的三罪评价重心不重合,应当数罪并罚。

关键词 鉴定式案例分析;法律适用方法;勒赎对象;不可抗力;间接正犯

一、引言

2015年11月10日,四川省宜宾市发生一起重大绑架杀人案,经网络传播后引起社会广泛关注:当日21时许,犯罪嫌疑人刘某、岳某、陈某利用冯某(女)事前准备好的脚镣,在小区电梯内,以喷辣椒水、捆绑手脚、捂嘴蒙眼的方式,将章某某劫持至一出租房内,随后刘某、岳某用自制枪支和刀具威胁章某某在2016年3月前交赎金1亿元。章某某迫于威胁同意后,四人威逼章某某对一按摩店女员工甲谷某某使用绳索勒颈的方式进行杀害,并对这一过程摄像记录作为威胁证据,之后章某某被释放回家准备赎金。章某某于11月11日4时许到公安局报案,公安机关将四名犯罪嫌疑人陆续抓获。2016年4月14日,宜宾市中级人民法院公开开庭审理了该案,并于2016年9月29日作出一审判决:以故意杀人罪、绑架罪分别判处被告人刘某、岳某死刑;判处被告人陈某死刑,缓期2年执行;判处被告人冯某有期徒刑16年。另外,判决表明章某某被另案处理。① 笔者从有关部门了解到,检察机关已对章某某作出不起诉的决定。

这种受强迫杀人的案件在我国已经发生过多起,然而对于其中刑事责任的认定,在实务中则均存在争议。在一些案件中,检察院直接对受强迫杀人

---

① 2015年11月15日19时21分,认证为宜宾健维电子商务有限公司的微博账号“维他命网络”最早在网络上曝光此案,目前原网帖已被删除。2015年11月17日12时10分,《法制晚报》网站在互联网平台上最早对该案进行了报道,目前原报道也已被删除。2015年11月17日15时32分,宜宾市公安局通过微博账号“宜宾公安”对该案的基本案情予以公布,载新浪网微博,http://weibo.com/p/1001603910190599644690,2020年3月30日访问。另参见董振杰、陈威、朱顺忠:《四川宜宾被绑首富住进医院:遭勒索赎金1亿　后被胁迫杀人　目前4嫌犯全部落网》,载《法制晚报》2015年11月18日,A18版。本案的庭审和判决情况,参见李玲、李妮:《宜宾宣判一起重大绑架杀人案:三主犯被判死刑　其中一人缓期执行》,载《人民法院报》2016年9月30日,第3版。

者作出了不起诉的决定。例如,在云南昆明何某、李某某受迫杀人案中,两名女性当事人在袁某、周某某、王某某等三名男子的暴力胁迫下杀害了被害女性方某,昆明市检察院对何某、李某某作出相对不起诉的决定。② 又如,在河南平顶山夏某受迫奸杀案中,夏某被蒙双眼颈上套绳,被逼奸杀了被害女子王某某,案发后未受到任何处理。③ 相反,在另一些案件中,当检察院对受迫实施行为者提起公诉后,法院往往会作出有罪判决,并酌情予以轻处。例如,在湖北孝感李某受迫杀人案中,李某在李某某、申某某、邓某等三人的暴力胁迫下杀人,被法院判决免予刑事处罚。④ 需要注意的是,这仍然是一个有罪判决。在一些案件中,法院会判处缓刑甚至实刑。例如,在轰动全国的"洛阳性奴案"中,受到囚禁的女子段某某在李某的胁迫下杀害同样受到囚禁的两名女子,被判处3年有期徒刑,另有两名受囚禁女子参与杀害一人,被判处缓刑。⑤ 从不起诉到判处实刑之间存在相当大的法律后果落差,这种相同案件不同处理的现象,使我们有必要对受强迫行为的刑事责任问题进行系统性的理论探讨。

就章某某案而言,检察机关对章某某本人以作出不起诉决定的方式结案或许是一个恰当的处理方案,毕竟在获得舆论关注的类似案件中,受胁迫者真正承担刑事责任的反而是少数。然而该案在法律适用层面上仍存在两大疑问:其一,无论是媒体还是司法机关都将本案定性为绑架杀人案,但我国《刑法》第239条中"以勒索财物为目的绑架他人"通常并不包括向被害人本人勒赎。其二,检察机关对章某某不起诉的决定并未向社会公布。对于章某某这种受胁迫杀害他人而获不起诉的,究竟是因为他不负刑事责任应当予以法定不起诉,还是因为他具有免除处罚情节可予以酌定不起诉,这一点尚不明确。除这两大疑问外,该案还涉及行为、正当化、免责、共同犯罪、未遂、竞合等多方面的问题,对法律适用而言具有标本意义,因此笔者并不满足于局部的问题性思考,而是希望借由撰写鉴定式案例分析的方式来展示刑法适用

② 参见雷晴:《3狂徒强迫小姐杀小姐　市检首次不追究杀人者刑事责任》,载《昆明日报》2008年4月11日,A6版。

③ 参见褚朝新:《团伙劫持检察人员逼其强暴女生》,载《新京报》2009年7月22日,A18版。

④ 参见舒均、孝剑、方赵、杜青:《孝感被逼杀人老板被免予刑事处罚　两案犯判死刑》,载《楚天都市报》2009年12月2日,第12版。

⑤ 参见李丽静:《洛阳地窖囚禁6名女子案一审宣判:李浩被以犯故意杀人罪等罪名判处死刑》,载《人民法院报》2012年12月1日,第3版。

方法的全貌。这里所说的鉴定式案例分析,是指通过对案件事实的预判断,初步确定可能适用的法规范,继而运用以“归入法”为代表的法律适用方法,按照一定的逻辑顺序对案件事实是否符合各项前提要件进行一一审查的案例分析方法。[⑥] 近十余年来,国家法官学院与德国国际合作机构联合举办了一系列的“归入法”培训班,[⑦]并出版了“法律适用方法”丛书,但针对较为复杂的具体案例撰写鉴定式案例分析的学术论文仍未出现,本文旨在填补这一空白。在鉴定式案例分析的撰写中,所有个别问题的处理都遵循“引导句→定义→归入→结论句”的步骤,亦即提出待审查的要件,对该要件进行定义,尝试将案件事实归入该要件,就归入成功与否作出结论。[⑧] 这一方法的优势在于,通过对事实和法律的全面审查可以防止遗漏,而且也可以更好地维护法的安定性与统一性。为了贯彻全面审查的原则,一些在实际运用中本来可以省略的探讨,在下面的鉴定式案例分析范本中都将毫无遗漏地被完全保留。

由于本案的判决文书并未公开,下文将在媒体报道的事实基础上展开。根据相关报道,刘某等人实施了劫持章某某的行为、以枪支、刀具相威胁的行为、强迫章某某杀人的行为、以录像相威胁的行为等四个行为,章某某实施了杀死甲谷某某的行为,以下一一予以说明。

二、刘某等人劫持章某某的行为

(一)勒索财物型绑架罪(《刑法》第 239 条第 1 种情况)的共同犯罪(《刑法》第 25 条)

通过实施劫持行为,刘某等人可能根据《刑法》第 239 条第 1 种情况结合《刑法》第 25 条,因勒索财物型绑架罪的共同犯罪受到刑事处罚。

---

⑥ 在汉语法学界较早介绍鉴定式分析的,参见王泽鉴:《民法思维:请求权基础理论体系》,北京大学出版社 2009 年版,第 228 页以下。

⑦ 参见李纬华、孙红霞:《法律确定性指引下的法律适用方法　德国归入法简介》,载《法律适用》2007 年第 10 期。

⑧ Vgl. Valerius, Einführung in den Gutachtenstil: 15 Klausuren zum Bürgerlichen Recht, Strafrecht und Öffentlichen Recht, 4. Aufl., 2017, S. 16 f.

1. 预审查

根据我国《刑法》第25条，共同犯罪是指二人以上共同故意犯罪。针对这一定义，学界在共同犯罪的成立要件上存在不同认识。传统观点按照法律规定，将成立共同犯罪的要件分解为"二人以上""共同行为""共同故意"等三项。[⑨] 这种观点是对共同犯罪一般规定的一种字面理解，但未能认识到意思联络是共同行为赖以存在的基础，并将意思联络拔高到共同故意的程度。有力学说则主张淡化共同犯罪的概念，提出共同犯罪的认定应当"以不法为重心""以正犯为中心""以因果性为核心"。[⑩] 这种观点的理由在于，共同犯罪是一种不法形态，正犯与狭义共犯在不法质量上有别，而不法的本质是因果性地引起法益侵害。然而上述理由都是持该观点的学者所预设的立场，可以说是直接将域外区分式参加体系的一种变体套用到我国共同犯罪制度上，忽视了我国在共同犯罪立法上的特殊性。站在我国实定法的立场上，笔者认为应将传统观点下共同犯罪成立的三要件修正为"二人以上""共同行为""故意犯罪"三项。理由在于，"共同故意犯罪"是指"共同"和"故意的犯罪"，"故意"仅表明犯罪性质，"共同"则包含对意思联络的要求。[⑪] 以下分别审查这三个要件。

(1)二人以上。根据《刑法》第99条，以上包括本数，因此二人以上是指犯罪参加者的人数大于等于二人。在本案中，刘某等四人共同实施了劫持行为，人数大于二人。

(2)共同行为。共同行为，是指在意思联络下各行为人对可能符合构成要件的某一事实皆作出贡献。其中意思联络既可能是在行为实施前详细制订的共同犯罪计划，也可能是在行为实施过程中临时形成的默契。而我国共同犯罪的规定囊括了所有犯罪参加形式，因此这里的贡献不限于功能支配性贡献(共同正犯)，也包括诱发促进性贡献(教唆犯、帮助犯)。在本案中，刘某等人事先准备好了脚镣、辣椒水等工具，可以认定具有共同犯罪计划，即最强形式的意思联络；而刘某、岳某、陈某直接实施了劫持行为，冯某实施了准

⑨ 参见贾宇主编：《刑法学》(上册·总论)，高等教育出版社2019年版，第229页以下。

⑩ 参见张明楷：《刑法学》(第5版)，法律出版社2016年版，第383页以下。

⑪ 参见吕翰岳：《互联网共同犯罪中的意思联络》，载《法学评论》2017年第2期。与此观点类似的是国家法官学院、德国国际合作机构：《法律适用方法：刑法案例分析方法》(第2版)，中国法制出版社2016年版，第35页以下。

备脚镣的行为,都对劫持章某某的事实具有贡献。因此,刘某等四人的劫持行为属于共同行为。

(3)故意犯罪。共同犯罪的犯罪性质是故意犯罪,根据《刑法》第25条第2款,二人以上共同过失犯罪,不以共同犯罪论处。这里审查的绑架罪属于故意犯罪。

2. 客观构成要件

刘某等人的行为必须符合勒索财物型绑架罪的客观构成要件,即绑架他人。

(1)本罪的行为对象是他人,他人是指行为人以外的任何人。在本案中,章某某是刘某等四人以外的人。

(2)本罪的行为方式为绑架,我国刑法理论与司法实务围绕绑架行为展开了三组论争,即行为手段的限定说与非限定说之争,行为构造的复合行为说与单一行为说之争,以及行为模式的地点转移不要说与必要说之争。

①行为手段的限定说与非限定说之争,旨在追问绑架手段是否限于暴力、胁迫或麻醉。限定说认为绑架罪刑罚十分严厉,应通过对特定手段的要求,限缩绑架罪的成立范围。这一观点源自《刑法》全面修订前的单行刑法和司法解释,[12]在1997年《刑法》全面修订后,特别是《刑法修正案(七)》修订本罪法定刑下限后,限定说的法律依据与目的论理由都已不复存在。理论界与实务界的通行观点则都主张非限定说,[13]该说认为通过任何可能的手段绑架他人都足以构成本罪。从现行法律文本来看,《刑法》第239条第1款并未对

---

⑫ 全国人大常委会1991年9月4日颁布了《关于严惩拐卖、绑架妇女、儿童的犯罪分子的决定》(以下简称《决定》),《决定》第2条分3款将“以出卖为目的,使用暴力、胁迫或者麻醉方法绑架妇女、儿童的”“以出卖或者勒索财物为目的,偷盗婴幼儿的”,以及“以勒索财物为目的绑架他人的”等三种行为规定为犯罪。嗣后,最高人民法院、最高人民检察院又于1992年12月11日发布了《关于执行〈全国人民代表大会常务委员会关于严惩拐卖、绑架妇女、儿童的犯罪分子的决定〉的若干问题的解答》,该解答第5条将前述《决定》第2条第3款的“行为手段”解释为与第1款完全一致,即“使用暴力、胁迫或者麻醉方法”。全国人大常委会于2009年8月27日发布《关于修改部分法律的决定》将前述《决定》第4条第2款中的“治安管理处罚条例”修改为“治安管理处罚法”,确认了《决定》仍然有效,尽管如此,目前《决定》中的罪刑规范已经全部纳入刑法典,如前述第2条第1款和第2款中以出卖为目的的情况,便原封不动地出现在《刑法》第240条第1款第5项和第6项。

⑬ 参见马克昌主编:《百罪通论》(上卷),北京大学出版社2014年版,第572页以下;王作富主编:《刑法分则实务研究(中)》(第5版),中国方正出版社2013年版,第784页以下。

行为手段作出特别规定，亦即无论是暴力、胁迫、麻醉，还是偷盗婴幼儿，⑭抑或欺骗等其他任何可能的手段，⑮都为该款规定所涵盖。因此，无须特别审查本罪的行为手段。

②行为构造的复合行为说与单一行为说之争，乃是围绕勒索财物或提出其他非法要求的行为是否属于绑架行为的一部分而展开。复合行为说认为，本罪的客观行为由挟持行为与勒索财物或提出其他非法要求行为两部分共同构成。这种观点源于传统理论的主客观相统一原则，近来也有学者从保护第三人自决权的角度赞同双重行为说。⑯ 然而无论在传统理论还是有力学说中，单一行为说都占据着支配地位，该说认为，本罪的客观行为仅包括绑架行为，而不包括勒索财物或提出其他非法要求的行为。⑰ 单一行为说的合理性一方面在于，本罪已明确将勒索财物规定为犯罪目的，而提出其他非法要求的目的则内涵于“作为人质”的表述中，因此本罪属于目的犯中不完整的二行为犯；另一方面从规范体系上看，本罪保护的是被害人的人身自由与人身安全，非法目的之存在已经足以表明被害人的人身安全处于高度危险之中。因此，仅需对绑架行为本身进行审查。

③行为模式的地点转移不要说与必要说之争，焦点在于勒索财物型绑架是否要求将被害人带离原处所。不要说既是传统通说观点，又为有力学说采纳，该说认为绑架罪的实质不法内涵在于“将被害人置于自己非法控制之下”，⑱至于场所改变与否则并非问题关键所在。这种观点将场所改变理解为实力支配的一种表现形式，在行为人使用未达支配程度的胁迫手段或欺骗手段使被害人离开原处所时，存在过晚认定实行着手与犯罪既遂的问题。必要

---

⑭ 刑法第239条第3款“以勒索财物为目的偷盗婴幼儿的”应被理解为注意规定，否则为实现其他非法目的偷盗婴幼儿作为人质的情况便不能按照该条第1款处罚，导致明显的不协调。

⑮ 司法实践中有行为人采取欺骗手段诱拐年幼被害人后实施勒索，不被认定为绑架罪而仅被认定为敲诈勒索罪的案例，参见徐俊、孙江执笔，罗国良审编：《张舒娟敲诈勒索案[第443号]——利用被害人年幼将其哄骗至外地继而敲诈其家属钱财的能否构成绑架罪》，载最高人民法院刑事审判第一、二、三、四、五庭编：《刑事审判参考》2007年第3集·总第56集，法律出版社2007年版，第31页以下。这涉及后述地点转移问题，在地点转移的行为模式下不要求稳定的挟持状态，但如果诱拐行为本身完全不产生控制他人人身的后续效果，则说明该行为本即未被行为人作为绑架手段来使用。

⑯ 参见黎宏：《刑法学各论》（第2版），法律出版社2016年版，第244页。

⑰ 参见前注⑬，王作富：《刑法分则实务研究（中）》，第785页以下；前注⑩，张明楷：《刑法学》（第5版），第887页以下。

⑱ 参见贾宇主编：《刑法学》（下册·各论），高等教育出版社2019年版，第131页。

说认为,至少在勒索财物型绑架罪中,必须要求被害人被掳走,否则便难以在该罪与抢劫罪间进行区分。然而在原处所挟持被害人完全可以想象,如果在行为人以实现其他非法要求为目的时认定绑架罪,却在以勒索财物为目的时不认定,将导致不协调。由于两个学说都存在问题,笔者认为可以借鉴域外相关理论,认可略诱和挟持这两种互有交叉的行为模式,“作为挟持前阶段或表现形式的略诱使被害人遭受居留地的改变,并具有将被害人置于行为人支配力之下的效果。挟持不要求这样一种地点改变,出于利用的目的将他人作为人质在物理上置于其控制力之下,或改变已经存在的——如针对自己子女的——控制力,以至于造成被害人安全性重大减损的,即属挟持了他人”⑲。在本案中,刘某等通过一系列手段将章某某劫持至一出租房内,既实现了地点转移即略诱,又实现了实力支配即挟持。因此,刘某等人的劫持行为符合绑架罪对行为方式的要求。

(3)中间结论。刘某等人劫持章某某的行为符合绑架罪的客观构成要件。

3. 主观构成要件

刘某等人实施绑架行为时必须具有故意,并以勒索财物为目的。

(1)绑架罪的一般主观构成要件是故意。故意是指对客观构成要件的认识与意欲,根据我国《刑法》第 14 条第 1 款的规定,依照认识与意欲的程度可分为希望故意和放任故意。⑳ 希望故意,是指明知自己的行为可能会导致客观构成要件的实现而追求其实现(积极的希望),或明知自己的行为几乎必然导致客观构成要件的实现而接受其实现(消极的希望)。㉑ 放任故意,是指明

⑲ Wessels, Hillenkamp & Schuhr, Strafrecht Besonderer Teil 2: Straftaten gegen Vermögenswerte, 42. Aufl., 2019, Rn. 741.

⑳ 我国刑法理论几乎众口一词地采用了“直接故意”和“间接故意”的二分法,然而从学说史上看,间接故意(dolus indirectus)所涵盖的范围极广,存在违法肇因、加害意思、实际预见、可预见性等多种标准,虽与现代刑法中的未必故意(dolus eventualis)存在交叉,但多用于论证结果加重犯的产生。(Vgl. Rengier, Erfolgsqualifizierte Delikte und verwandte Erscheinungsformen, 1986, S. 15, 19; Stuckenberg, Vorstudien zu Vorsatz und Irrtum im Völkerstrafrecht: Versuch einer Elementarlehre für eine übernationale Vorsatzdogmatik, 2007, S. 542.)笔者在此直接采用立法用语,将我国刑法上的故意分为希望故意与放任故意两种。

㉑ 我国学界对消极希望概念的接纳可以追溯到苏联学者的相关论述,参见[苏]A. H. 特拉伊宁:《犯罪构成的一般学说》,薛秉忠、卢佑先、王作富、沈其昌译,中国人民大学出版社 1958 年版,第 167 页。

知自己的行为可能会导致客观构成要件实现而容忍其实现。绑架罪的故意是认识到并意欲以自己的行为挟持或略诱他人。在本案中,刘某等人明知会将他人转移至其他地点并实现对其人身的实力支配而积极追求这一结果,故刘某等人具有积极的希望故意。

(2)作为特别主观构成要件的勒索财物目的涉及绑架罪的三方关系问题。针对这一问题,在我国刑法理论和司法实务上存在三方关系的不要说和必要说之争。不要说认为,勒索财物型绑架罪不限于向第三人实施勒索,也包括向被害人本人实施勒索的情况。这种观点的理由在于,《刑法》第239条第1款仅要求"以勒索财物为目的",并未指明勒索对象,既然绑架罪的本质是实力支配被害人的人身,那么无论是意图向第三人勒索还是向被害人本人勒索都已实现本罪的实质不法。[22] 然而一旦采纳该观点,就将在绑架罪和抢劫罪、敲诈勒索罪乃至故意杀人罪之间产生复杂的竞合关系,也存在刑罚幅度上的不协调。[23] 目前必要说是我国学界与实务界的主流观点,该学说认为无论是勒索财物型绑架罪还是挟持人质型绑架罪,都必须以向第三人勒索财物或提出其他非法要求为目的。[24] 从文义上看,无论是"绑架"还是"人质",都能在母语使用者的头脑中勾勒出一种三方关系的形象,没有理由在挟持人质型绑架罪中要求三方关系,而在勒索财物型绑架罪中不要求三方关系。基于三方关系必要说的理解,勒索财物目的包含两层内涵,即利用他人对被绑架人人身安全的忧虑的意思和索取财物的意思。[25] 在本案中,刘某等人的后续行为表明,其行为是为了向章某某本人而非他人索取财物,缺乏利用他人忧虑的意思,故刘某等人不具有绑架罪意义上的勒索财物目的。

㉒ 参见林东茂:《刑法综览》(修订5版),中国人民大学出版社2009年版,第354页以下。

㉓ 德国于1989年修法后,便取消了《德国刑法典》第239a条勒索性掳人(相当于我国的勒索财物型绑架罪)和第239b条人质扣押(相当于我国的挟持人质型绑架罪)原本要求的三方关系,从而造成上述问题,可谓"范例般地展现了失败的法律产生的代价有多么高昂,造成的后果有多么严重"。Wessels, Hettinger & Engländer, Strafrecht Besonderer Teil 1: Straftaten gegen Persönlichkeits- und Gemeinschaftswerte, 43. Aufl., 2019, Rn. 438.

㉔ 我国司法实务中大量案例都采用此观点,参见李亚飞、许浩执笔,周峰审编:《周建平、卫杨林、吴江、刘有志抢劫、敲诈勒索案[第117号]——如何正确区分抢劫罪与绑架罪、敲诈勒索罪的界限》,载最高人民法院刑事审判第一庭、第二庭编:《刑事审判参考》2001年第7辑·总第18辑,法律出版社2001年版,第39页以下;刘艺军执笔,李燕明审编:《熊志华绑架案[第155号]——如何准确区分敲诈勒索罪与抢劫罪、绑架罪的界限》,载最高人民法院刑事审判第一庭、第二庭编:《刑事审判参考》2002年第1辑·总第24辑,法律出版社2002年版,第34页以下。

㉕ 参见前注⑩,张明楷:《刑法学》(第5版),第889页。

(3)中间结论。刘某等人劫持章某某的行为不符合绑架罪的主观构成要件。

4. 结论

刘某等人的劫持行为不成立绑架罪的共同犯罪。

(二)抢劫罪(《刑法》第263条)未遂(《刑法》第23条)的共同犯罪(《刑法》第25条)

通过实施劫持行为,刘某等人可能根据《刑法》第263条结合《刑法》第23条、第25条,因抢劫罪未遂的共同犯罪受刑事处罚。

1. 预审查

(1)犯罪未遂的预审查。

①未遂的可罚性。我国刑法在原则上处罚未遂,但在实践中并非所有未遂都处罚。有力学说认为,应借鉴《德国刑法典》第23条第1款的规定,在重罪的场合处罚未遂,这里的重罪则应界定为法定最低刑为3年以上的犯罪。[26] 抢劫罪法定最低刑为3年,属于通常所理解的重罪,其未遂的可罚性并无疑问。

②犯罪未得逞。是否应在未遂的预审查中对犯罪未得逞进行审查存在一定争议。一方面,由于德国在刑法改革中取消了未遂概念对未既遂的要求,故有学者对这一预审查环节提出反对意见;另一方面,在英美法中也存在所谓"成功的未遂",用以解决刑事审判程序进行过程中既遂结果出现的情况。[27] 但我国《刑法》第23条第1款明确地在犯罪未遂的定义中规定了由于犯罪分子意志以外的原因而未得逞,故应当依照法律规定对这一要件进行预审查。未得逞是指构成要件未完全实现。抢劫罪的构成要件实现是指成功劫取财物,在本案中刘某等人并未实际取得财物,故构成要件并未完全实现。

(2)共同犯罪的预审查。共同犯罪的预审查中二人以上与共同行为已如上述,而抢劫罪同样属于故意犯罪。

2. 构成要件

未遂犯的主客观要件分别为犯罪决意和着手实行,理论上对这两项要件

---

[26] 参见黎宏:《刑法学总论》(第2版),法律出版社2016年版,第240页。

[27] Vgl. Hardtung, Gegen die Vorprüfung beim Versuch, Jura 1996, 293; See David Ormerod, Karl Laird, Smith, Hogan & Ormerod, *Criminal Law*, 15th ed., Oxford University Press, 2018, p. 431 et. seq.

的审查顺序存在客观优先说和主观优先说之争。近十余年来,客观优先说在我国中青年学者中获得了广泛的支持,该说认为未遂犯的认定应与既遂犯一样遵循从客观到主观的判断顺序。这种观点的理由是,“人们在考虑主观要件之后才考虑客观要件,容易将没有法益侵害但行为人主观上有恶性的身体动静(但不是实行行为)认定为犯罪,从而人为扩大未遂犯的成立范围,刑法就可能在某些问题上无可避免地陷入主观主义的陷阱之中”[28]。主观优先说则认为,未遂犯的认定与既遂犯不同,应采取从主观到客观的判断顺序。[29] 这种观点的优势有二:一是逻辑性,即在未遂犯的场合客观构成要件并未被实现,犯罪决意不以客观行为为限,相反一个行为是否能够称作着手需要以犯罪决意为前提;二是经济性,即尽管在一些场合下客观危险可独立于主观意思加以判断,但大量存在的过失致险不可罚也无审查的必要。因此,只要充分贯彻鉴定式案例分析的方法,就不会因为要素的判断顺序得出不同结论,而犯罪审查体系只遵循逻辑性与经济性的要求,[30]故以下按照从主观要件到客观要件的顺序进行分析。

(1)刘某等人必须具有抢劫的犯罪决意,由于抢劫罪属于目的犯,故在完整的构成要件故意外还包括非法取得目的。

抢劫罪未遂的一般主观要件是针对完整的抢劫罪客观构成要件的故意,即对实现全部客观构成要件要素的可能性具有认识和意欲,因此需要联系抢劫罪的客观构成要件进行判断。抢劫罪的客观构成要件要素包括:①手段行为,即暴力、胁迫或者其他方法。其中暴力是指压制他人反抗的不法有形力;胁迫是指以现时的针对他人生命、身体的暴力相威胁;其他方法是指其他使他人无法反抗的强制方法。②取财行为,即劫取他人财物或迫使他人交付财物。其中劫取是指在他人被压制反抗的情况下,打破他人对财物的控制并建

---

[28] 周光权:《刑法总论》(第3版),中国人民大学出版社2016年版,第84页。

[29] 参见张志钢:《论不能未遂的可罚性》,中国社会科学出版社2019年版,第36页以下。

[30] Vgl. NK-Puppe, 5. Aufl., 2017, vor § 13 Rn. 8.

立新的控制;㉛迫使他人交付是指在他人被压制反抗的情况下使之通过行为、不作为移转自己或第三人的财产,财产是指法律所容许的任何一种经济利益,移转则是指造成被胁迫人或第三人财产损失的同时行为人取得该财产。联系上述要素,抢劫罪未遂的一般主观要件在这里是指,认识到自己的暴力、胁迫等行为足以压制他人反抗,从而具有成功劫取财物或迫使他人交付财物的可能性,希望或放任该种结果发生。在本案中刘某等人实施了针对章某某的劫持行为,认识到自己的行为压制了章某某的反抗,然而从后续案情来看,刘某等人并未计划在劫持过程中劫取财物或迫使章某某交出财物,欠缺利用压制反抗状态劫取财物或迫使章某某交付财物的意图,故不具有针对完整的抢劫罪客观构成要件的故意。因此刘某等人的行为不符合抢劫罪未遂的一般主观要件。

(2)中间结论。刘某等人的劫持行为不符合抢劫罪未遂的主观要件。

3. 结论

刘某等人的劫持行为不成立抢劫罪未遂的共同犯罪。

(三)非法拘禁罪(《刑法》第238条)的共同犯罪

通过实施劫持行为,刘某等人可能根据《刑法》第238条结合《刑法》第25条,因非法拘禁罪的共同犯罪受刑事处罚。

1. 预审查

二人以上与共同行为已如上述,而非法拘禁罪同样属于故意犯罪。

㉛ 刑法理论对窃取概念的建构使用了水平概念链条这样一种法律适用技术,对物的支配状态是这个水平概念链条的一环。(Vgl. Puppe, Kleine Schule des juristischen Denkens, 4. Aufl., 2019, S. 82 ff.)对于这种支配状态,我国刑法理论中存在不同称谓,传统理论称之为"控制"或"支配",中青年学者则一般称为"占有"。[参见前注⑱,贾宇:《刑法学》(下册・各论),第158页;前注⑬,王作富:《刑法分则实务研究(中)》,第935页;车浩:《占有概念的二重性:事实与规范》,载《中外法学》2014年第5期,第1180页注释1有进一步引证。]流行的称谓容易引起两方面的概念混淆:一是作为状态的占有与作为行为和目的的占有,后者是我国实定法所承认的唯一一种"刑法上的占有",包括《刑法》第192条、第193条、第196条、第224条的"非法占有目的"和《刑法》第270条、第271条、第382条的"非法占为己有"或"非法占有"行为,意思都是"占为己有"。二是刑法上的占有和民法上的占有,刑法上对物的支配状态是用于建构窃取、夺取、劫取概念的水平概念链条中的一环,而民法上的占有制度是为了维护社会平和或尽可能保障所有权恢复圆满状态的可能性,对权利外观所建立的特殊保护机制。此外,某些财产性利益可能成为盗窃罪的对象(参见黎宏:《论盗窃财产性利益》,载《清华法学》2013年第6期;张明楷:《论盗窃财产性利益》,载《中外法学》2016年第6期),使用控制概念而非占有概念,有利于对财产性利益盗窃的构成要件进行建构。因此还是传统理论所称的"控制"或"支配"更为妥当。

2. 客观构成要件

刘某等人的行为必须符合非法拘禁罪的客观构成要件,即非法拘禁他人或者以其他方法非法剥夺他人人身自由。

(1)本罪的行为对象是他人。如上所述,章某某是刘某等四人以外的人。

(2)本罪的行为方式为拘禁他人或以其他方法剥夺他人人身自由,其中拘禁是指以外在工具防止他人离开一定场所,其他方法则没有限定,可以是直接的暴力、威胁,也可以是利用他人的羞耻心。另外需要注意的是,虽然立法者未将"情节严重"等定量要素设置为本罪入罪门槛,但《治安管理处罚法》第40条第3项将非法限制他人人身自由规定为一种治安违法行为,因此还必须在拘禁他人或剥夺他人人身自由与限制他人人身自由之间作出区分。在本案中,刘某等人对章某某实施了捆绑手脚、捂嘴蒙眼的行为,并利用了脚镣等工具,属于利用外在工具防止他人离开一定场所,故应认定为拘禁他人而非单纯的限制他人人身自由。[32]

(3)非法。本罪将非法列为构成要件要素,其中既包括排除构成要件的同意,[33]又包括一般起正当化作用的拘留、逮捕、执行刑罚和扭送现行犯等情况。在本案中,刘某等人的行为不具有任何排除构成要件的或正当化的事由。

(4)中间结论。刘某等人的劫持行为符合非法拘禁罪的客观构成要件。

3. 主观构成要件

刘某等人必须具有非法拘禁的故意。如上所述,故意是对客观构成要件的认识与意欲,在本罪中,即对自己的行为将剥夺他人人身自由具有认知和意愿。刘某等人明知自己的行为将非法剥夺他人人身自由,而追求这种结果

---

[32] 在司法实践中,并非所有的非法拘禁案件都将受到刑事制裁。虽然司法解释未对一般公民实施的非法拘禁案件作出规定,但2006年7月26日最高人民检察院《关于渎职侵权犯罪案件立案标准的规定》明确了国家机关工作人员利用职权实施非法拘禁的立案标准,根据该规定,使用械具或捆绑等恶劣手段属于应予立案的情形之一。参照上述规定,对本案中刘某等人所实施的拘禁行为也应处以刑罚。

[33] 关于同意的体系性地位,域外存在正当化事由说、构成要件排除事由说、合意和承诺二分说,以及二分的构成要件排除事由说等观点,除一元的正当化事由说外,其他观点都赞成在盗窃、非法侵入住宅等罪的场合,同意(合意)属于构成要件排除事由。参见[德]沃斯·金德豪伊泽尔、蔡桂生:《评合意和承诺的区分》,载《中国刑事法杂志》2010年第4期。"拘禁"概念与"窃取""侵入"等概念相同,都是以违背意志为前提,因此这里即使回避相关讨论,也能得出同意排除非法拘禁罪构成要件的结论。

发生,即使拘禁并非其最终目的,也能认定其具有积极的希望故意。

4. 刑事责任

(1)刑事责任能力与免责事由。根据《刑法》第 17 条第 1 款、第 18 条第 1 款,已满 16 周岁且未患有使之不能辨认或者不能控制自己行为的精神疾病的,应当负刑事责任。在本案中,刘某等人俱已成年,且无证据表明刘某等人患有精神疾病,或具有其他任何免责事由。因此,刘某等人应承担刑事责任。

(2)主犯与从犯。根据《刑法》第 26 条第 1 款,组织、领导犯罪集团进行犯罪活动的或者在共同犯罪中起主要作用的,是主犯。在本案中,刘某、岳某、陈某等三人直接以劫持方式实施了拘禁行为,属于在共同犯罪中起主要作用的。因此,刘某、岳某、陈某三人应被认定为主犯。根据《刑法》第 27 条第 1 款,在共同犯罪中起次要或者辅助作用的,是从犯。冯某提供了工具,属于在共同犯罪中起辅助作用的。因此,冯某应被认定为从犯。

5. 结论

刘某等四人的劫持行为构成非法拘禁罪的共同犯罪,其中刘某、岳某、陈某为主犯,冯某为从犯。

(四)本行为结论

刘某等四人的劫持行为仅构成非法拘禁罪的共同犯罪,其中刘某、岳某、陈某为主犯,冯某为从犯。

三、刘某、岳某以枪支和刀具相威胁的行为

(一)抢劫罪的共同犯罪

以枪支、刀具相威胁,迫使章某某同意于 4 个月后交付赎金的行为,刘某、岳某可根据《刑法》第 263 条结合《刑法》第 25 条,因抢劫罪的共同犯罪受刑事处罚。

1. 预审查

(1)由于以上包括本数,刘某与岳某二人属于二人以上。

(2)如上所述,共同行为是指多个行为人在意思联络下对某一可能符合构成要件的事实都做出贡献。刘某等人制订了犯罪计划,故有意思联络,刘某、岳某二人实施了以枪支、刀具相威胁的行为,故皆有贡献。因此,刘某、岳

某的行为属于共同行为。

(3)抢劫罪属于故意犯罪。

2. 客观构成要件

刘某与岳某的行为必须符合抢劫罪的客观构成要件。如上所述,抢劫罪的客观构成要件包括手段行为和取财行为。

(1)如上所述,抢劫罪的手段行为包括暴力、胁迫与其他方法。本案中,刘某、岳某以枪支、刀具相威胁,属于以现时的针对生命、身体的暴力相威胁。因此刘某、岳某的威胁行为属于抢劫罪的手段行为。

(2)如上所述,抢劫罪的取财行为包括劫取财物,即在他人被压制反抗的情况下取走财物和迫使交付,即在他人被压制反抗和压制反抗下的情况下使之转移自己或第三人的财产。在本案中,一方面刘某、岳某并未直接从章某某处取走任何财物,另一方面章某某同意于 4 个月后交付赎金的事实既没有导致财产的实际移转,又不使其负担法律上有效的债务,故不属于交付财物。因此刘某、岳某并未成功取财。

(3)中间结论。刘某、岳某的行为不符合抢劫罪的客观构成要件。

3. 本罪结论

刘某、岳某以枪支、刀具相威胁的行为不构成抢劫罪的共同犯罪。

(二)抢劫罪未遂的共同犯罪

以枪支、刀具相威胁,迫使章某某同意于 4 个月后交付赎金的行为,刘某、岳某可根据《刑法》第 263 条结合《刑法》第 23 条、第 25 条,因抢劫罪未遂的共同犯罪受刑事处罚。

1. 预审查

(1)犯罪未遂的预审查。抢劫罪未遂的可罚性已如上述。前文同样已经说明,刘某、岳某并未成功劫取财物,故抢劫罪的客观构成要件未完全实现。

(2)共同犯罪的预审查已如上述。

2. 主观要件

刘某与岳某必须具有犯罪决意,即完整的构成要件故意与非法取得目的。

(1)如上所述,抢劫罪未遂的一般主观要件是针对完整的抢劫罪客观构成要件的故意,即认识到自己的暴力、胁迫等行为足以压制他人反抗,从而具有成功劫取财物或迫使他人交付财物的可能性,进而希望或放任该种结果发生。在本案中,刘某、岳某用枪支、刀具胁迫章某某于4个月后交付赎金,这里的胁迫属于以现时的针对被害人生命、身体的暴力相威胁,足以压制他人反抗,然而其胁迫行为的作用不可能持续到4个月后,刘某等人的后续行为表明他们显然认识到这一点,从而欠缺利用压制反抗状态劫取财物或迫使章某某交付财物的意图,故不具有针对完整的抢劫罪客观构成要件的故意。因此,虽然刘某、岳某实施了胁迫行为,但他们在实施该行为时不具有抢劫罪的故意。

(2)中间结论。刘某、岳某的行为不符合抢劫罪未遂的主观要件。

3.本罪结论

刘某、岳某以枪支、刀具相威胁的行为不构成抢劫罪未遂的共同犯罪。

(三)本行为结论

迫使他人交付财产的抢劫罪与后述敲诈勒索罪具有相同构造,仅仅在胁迫手段上有程度之分,抢劫罪要求以针对他人生命、身体的暴力相威胁,达到压制他人反抗的程度,敲诈勒索罪则只要求使他人产生恐惧心理。[34] 在本案中,刘某等人并非因胁迫程度不足以压制反抗,而是由于欠缺利用压制反抗状态取财的意图,从而不构成抢劫罪未遂,因此没有必要继续审查构造相同仅胁迫程度更低的敲诈勒索罪。我国《刑法》没有规定恐吓罪,故刘某、岳某以枪支、刀具相威胁的行为不构成犯罪。

四、刘某等人强迫章某某杀人的行为

刘某等人强迫章某某杀人的行为可能构成间接正犯或教唆犯,两者都以章某某的举止为前提,其定性也有赖于对章某某刑事责任的认定,故以下首先审查章某某的举止。

(一)故意杀人罪(《刑法》第232条)

通过勒死甲谷某某的举止,根据《刑法》第232条的规定,章某某可能因故意杀人罪受刑事处罚。

---

[34] 关于迫使他人交付财产的抢劫罪和敲诈勒索罪之间的关系,值得注意的是《德国刑法典》第255条所规定的抢劫性勒索,学者认为该条规定是第253条勒索罪的加重构成要件。Vgl. Mitsch, Strafrecht Besonderer Teil 2: Vermögensdelikte, 3. Aufl., 2015, S. 633 ff.

1. 行为质量

在本案中由于章某某受到强制，故需预先审查其举止的行为质量。行为是指意志支配或可支配的、具有社会重大意义的人类举止。行为质量可以从人类举止、意志支配或可支配以及社会重大意义这三方面加以审查。㉟

(1) 人类举止是指人所做出的身体动作。章某某做出了用绳索勒颈的身体动作。

(2) 意志支配或可支配是指做出举止时具有意识和意志，㊱其中具有意识是指举止的作出者未陷入昏迷或睡眠等丧失意识的状态，具有意志是指举止并非由无法控制的反射动作或物理强制所导致。在本案中，章某某意识清醒，虽然受到刘某等人的强制，但刘某等人并非以有形力直接操控章某某的举止，故这种强制仍属心理强制而非物理强制，并不会导致欠缺意志。㊲ 因此，章某某所做出的身体动作仍属意志支配下的举止。

(3) 社会重大意义是指，根据举止的后果，举止可以成为价值评判的对象。在本案中，章某某用绳索勒颈的举止与甲谷某某的死亡相关，因而可以且应当受到社会价值评判。因此，章某某的举止具有社会重大意义。

(4) 中间结论。章某某实施了行为。

2. 客观构成要件

章某某的行为必须符合故意杀人罪的客观构成要件，即造成他人死亡。

(1) 故意杀人的结果是他人的死亡。在本案中，甲谷某某是章某某以外的人，属于他人，并且甲谷某某已经死亡。因此，案件事实符合故意杀人罪对结果的要求。

㉟ Vgl. Wessels, Beulke & Satzger, Strafrecht Allgemeiner Teil: Die Straftat und ihr Aufbau, 49. Aufl., 2019, Rn. 155.

㊱ 参见前注⑨，贾宇：《刑法学》(上册·总论)，第110页。德国刑法中往往在这里讨论反射动作、自动举止、物理强制、心理强制、睡梦举止等多种事例，但欠缺体系性；而《意大利刑法》第42条第1款对意识和意志作出了明确要求，可资参考。参见[意]杜里奥·帕多瓦尼：《意大利刑法学原理》(评注版)，陈忠林译，中国人民大学出版社2004年版，第110页以下。这里笔者尝试区分欠缺意识与欠缺意志两种情况，将上述事例体系化。

㊲ 认为受强迫杀人案件欠缺行为的不同意见，参见陈兴良：《教义刑法学》(第3版)，中国人民大学出版社2017年版，第103页以下。但陈兴良教授同时承认受到间接强制的举止仍属刑法上的行为，与此观点似乎并不协调。在较新的论述中，陈兴良教授运用了他行为可能性这一理论工具，通过《刑法》第16条关于不可抗力的规定，实现对受强迫行为的出罪，但仍坚持此时欠缺行为的观点。参见陈兴良：《他行为能力问题研究》，载《法学研究》2019年第1期。

(2)故意杀人的行为是任何可归属地导致他人死亡的行为。如上所述,章某某以绳索勒颈的身体动作属于行为,其与死亡结果的关系将通过下一步骤审查。

(3)因果关系与结果归属。若不取消结果,就不能想象行为不存在时,行为与结果具有因果关系。行为创设了法不容许的风险,并在具体结果中实现了该风险时,结果可以客观归属。在本案中,正是章某某使用绳索勒颈的行为导致了甲谷某某的死亡,在因果关系与结果归属上不存在疑问。

(4)中间结论。章某某的行为符合故意杀人罪的客观构成要件。

3. 主观构成要件

章某某必须具有杀人故意。杀人故意是指明知自己的行为会造成他人死亡,并且希望或放任这种结果发生。在本案中,章某某明知自己的行为必然导致甲谷某某死亡,仍然实施该行为,即使情感上不情愿也未通过自己的行为在意志上回避该结果,属于消极的希望故意。[38]

4. 违法性

章某某的行为有可能因紧急避险(《刑法》第21条)而正当化。紧急避险是指,为了使国家、公共利益、本人或者他人的人身、财产和其他权利免受正在发生的危险,不得已采取的避险行为。

(1)作为避险前提的紧急事态,是指特定法益陷入正在发生的危险中。

①根据我国《刑法》第21条第1款的规定,国家、公共利益、本人或者他人的人身、财产和其他权利都属于紧急避险中的法益。但当权利人以法所允许的方式放弃该法益时则不具有需保护性,当该法益被依法剥夺时则不具有应保护性。在本案中,可能陷入危险的是章某某的生命,法不允许以任何方

---

[38] 根据旁听庭审的“宜宾零距离网络”编辑在该论坛上所发表的网帖,章某某在其口供中辩称不知在实施勒颈行为时甲谷某某是否已经死亡,载零距离网,http://www.ybvv.com/thread-1099345-1-1.html,2020年3月30日访问。但显然章某某不能肯定甲谷某某已经死亡,换言之,他认识到了甲谷某某仍然具有生存的可能性,即使按照存疑时有利被告的证据原则,也至少能够认定章某某对甲谷某某的死亡具有放任故意。

式放弃生命,[39]且章某某的生命并不面临被依法剥夺的境地。

②危险,是指基于行为时的情况,很有可能再进一步地发展产生损害。在本案中,章某某的生命遭到刘某等人的威胁,很有可能丧失。

③正在发生,是指根据事前判断,危险在自然发展中随时可能转化为损害。在本案中,章某某受到刘某等人持枪、持刀威胁,若不采取行动则随时可能被他们杀害。

(2)避险行为。避险行为是指不得已且未超过必要限度的行为。

①不得已,是指行为适合于避免危险,且不具有更缓和的回避措施。在本案中,刘某等人逼迫章某某杀人,章某某的杀人行为属于适合于保护其自己生命安全的行为,且无法通过其他方式保护自己的生命。因此章某某的行为符合不得已要件。

②必要限度,是指经过利益衡量,避险行为未造成不应有的损害。有争议的是,所保护的利益是否需要明显大于所侵害的利益。传统理论认为,"紧急避险所造成的损害必须小于所避免的损害"[40]。其理由则以一句"对社会有益"而被一笔带过。有力学说认为,"不得已损害同等法益的,也不一定超过了必要限度"。其理由是,"从整体上说,法益并没有受到侵害"[41],并由此肯定了部分针对生命的紧急避险。较新的观点再次回到所保护的利益需要明显大于所侵害的利益这一立场,并从社会团结义务的角度论证了无辜第三人容忍义务的边界,否定了针对生命的避险具有正当性。[42] 笔者大致赞同以上第三种观点,并从根植于最低限度的社会团结的容忍义务出发,尝试根据利益的可恢复性和可弥补性,对利益衡量进行类型化处理:对于可恢复的财

---

[39] 就自杀合法抑或违法这一问题,我国学者展开了激烈的争论,参见王钢:《自杀的认定及其相关行为的刑法评价》,载《法学研究》2012年第4期;钱叶六:《参与自杀的可罚性研究》,载《中国法学》2012年第4期;王钢:《自杀行为违法性之否定——与钱叶六博士商榷》,载《清华法学》2013年第3期;周光权:《教唆、帮助自杀行为的定性——"法外空间说"的展开》,载《中外法学》2014年第5期;王钢:《法外空间及其范围:侧重刑法的考察》,载《中外法学》2015年第6期。笔者这里所称的法不允许以任何方式放弃生命与自杀的违法性无关,只意味着法不认可生命处置权的移转,换言之,受托杀人一律可罚。

[40] 前注⑨,贾宇:《刑法学》(上册·总论),第203页。

[41] 前注⑩,张明楷:《刑法学》(第5版),第220页以下。

[42] 参见王钢:《紧急避险中无辜第三人的容忍义务及其限度兼论紧急避险的正当化根据》,载《中外法学》2011年第3期;王钢:《对生命的紧急避险新论——生命数量权衡之否定》,载《政治与法律》2016年第10期。

产性利益,虽然牵涉财产拥有者的自我决定权,但在不侵犯他人人格尊严的前提下,[43]只需要要求避险人承担补偿责任,即可在所保护的利益与所侵害的利益大致相当时要求被避险人容忍,从而将避险行为正当化;对于可弥补的自由和身体利益,由于弥补并非完全的恢复原状,只有所保护的利益明显大于所侵害的利益时才能要求被避险人容忍;对于不可恢复和弥补的生命和重大身体利益,不能要求被避险人容忍,一律不能正当化。在本案中,章某某的避险行为侵害了他人生命,生命属于不可恢复和弥补的重大利益,他人并无义务容忍针对生命的侵害,故其行为超过了必要限度,造成了不应有的损害。因此,章某某的行为不符合必要限度要件。

(3)中间结论。章某某的行为不成立正当化的紧急避险,且不具有其他正当化事由,因而其行为具有违法性。

5. 刑事责任

(1)刑事责任能力。根据《刑法》第17条第2款、第18条第1款,已满14周岁且未患有使之不能辨认或者不能控制自己行为的精神疾病的,对故意杀人罪具有刑事责任能力。在本案中,章某某为成年人且无证据表明他患精神病。因此章某某具有刑事责任能力。

(2)责任的减轻或免除。对于章某某是否应当承担刑事责任,存在适用避险过当(《刑法》第21条第2款)、胁从犯(《刑法》第28条)乃至根据期待可能性的法理径行免责的意见,[44]此外还可探讨是否有适用不可抗力(《刑法》第16条)的空间。

①避险过当,是指为了保护一定法益实施避险行为,但超过必要限度造成不应有的损害的情况。如上所述,章某某在紧急避险状况下实施了超过必要限度的避险行为。其主观上对避险状况具有认识,且其行为是为了避免生命遭受危险,故具有避险意识。因此章某某的行为符合避险过当的客观与主观要件。问题在于,我国刑法中不存在免责的避险过当,根据《刑法》第21条第2款,避险过当虽然应当减轻或免除处罚,但是仍然应当负刑事责任,这对于走投无路的被迫杀人者而言可能过于严苛,并且适用避险过当意味着章某某仍然构成故意杀人罪,在刑法理论上属于正犯。除非承认利用减轻责任者

---

[43] 参见前注㉖,黎宏:《刑法学总论》(第2版),第149页。

[44] 参见陈璇:《生命冲突、紧急避险与责任阻却》,载《法学研究》2016年第5期。

场合的正犯后正犯概念,否则此时逼迫章某某杀人的刘某等人便只成立教唆犯。虽然教唆犯也可根据其在共同犯罪中所起的作用大小认定为主犯,但还是应在理论上承认刘某等人的行为支配了甲谷某某死亡的因果流程,具有超过教唆犯的正犯质量,而章某某不过是沦为了刘某等人杀人的工具。

②胁从犯是指被胁迫参加犯罪的。章某某在刘某等人的胁迫下实施了杀人行为,该行为至少构成不法意义上的犯罪。因此章某某的行为符合胁从犯的要件。适用胁从犯也将导致章某某应当负刑事责任的结论,只是应当按照他的犯罪情节减轻或者免除处罚。此外,承认章某某构成犯罪,在不考虑正犯后正犯时即否定了刘某等人成立间接正犯,结局是一方面将正犯认定为胁从犯;另一方面将教唆犯认定为主犯,这在刑法理论上难言具有妥当性。

③不可抗力。民法上的不可抗力是指不能预见、不能避免并不能克服的客观情况(《民法典》第180条),一般而言只包括自然灾害、政府行为和社会异常事件等情况。但《刑法》第16条将不能抗拒与不能预见并列,因此不能从民法的角度理解这里的不可抗力。如果从纯事实的角度解释,则只有取消行为质量的物理强制属于不可抗力,那么这一规定就丧失了存在的必要。实际上我们可以对不可抗力和意外事件作规范理解,使不可抗力能够容纳导致合法行为不可苛求的心理强制,进而使心理强制下的防卫过当和避险过当无罪,并使意外事件能够容纳不具有不法意识的情形。㊺ 采取这种解释的唯一问题是,不可抗力和意外事件必须不是出于故意或者过失,这需要否定在构成要件阶段已经确认的故意或者过失。对此,考虑我国刑法所采纳的实质故意概念,可以通过故意、过失的双重定位解决。㊻ 在本案中,章某某屈服于刘某等人的威逼,为了保全自己的生命做出了杀人行为,虽然他对构成要件结果持消极希望态度,但不能认为他同时怀有对法的敌视或漠视心理,从他获

㊺ 我国学者已经提出,应将我国《刑法》第16条关于意外事件和不可抗力的规定理解为没有期待可能性,参见前注㉖,黎宏:《刑法学总论》(第2版),第216页以下。

㊻ 基于对我国刑法中实质故意概念的认识,有学者在不法意识问题上主张故意说,参见黎宏:《刑法总论问题思考》(第2版),中国人民大学出版社2016年版,第235页以下;何庆仁:《中国刑法中的违法性认识理论》,第四届中德刑法研讨会"信息时代的责任论"会议论文集,2017年9月于杭州;陈璇:《责任原则、预防政策与违法性认识》,载《清华法学》2018年第5期。采纳不法意识故意说的一项风险是,当承认故意是不法要素时,便存在自我指涉的逻辑谬误。其解决方案有二,一是否认故意属于不法要素,二是认可故意的双重定位。这里罪责层面的实质故意不同于德国刑法理论中功能受限的罪责故意,纳入不法意识和不可苛求性的实质故意亦即法敌对意识,相应地,实质过失即法漠视态度。

得释放后立刻报警这一点体现出他对其行为社会危害性的反对态度。换言之,对结果的意愿仅需根据行为选择来判断,对法的态度则须结合意志是否受强制来判断。因此,章某某在不可抗力之下杀死了甲谷某某,不具有责任故意。

综上所述,虽然避险过当和胁从犯的规定能在一定程度上减轻章某某的刑事责任,但更理想的方案是通过对不可抗力进行规范理解,否定章某某具有责任故意。如果认定避险过当或胁从犯,后续还应审查自首、立功情节,这里已认定免予刑责,故无必要进行后续审查。

(3)中间结论。章某某因不可抗力而不承担刑事责任。

5. 结论

章某某实施了导致他人死亡的违法行为,但因不可抗力不承担刑事责任。

(二)故意杀人罪的间接共同正犯

通过强迫章某某杀人的行为,刘某等人可能根据《刑法》第232条结合《刑法》第25条,因成立故意杀人罪的间接共同正犯受刑事处罚。

1. 预审查

(1)共同犯罪的预审查,即二人以上、共同行为与故意犯罪。

①该行为由四人共同实施,属于二人以上。

②刘某等人基于共同犯罪计划,共同实施了逼迫章某某杀人的行为,属于共同行为。

③故意杀人罪属于故意犯罪。

(2)间接正犯的预审查。间接正犯是指通过他人实施犯罪的情况,成立间接正犯的前提是他人造成刑法上的重要事态但存在某种犯罪性缺陷。[47]

①刑法上的重要事态。刑法上的重要事态是指实现某一客观构成要件、导致某一构成要件结果,或达到以上情况的着手实行阶段。章某某的行为造成了甲谷某某的死亡,实现了故意杀人罪的构成要件。因此章某某的行为造成了刑法上的重要事态。

---

[47] 是否存在"完全犯罪性正犯后的正犯"是一个极具争议的问题,参见[德]克劳斯·罗克辛:《德国刑法学总论(第2卷):犯罪行为的特别表现形式》,王世洲等译,法律出版社2013年版,第34页以下、第39页。这里采取一种稳妥的部分定义,即幕前人存在某种典型的犯罪性缺陷是幕后人成立间接正犯的一个充分条件的必要组成部分。

②犯罪性缺陷。犯罪性缺陷,是指因不符合构成要件、不具有故意或特定目的、行为被正当化、无责任能力、具有免责事由等原因不承担刑事责任或刑事责任显著减轻。[48] 如上所述,章某某因不可抗力这一免责事由不承担刑事责任。因此章某某的行为存在犯罪性缺陷。

2. 客观构成要件

故意杀人罪间接正犯的客观构成要件是,通过错误、强制或权力组织等方式,从意志上支配了他人的杀人行为。在本案中,刘某等人通过强制手段取得了对章某某的意志支配,并利用章某某的行为杀死了被害人甲谷某某。

3. 主观构成要件

故意杀人罪间接正犯的主观构成要件是故意,即利用他人行为杀人的认识和意欲。刘某等人认识到自己的逼迫将使章某某实施杀人行为,而追求这一结果发生,这一结果是实现其他目标的手段不妨碍刘某等人成立积极的希望故意。

4. 刑事责任

①正当化与免责。刘某等人不具有正当化或免责事由,应当承担完全的刑事责任。

②主犯与从犯。在逼迫章某某杀人的过程中,刘某、岳某、陈某起主要作用,成立主犯。考虑冯某为女性,对心理强制的贡献可能较低,可以考虑认定为从犯。[49]

5. 结论

刘某等人逼迫章某某杀死甲谷某某的行为成立故意杀人罪的共同间接正犯,其中刘某、岳某、陈某为主犯,冯某可以认定为从犯。

---

[48] 这里承认在刑事责任显著减轻的情况下能够成立间接正犯,是因为存在以下多种情况:幕前人不具有故意时可能构成过失犯罪;幕前人不具有特定目的时可能构成较轻犯罪;幕前人由于减弱的责任能力或可避免的禁止错误而受到幕后人的摆布等。在此意义上,即使不认可通过不可抗力免除刑事责任的方案,也可因减轻、免除处罚事由的存在,认定刘某等人构成间接正犯,但这并非没有争议。

[49] 宜宾市中级人民法院在全案中认定冯某为从犯,并判处了较低的刑罚,参见前注①,李玲、李妮:《宜宾宣判一起重大绑架杀人案:三主犯被判死刑　其中一人缓期执行》。

五、刘某等人以录像相威胁的行为

(一)敲诈勒索罪(《刑法》第274条)未遂的共同犯罪

以录像相威胁要求章某某支付赎金的行为,刘某等人可能根据《刑法》第274条结合《刑法》第23条、第25条,因敲诈勒索罪未遂的共同犯罪受刑事处罚。

1. 预审查

(1)犯罪未遂的预审查,即未遂可罚且犯罪未得逞。

①对于敲诈勒索罪而言,刑法设置了数额限制,因此其既遂形态亦不一概处罚。根据最高人民法院、最高人民检察院《关于办理盗窃刑事案件适用法律若干问题的解释》第12条、《关于办理诈骗刑事案件具体应用法律若干问题的解释》第5条对其他财产犯罪以数额巨大财物为目标时处罚未遂的精神,以及《关于办理敲诈勒索刑事案件适用法律若干问题的解释》第8条对未取得财物时罚金额度的规定,可以肯定以数额巨大财物为目标的敲诈勒索未遂具有可罚性。本案涉及的是数额特别巨大(1亿元)的财物,因此未遂可罚。

②敲诈勒索罪的构成要件实现是指成功索取财物。在本案中,刘某等人并未实际取得财物,故构成要件并未完全实现,犯罪未得逞。

(2)共同犯罪的预审查,即二人以上、共同行为与故意犯罪。

①本行为仍由四人共同实施,属于二人以上。

②刘某等人基于共同犯罪计划,共同以录像胁迫章某某交付钱款,属于共同行为。

③敲诈勒索罪属于故意犯罪。

2. 主观要件

刘某等人必须具有犯罪决意,即完整的构成要件的故意与非法获利目的。

(1)敲诈勒索罪未遂的一般主观要件是,针对敲诈勒索罪完整客观构成要件的故意。本罪的客观构成要件包括:①强制手段。即暴力或威胁,其中暴力是指未达到压制反抗程度的物理强制,威胁是指以行为人可能影响其发生的严重恶害相要挟,恶害是指任何一种不利或价值减损。②强制结果。即被勒索人出于恐惧心理交付自己或第三人的财产。[50] ③被害人遭受财产损失。财产损失是指由财产移转导致的财产减少未获得直接的、相当的经济补偿。④行为人或第三人取得财产。在我国刑法中,敲诈勒索罪的既遂要求取得财产,取得是指获得财产利益,这里要求财产的同一性,即行为人或第三人取得的正是被害人损失的财产。故意如上所述是指对客观构成要件的认识和意欲,在这里是指认识到自己的强制行为将使他人出于恐惧心理被迫交付财产并遭受财产损失,从而使自己或第三人取得财产,并希望或放任这种结果发生。在本案中,刘某等人强迫章某某杀人并拍摄录像,以使其承担刑事责任相威胁,并希望以此迫使章某某向其交付 1 亿元。因此刘某等人具有针对敲诈勒索罪完整的客观构成要件要素的故意。

(2)敲诈勒索罪的特别主观要件是非法获利目的。[51] 获利目的,是指使自己或第三人财产增加的意思。由于我国《刑法》中敲诈勒索罪的既遂要求行为人或第三人取得财产,故该目的包含于故意中,单独讨论的意义仅在于确认其非法。非法是指无合法请求权,由于我国《刑法》规定中未设立强制罪,因此具有合法请求权但使用非法强制手段也被认定为非法。刘某等人使用非法强制手段,且对章某某并无合法请求权,因此具有非法获利目的。

(3)中间结论。刘某等人以录像相威胁的行为符合敲诈勒索罪未遂的主观要件。

3. 客观要件

敲诈勒索罪未遂的客观要件即着手实行。在着手实行的判断标准上,我国存在形式的主客观相统一说、实质客观说和实质的主客观混合说等观点的

---

[50] 我国传统理论一般称为"迫使被害人交付财物",参见前注⑬,王作富:《刑法分则实务研究(中)》(第 5 版),第 1020 页。有力学说则使用了"处分财产"的说法,参见前注⑩,张明楷:《刑法学》(第 5 版),第 1017 页。在德国刑法中,有关于勒索罪是否要求财产处分的讨论[Vgl. Mitsch (Fn. 34), S. 599 ff.],由于在我国某些财产性利益本来就可以成为盗窃、抢夺、抢劫罪的对象,故这一讨论在我国不具有特殊意义,但出于审慎,这里暂且不使用"处分财产"的说法。

[51] 我国传统理论泛泛地使用"非法占有目的"一说,随着比较研究的深入,近来出现了将我国刑法中的"非法占有目的"一律理解为"不法获利目的"的观点,也出现了在盗窃、侵占和诈骗等不同类型财产犯罪中区分"取得目的"和"获利目的"的意见。参见徐凌波:《论财产犯的主观目的》,载《中外法学》2016 年第 3 期;王俊:《非法占有目的的不同意义基于对盗窃、侵占、诈骗的比较研究》,载《中外法学》2017 年第 5 期。两种观点的一致意见是,至少在诈骗、敲诈勒索类型的财产犯罪中,涉及的是非法获利目的。

争议。传统观点采用形式的主客观相统一说,该观点认为,着手实行具有主客观两方面的特征,主观上决意实施犯罪实行行为,客观上行为具备实现构成要件结果的可能性,并对刑法保护的客体具有现实的危害和威胁。[52] 这种观点的根本立足点是主客观相统一原则,但问题在于未遂犯的主客观要件并不相互统一,"开始实行"的形式标准在适用中也存在诸多问题。有力学说提倡实质客观说中的危险结果说,该说主张,侵害法益的危险达到紧迫程度时便是着手。[53] 采取该学说意味着将不法完全理解为法益侵害及其危险,然而未遂犯表现为客观构成要件未完全实现,这里的危险应当与构成要件相关而非与法益相关。实质的主客观混合说也获得了部分学者的支持,这种观点认为,根据行为人的犯罪计划或者想象,行为对法益有直接危险时才是着手。其理由在于,离开行为人的意思对某些行为进行判断无法得出结论。[54] 但根据本文采取的审查步骤,犯罪决意已经先予审查。因此决定性的标准应从构成要件接近性中发现,[55]敲诈勒索最终即指无中间环节地开始实施强制行为。在本案中,刘某等人强迫章某某杀人并拍摄录像,是以使其承担刑事责任相威胁,无论采取何种标准都已经实行了敲诈勒索罪的手段行为。因此,刘某等人以录像相威胁的行为符合敲诈勒索罪未遂中的着手实行要件。

4. 刑事责任

(1)正当化与免责。刘某等人不具有正当化事由和免责事由,应承担完全的刑事责任。

(2)主犯与从犯。在强制行为的过程中,刘某、岳某、陈某仍然起主要作用,成立主犯。如上所述,考虑冯某为女性,对胁迫的贡献可能较低,可以考虑认定为从犯。

(二)本行为结论

刘某等四人构成敲诈勒索罪未遂的共同犯罪,其中刘某、岳某、陈某为主犯,冯某可以认定为从犯。

---

[52] 参见前注⑨,贾宇:《刑法学》(上册·总论),第217页。

[53] 参见前注⑩,张明楷:《刑法学》(第5版),第342页。

[54] 参见前注㉘,周光权:《刑法总论》(第3版),第275页。

[55] 参见前注㊼,克劳斯·罗克辛:《德国刑法学总论(第2卷):犯罪行为的特别表现形式》,第276页。

六、竞合问题

如上所述，刘某等人的劫持行为、强迫杀人行为和以录像相威胁行为，分别构成非法拘禁罪的共同犯罪、故意杀人罪间接共同正犯和敲诈勒索罪的共同犯罪。这里可能存在的问题是，非法拘禁罪属于持续犯，有可能将故意杀人罪与敲诈勒索罪夹结为一个犯罪整体（观念竞合）。根据域外学说，由于本案中故意杀人行为和敲诈勒索行为的不法都重于非法拘禁行为，故应否定这里的夹结作用。[56] 而我国《刑法》未对观念竞合作出规定，仅在第69条以下规定了数罪并罚，那么除了法律的特别规定以外，何时不适用数罪并罚便仅能根据"一事不二罚"原则推导出来。"一事不二罚"是指公民不因同一事实受到两次以上的处罚，那么适用"一事不二罚"原则的案件一般是指对同一事实可以作出多重法律评价的情况，除此之外能考虑的仅仅是据以作出不同法律评价的事实在实质部分相重合。在本案中，非法拘禁罪的评价重心是使用械具进行拘禁，故意杀人罪的评价重心是杀害他人，敲诈勒索罪的评价重心是以重大恶害相威胁，三者完全不相重合，故不适用"一事不二罚"原则。因此，对于本案中刘某等人的行为，应以非法拘禁罪、故意杀人罪和敲诈勒索罪数罪并罚。

七、最终结论

在本案中，刘某等人的行为构成非法拘禁罪、故意杀人罪和敲诈勒索罪，三罪数罪并罚，刘某、岳某、陈某在犯罪中起主要作用，应认定为主犯，冯某在非法拘禁罪中起辅助作用，在故意杀人罪和敲诈勒索罪中可能起次要作用，可以认定为从犯。章某某虽然违法地杀死了甲谷某某，但由于不可抗力而不承担刑事责任。

本文以章某某受迫杀人案为例，完整地展示了鉴定式案例分析的撰写方法。通过上述分析，笔者一方面对本案有关绑架罪部分的定性问题进行了全

---

[56] Vgl. Wessels, Beulke & Satzger (Fn. 35), Rn. 1284.

面澄清,认为胁迫被劫持对象在数月后交付所谓“赎金”的劫持行为,既不构成绑架罪也不构成抢劫罪未遂,而只构成非法拘禁罪;另一方面笔者也就受强迫行为的刑事责任问题提出了自己的系统性观点,即压制反抗的心理强制属于规范的不可抗力,具有排除责任故意的效果,受强迫者因不具有法敌视或法漠视态度而不承担刑事责任。

需要说明的是,在展开分析前,法律适用者实际上已经在头脑中对案件作出了预判断,从而把案件事实分解成多个部分,并按照法条竞合的一般规则确定每一部分中的审查顺序,这种三段论倒置现象无法一一在鉴定式案例分析中体现。尽管如此,鉴定式案例分析仍不失为保障法安定性的最佳手段。笔者希望通过此文抛砖引玉,为法律适用方法的推广作出一点微小的贡献。

Criminal Liability in Conduct under Duress

—An Expertise on the Manslaughter-under-Duress Case in Sichuan

Abstract: Whether the extorted and the kidnapped can be the same person in an offense of abduction, and why an offense of murder under duress can be excused, are two unsolved problems in the Judgment of the Manslaughter-under-Duress Case in Sichuan. Many other legal issues are also involved in this case, thus it could be an example to show the technique of the application of law through an expertise. In this case, the conduct of kidnapping does not constitute an offense of abduction or an offense of attempted robbery, but only an offense of false imprisonment. The conduct of threatening with gun and knife does not constitute any offenses in the positive criminal law of China. The conduct of killing under duress could be interpreted as a case of force majeure, and the coercing persons are indirect co-perpetrators. The conduct of threatening with the video of killing constitutes an offense of attempted extortion. The cores of these three offenses do not overlap with each other; therefore, a combined punishment should be inflicted.

Key words: Expertise; Technique of the Application of Law; Extorted Person; Force Majeure; Indirect Perpetration

清华法律评论(第十卷第一辑)
第199~218页

虚假诉讼“关联犯罪”的教义学展开及实务检讨

陈文涛*

目　　次

摘　要　虚假诉讼的关联犯罪具有多种类型,在诉讼欺诈的场合,否定构成诈骗罪的否定说不但遗漏了对不法事实的评价,而且其具体的论理也存在问题,应当坚持肯定说的方向,肯定诉讼欺诈成立诈骗罪;在诈骗罪的认定中,法院的生效判决是诈骗罪的处分行为,将财产性利益或者现实的财物作为处分对象会产生具体结论的不同,需要认真选择;在诉讼欺诈之外,虚假诉讼的关联犯罪还存在其他犯罪类型,理论上应当将其内容、范围明确化,并就相关疑难问题予以解决。

关键词　虚假诉讼;关联犯罪;诉讼欺诈;财产损失;

---

* 中国民航大学法学院讲师,法学博士。

充分评价

《刑法修正案(九)》(以下简称《刑修(九)》)第35条增设了虚假诉讼罪,其中第3款规定"有第一款行为,非法占有他人财产或者逃避合法债务,又构成其他犯罪的,依照处罚较重的规定定罪从重处罚"。依该条文,以捏造的事实提起民事诉讼,除了构成虚假诉讼罪之外,还可能同时构成"其他犯罪"——本文将其称为虚假诉讼的"关联犯罪"。不同于《刑修(九)》草案明确地将关联犯罪界定为诈骗罪,《刑修(九)》并未就关联犯罪的内容或范围作出规定。① 这一立法留白,一方面使《刑修(九)》前的理论争议得以延续,其中最大的争议就是诉讼欺诈是否构成诈骗罪这一问题;另一方面也使对关联犯罪内容、范围的规整成为刑法教义学的命题之一。

"真正的知识不可能建立在概念的构建、融贯性的追寻或者抽象理论的提出的基础之上;相反,它应该建立在实证研究的基础之上。"②结束学说争鸣及完善教义学体系是一项艰巨的任务,实务中不断涌现的案件类型会对教义形成挑战,因此教义学体系必须汲取"经验主义的光芒"实现自我升华。本文的旨趣在于,立足于2010年来实务中关于虚假诉讼关联犯罪的判决,总结实践中面临的问题并展开讨论,使其与理论问题对接,并以体系化的方式加以应对。以下,本文将首先检讨关于诉讼欺诈的实务认定,结合理论上的聚讼对此展开论述;其后将一并检讨虚假诉讼行为中其他事实类型的实务认定。

一、诉讼欺诈的理论论断与实践难题

一直以来,围绕虚假诉讼行为所展开的讨论主要聚焦于诉讼欺诈是否构

---

① 刑修(九)草案规定"有前款行为,侵占他人财产或者逃避合法债务的,依照本法第二百六十六条的规定从重处罚"。但在草案审议中,有意见认为诉讼欺诈的行为也可能构成贪污罪、职务侵占罪等罪,一律规定为诈骗罪不尽合理,为此将本款修改为"又构成其他犯罪的,依照处罚较重的规定定罪从重处罚"。参见臧铁伟、李寿伟、全国人大常委会法制工作委员会刑法室主编:《〈中华人民共和国刑法修正案(九)〉条文说明、立法理由及相关规定》,北京大学出版社2016年版,第266页。

② [荷]扬·斯密茨:《法学的观念与方法》,魏磊杰、吴雅婷译,法律出版社2017年版,第6页。

成诈骗罪这一问题,此问题的争鸣在《刑修(九)》之后仍在持续。③ 但以往关于诉讼欺诈的理论一般只是“一刀切”地论断诉讼欺诈成立诈骗罪与否,否定说在否定成立诈骗罪之后,缺乏如何进行后续处理的论述;肯定成立诈骗罪的观点(肯定说)也往往回避诉讼欺诈这种诈骗类型中的诸多难题。特别是肯定说,其在理论上逐渐成为通说,在实务中也普遍被接受,就更加需要厘清在诉讼欺诈的场合,诈骗罪要求的处分行为的具体指向是什么;在成立诈骗罪的情况下,对犯罪形态和犯罪数额如何认定;在诉讼程序中达成和解的场合,是否有余地认定为诈骗罪。如果肯定说不能解决上述问题,就很难说其比否定说更具有说服力。

(一)诉讼欺诈的案件类型与实务裁判

关于诉讼欺诈的争论涉及的是这样的事实构造:非法占有目的——以捏造的事实提起民事诉讼——法院受骗作出错误裁判——被害人遭受财产损失或面临财产损失的危险——行为人获得财产或可能获得财产。在实践中,符合上述构造的典型诉讼欺诈案件具有以下类型:

1. 虚构债务通过虚假诉讼占有他人财物的案件

在“盛某某诈骗案”中,盛某某持被害人张某某出具的借条(欠款已经归还)向法院提起民事诉讼,并指使证人作伪证,被发现后撤诉,法院认定盛某某构成诈骗罪(未遂)。④ 但在“叶某某等妨害作证案”中,叶某某、朱某某指使章某伪造借条,由章某起诉D公司,骗取法院调解书,并在执行阶段由章某协助领取了部分执行款,法院认为叶某某、朱某某构成妨害作证罪。⑤

---

③ 肯定诉讼欺诈成立诈骗罪的观点参见肖怡:《〈刑法修正案(九)〉虚假诉讼罪探析》,载《法学杂志》2016年第10期;李翔:《虚假诉讼罪的法教义学分析》,载《法学》2016年第6期。否定论的观点参见高铭暄、陈冉:《论“诉讼欺诈”行为的定性——与“诉讼欺诈”定性诈骗罪论者商榷》,载《法学杂志》2013年第4期;王志亮:《虚假诉讼行为入罪初探》,载《东方法学》2016年第4期;杨兴培、田然:《诉讼诈骗按诈骗罪论处是非探讨——兼论〈刑法修正案(九)〉之诉讼欺诈罪》,载《法治研究》2015年第6期。

④ 参见杭州市中级人民法院刑事裁定书,(2013)浙杭刑再终字第1号;类似判决也参见佛山市中级人民法院刑事裁定书,(2016)粤06刑终1084号、常熟市人民法院刑事判决书,(2014)熟刑二初字第0245号、湖北省房县人民法院刑事判决书,(2015)鄂房县刑初字第00174号、上海市奉贤区人民法院刑事判决书,(2015)奉刑初字第1856号。

⑤ 参见浙江省金华市中级人民法院刑事裁定书,(2014)浙金刑一终字第35号;类似判决也参见绍兴市柯桥区人民法院刑事判决书,(2014)绍刑初字第53号。

2. 通过虚假诉讼骗取保险金的案件

在“谢某某保险诈骗案”中,谢某某伪造保险事故,指使帅某某起诉自己和保险公司,使法院判决保险公司支付帅某某保险金(事后帅某某将保险金交给谢某某)。法院认为两人触犯虚假诉讼罪和保险诈骗罪两罪,系牵连关系,应以保险诈骗罪定罪处罚。⑥ 但在“曲某甲、曲某乙妨害作证、帮助伪造证据案”中,曲某甲酒后驾车造成事故,由曲某乙顶替其作为事故驾驶员,二被告人办理保险理赔未果后,曲某甲遂以其父亲(车辆登记人)名义起诉,法院根据曲某乙的虚假陈述,判决保险公司赔付保险金。法院认为曲某甲指使他人作伪证,其行为构成妨害作证罪,曲某乙帮助伪造证据的行为构成帮助伪造证据罪。⑦

3. 通过虚假诉讼不法分拆房屋以多分得拆迁款的案件

在“王某先等诈骗案”中,王某先为在房屋拆迁中多获利益,出具虚假借条,由被告人王某强、贾某某提起民事诉讼,将房屋拆成三户,并各自通过安置补偿获得利益,法院认为三被告构成诈骗罪。⑧

可以说,在《刑修(九)》生效前后,对于诉讼欺诈类案件,实务中的处理并不一致。而且,实务对诉讼欺诈的处理并不一致,主要并非出于对事实认定的不同,而是出于对法律解释的分野,这一点与理论上的分歧形成呼应。相应地,在理论上存在否定诉讼欺诈构成诈骗罪的否定说和肯定诉讼欺诈构成诈骗罪的肯定说。作为结论,本文认为否定说及以此作为理论基底的司法判决存在的最大问题是,遗漏了对侵害财产事实的法评价,而且否定说的诸多论理也存在问题。

(二)对否定说论理的检讨

1. 三角诈骗否定论

在诉讼欺诈中,承担法院不利判决的当事人并没有陷入认识错误,财产(利益)的丧失是基于法院的错误裁判,因此诉讼欺诈不符合诈骗罪的典型构

---

⑥ 参见乐山市中级人民法院刑事判决书,(2016)川11刑终21号。

⑦ 参见烟台经济技术开发区人民法院刑事判决书,(2015)开刑初字第40号。

⑧ 参见青岛市市北区人民法院刑事判决书,(2015)北刑初字第257号;类似判决参见青岛市中级人民法院刑事判决书,(2016)鲁02刑终111号。

造。所以,肯定说一般从三角诈骗入手,⑨认为在受骗人与被害人不同一的场合,只要“受骗人具有可以替被害人处分其财产的权能或地位”⑩,就成立(三角)诈骗。对此,日本学者指出:“关于诉讼诈骗,虽然可以看到其不同于欺诈罪的一般情形的一面,但是,其基本事例包含着欺骗裁判所、使其陷入错误、基于财产性处分行为、使败诉者交付财物这种一系列过程,应该认为它仍然是欺诈罪(诈骗罪)的一种形态。”⑪针对上述观点,否定说釜底抽薪,直接否定三角诈骗属于诈骗罪的特殊类型,认为民事关系中的处分人本身就是受害人,只是基于民事代理委托等民事法律规定,转嫁了这一财产损失,因此一般所谓的三角诈骗的案件实际上就是典型的“二角诈骗”;而在诉讼欺诈中,处分人(法院)虽然被骗,但由于不存在损失转移的机制,因此处分者不是受害人,不成立诈骗罪。⑫

但否定说的上述论点存在疑问,在民事代理的情形,处分人最终没有损失,最终的损失承担者是“事后塑造的受害人”,这是基于民事法律规定;而在诉讼诈骗罪等三角诈骗中,尽管不存在这种基于民事法律的损失转嫁规定,但法院作为公法明确赋予权力的法律关系裁判者,虽然被骗,但最终也不承担财产损失,此处也存在类似的“损失的转嫁”机制,与民事代理等场合的差异仅仅是,前者基于民事法律规定,后者基于公法的规定。因此,在处分人不承担损失,被害人没有被骗这一点上,诉讼欺诈与一般所称的三角诈骗(如欺骗保姆取得主人财物)的情形没有区别,既然认为后者属于诈骗罪的情形(无论是典型诈骗还是三角诈骗),也就难以否认诉讼欺诈也属于诈

⑨ 也有观点认为“在诉讼诈骗与诈骗罪之间,并不需以三角诈骗作为桥梁”。参见赵冠男:《“诉讼诈骗”的行为性质》,载《法学》2015 年第 2 期。但该文也认为在诉讼诈骗中,法院是受骗人,实质上与承认诉讼诈骗属于三角诈骗的观点没有区别;该文认为诈骗罪的实质是“处分财产是否基于错误认识”,无非是认为三角诈骗内含于诈骗罪。

⑩ [日]山口厚:《刑法各论》(第 2 版),王昭武译,中国人民大学出版社 2011 年版,第 305 页。

⑪ [日]大塚仁:《刑法概说(各论)》(第 3 版),冯军译,中国人民大学出版社 2003 年版,第 282 页。

⑫ 参见杨兴培、田然:《诉讼欺诈按诈骗罪论处是非探讨——兼论〈刑法修正案(九)〉之诉讼欺诈罪》,载《法治研究》2015 年第 6 期。相似观点参见王飞跃:《论诉讼欺诈取财行为的刑法规制》,载《政治与法律》2012 年第 11 期。

骗罪的情形。[13] 因此,将诉讼欺诈排除在三角诈骗之外的观点并不足取。

2. 否认法院为财产处分人

有观点承认三角诈骗是诈骗罪的特殊类型,但认为诉讼欺诈不符合三角诈骗的构造。其理由为:首先,法院主要是根据法律、事实和诉讼请求对讼争财产进行权利确认,对讼争财产进行裁判的行为是确权行为而不是对财产的处分行为。在诈骗罪中,被害人受到欺诈而直接交付财物,但诉讼欺诈影响的是法院,而法院的裁决结果并不直接导致财产交付。其次,法院是中立方,法院与"诉讼欺诈"中各方当事人包括受损方没有任何法律上的利害关系或存在共同的利益,而在三角诈骗中,财产处分人与受害人即财产权利人往往具有法律上的利害关系甚至存在共同的利益,上述角色差异,充分说明了"诉讼欺诈"并不是三角诈骗。[14]

的确,法院裁判的主要目的在于确认讼争案件中的权利义务关系,这一点没有疑问。但在刑法上,处分行为与确权行为未必需要区分。由于法官在纠纷解决中的地位,"将法院的裁判解释为财产性处分行为,就使问题自然得以解决"[15]。也即确权行为同时也具有处分行为的性质,如有观点指出:"在任何一个民事诉讼中,原告提起诉讼,被告应诉,争议标的权属开始即处于不确定状态,与此同时,原被告双方也将争议财产的处分权暂时转交法院,因此裁判法官在诉讼中具有处分诉讼标的的权利。"[16]确权行为与处分行为针对的是同一对象,根据我国《物权法》规定,法院的裁判文书具有使物权关系直接

---

[13] 三角诈骗属于诈骗罪的特殊情形,现在基本被学界接受,本文不再赘述。关于三角诈骗属于诈骗罪特殊类型的论证,参见张明楷:《论三角诈骗》,载《法学研究》2004年第2期。关于诉讼欺诈(诈骗)也属于三角诈骗从而构成诈骗罪的具体论证,参见于改之、周玉华:《诉讼诈骗行为的定性及相关问题探究——从诈骗罪之行为构造的考察出发》,载《法商研究》2005年第4期。

[14] 参见高铭暄、陈冉:《论"诉讼欺诈"行为的定性——与"诉讼欺诈"定性诈骗罪论者商榷》,载《法学杂志》2013年第4期;相似观点也参见王志亮:《虚假诉讼行为入罪初探》,载《东方法学》2016年第4期。

[15] [日]大塚仁:《刑法概说(各论)》(第3版),冯军译,中国人民大学出版社2003年版,第282页。

[16] 李翔:《虚假诉讼罪的法教义学分析》,载《法学》2016年第6期。

发生转移的法律效果。[17] 因此,将确权行为与处分行为在刑法上作出区分并无实际意义,法院的确权行为完全可以等同于针对财产的处分行为。[18] 前述观点认为,由于法院是中立机构,与受害人不存在利害关系,因此否认成立诈骗罪,本文对此的回应是,只要承认法院具有处分的权限,事实上法院已经“卷入”利益纠纷当中,也并非与当事人之间的利害关系完全无关。所以,难以否定法院在三角诈骗中具有处分行为。但如后文所述,在诉讼欺诈场合,对处分行为的具体阐释是肯定说面临的难题。

3. 法院不能被骗的观点

否定说认为,在我国职权主义的审判模式下,法院具有独立的调查事实的权力,不可能被当事人的虚假诉讼行为所欺骗,甚至认为当事人也不具有提供真实证明的义务。[19] 该批判意见不具有说服力,在现实中法院不可能完全独立于当事人的主张调查证据,法院的裁判受制于当事人的陈述等证据是常态。对此,有学者指出,“法院不能被骗”的命题可从两个角度加以解读:一为法院“事实上”不可能被骗;二为“价值上”不应当认为法院能够被骗。前一个“事实命题”只能通过事实予以验证,而实践中大量发生的诉讼诈骗为“法院事实上不能被骗”提供了最好的反证。否定论者不顾事实而坚持认为应当怎样并无助于问题的解决。[20] 本文也认为,尽管民事裁判以“优势证据”作为证明标准,并不以客观真实为指向,但当行为人使用虚假的证据影响了法官的判断,使法官基于这一虚假的证据作出错误判决的,就可以证明虚假诉讼行为与法官的错误裁判之间具有合法则的条件关系。当然,在某些情况下,在法官即便知道存在虚假诉讼行为,但依民事诉讼追求的形式真实主义,

---

[17] 根据最高人民法院《关于适用〈中华人民共和国物权法〉若干问题的解释(一)》第7条,只有在分割共有不动产或者动产等案件中作出的改变原有物权关系的裁判文书才是《物权法》第28条所称的导致物权变动的法律文书。据此一般认为,只有形成判决和形成性调解才具有导致物权变动的效果,给付判决、确认判决不具有产生物权变动的效果。参见杜万华、最高人民法院民事审判第一庭主编:《最高人民法院物权法司法解释(一)理解与适用》,人民法院出版社2016年版,第203~226页。但上述只是对民事权利(所有权)在法律上变动的理解,在刑法上只要法益在事实上受到侵害,就可以认定作为构成要件的危害结果,因此在刑法上的判断未必需要与该司法解释保持一致,应当认为在虚假诉讼的场合所有类型的裁判文书均可以实质性地侵害被害人的财产法益。

[18] 参见郑泽善:《刑法分论争议问题研究》,中国人民大学出版社2015年版,第237页。

[19] 参见李林:《“诉讼诈骗”定性研究——以我国民事诉讼法为视角》,载《中南大学学报(社会科学版)》2010年第4期。

[20] 参见赵冠男:《“诉讼诈骗”的行为性质》,载《法学》2015年第2期。

仍不得不作出胜诉判决的场合,[21]考虑不存在结果回避可能性(因果关系),应当否定结果归责,行为人至多成立诈骗未遂。

也有观点认为,由于法院的介入,行为人通过虚假诉讼实现不法目的的可能性就不大,而且法院错判的情况也比较异常,因此难以认定虚假诉讼行为与被害人财产损失的相当因果关系。[22] 这种观点明显存在问题,刑法中规定的保险诈骗罪等犯罪,其不法目的实现的可能性也不大,保险公司被骗也显属异常,但没有观点以此为由否定保险诈骗罪的成立,因此实现不法目的的可能性小不应是否定诈骗罪成立的理由;而且,虽说法官具有独立调取证据以及独立判断证据真实性的能力,因此不容易被骗,但当行为人的虚假诉讼行为造成了使法官有可能作出错误判决的程度时,正好体现了行为人的骗术高明,更容易将该行为认定为诈骗罪的实行行为。

4. 谦抑性及主要法益方面的理由

否定诉讼诈骗构成诈骗罪的另一理由是,民事诉讼程序中设置了上诉制度和再审制度,可以给予当事人的财产权利予以救济,虚假诉讼对被害人的财产权利的侵犯可以消解于民事诉讼程序当中,从刑法谦抑性的角度,刑法不应当介入民事诉讼程序。但这一理由也难以成立,当行为人的虚假诉讼行为导致错误的一审判决时,说明该行为已经使被害人的财产陷入了高度的风险,在行为人实施可能使法院作出错误的判决的虚假诉讼行为时,已经是诈骗的着手。不能以将来错误判决具有被纠正的可能性来否定诈骗的成立,因为所有违法行为、犯罪行为造成的损失在法治国家均拥有法律救济的可能性,但这种可能性不足以构成刑法谦抑的理由。

另一否定诉讼诈骗罪的理由正如最高人民检察院法律政策研究室《关于通过伪造证据骗取法院民事裁判占有他人财物的行为如何适用法律问题的答复》所指出的"诉讼诈骗所侵害的主要是人民法院正常的审判活动",也有学者认为:"典型的诈骗罪的客体是单一的财产权,而侵财性的虚假诉讼在侵害他人财产权的同时更是破坏了正常的司法秩序,这也是虚假诉讼行为严重的社会危害性的体现,其复杂客体的特征并不符合诈骗罪的构成要件。"[23]但

---

[21] 参见[日]山口厚:《刑法各论》(第2版),付立庆译,中国人民大学出版社2011年版,第307页。

[22] 参见秦雪娜:《论诉讼欺诈的刑法规制》,载《政治与法律》2012年第11期。

[23] 王志亮:《虚假诉讼行为入罪初探》,载《东方法学》2016年第4期。

上述说法明显站不住脚,因为既然可以认定对财产法益的侵害,当然就有可能符合诈骗罪,至于行为是否又另外侵犯了其他法益,根本不构成否定诈骗罪成立的理由。同样,"主要客体""次要客体"的说法亦无法成为对侵害财产的事实放弃法律评价的理由,如果诈骗行为又侵害了其他客体从而符合其他犯罪,应该通过竞合理论予以解决,这也正是《刑修(九)》第35条第3款的旨趣。

综上所述,诉讼诈骗的受骗人是法官,法院基于认识错误而作出相应的裁判行为即为诈骗罪的处分行为,该处分行为使被害人丧失对财产的占有,因此诉讼诈骗符合三角诈骗的构造,从而该当诈骗罪的构成要件。法院在诉讼诈骗的场合可以成为受骗者,否定说的诸论理均经不起教义学的检验。

(三)肯定说面临的实践难题

否定说遗漏了对侵害财产事实的法评价,且具体的论理也存在问题,因此在理论方向上应赞成肯定说。但肯定说也面临诸多实践难题,为使肯定说更具说服力,需直面此类问题并提出理论上的解决方案。

1.处分行为的具体阐释

为了论定诉讼欺诈构成诈骗罪,需要将法院的裁判理解为对财产的处分行为,但如何对处分行为进行具体阐释是肯定说面临的难题。否定说指出,在诉讼欺诈中,行为人只能通过强制执行程序才能获得被害人的财产,因此法院的裁判并不直接导致财产的交付,因此就不是处分行为。㉔"法院的裁判结果形成后,该结果并不能直接导致财产交付行为,诉讼欺诈行为人的意志、被害人的财产状况、被害人上诉申诉等,均可能影响到财物能否转移占有以及如何转移占有。"㉕由此,否定说实际指责的是,法院的裁判不具有发生财产转移的直接性,被害人财物的占有转移还需要介入法院强制执行或被害人主动交付等其他行为,法院的裁判行为并不具有导致财物转移的直接性,因此就不是处分行为。

若仍然坚持肯定说,应对上述批评的第一种方案是,不将被害人的财产作为处分对象,而只将裁判文书所针对的财产性利益作为处分对象。以"斯

㉔ 参见高铭暄、陈冉:《论"诉讼欺诈"行为的定性——与"诉讼欺诈"定性诈骗罪论者商榷》,载《法学杂志》2013年第4期。

㉕ 王飞跃:《论诉讼欺诈取财行为的刑法规制》,载《政治与法律》2012年第11期。

某诈骗案”为例,斯某向L公司购买挖掘机,支付首付款人民币166,667元,L公司出具了相应金额的收条。后斯某持上述收条,虚构其个人另向L公司购买一台挖掘机并支付首付款166,667元,放弃购买后L公司未退回其该笔首付款的事实,起诉至法院要求L公司返还该笔首付款。法院判决L公司返还斯某166,667元。㉖ 在本案中,若不将166,667元的实际支付作为处分的对象,只将财产性利益作为处分的对象,那么法院判决生效时就已完成处分行为,因为被害人在此时负担了相应的债务,具有财产性利益的损失。

但该方案会面临以下质疑:第一,财产性利益是否可以成为诈骗罪的对象,理论上尚存在分歧。㉗ 第二,将财产性利益作为诈骗罪的对象,会将诈骗罪的既遂时点提前至法院裁判文书作出或生效之时,也即被害人负担债务或行为人的债务被免除之时,这与一般的审判实践相左。㉘ 第三,裁判文书所确定的债务与被害人最终受到的财产损失未必相同,正如有学者指出,法院判决被害人支付10万元,基于民事权利的可处分性,行为人既可以凭法院判决要求被害人支付10万元,也可以要求行为人支付1万元。㉙ 第四,如果存在一审、二审判决的情况下,应该将哪一审级裁判文书的制作视为既遂时点,也存在疑问。

上述前三点是整个财产犯罪共通的问题,并非诉讼欺诈所特有,本文对此不再详细展开,以免问题焦点的分散。本文对此的基本观点是:在解释论上将财产性利益作为诈骗罪的对象并不存在障碍,而且有其必要性;如果将财产性利益作为诈骗罪的对象,当法院的裁判确定被害人的债务时,就应该考虑成立诈骗罪既遂;成立针对财产性利益的诈骗罪后,可以将根据法院裁判发生的财产交付或执行视为共罚的事后行为,并不对已经成立的诈骗罪产生影响;同时,考虑民事审级制度,在理论上应当将生效判决的制作视为处分行为,相应地,也将判决的生效时点视为诈骗罪的既遂时点。但是,在被害人

㉖ 参见杭州市余杭区人民法院刑事判决书,(2013)杭余刑初字第1165号。

㉗ 肯定的观点参见张明楷:《财产性利益是诈骗罪的对象》,载《法律科学》2005年第3期。否定的观点参见聂立泽、高猛:《论财产性利益的刑法保护》,载《法治社会》2016年第3期;陈烨:《财产性利益与罪刑法定问题》,载《上海交通大学学报(哲学社会科学版)》2013年第5期。

㉘ 在“斯某诈骗案”中,法院认为“斯某已经着手实行犯罪行为,由于其意志以外的原因而未得逞,系犯罪未遂”。在我国司法实践中,在诉讼欺诈的场合,通常只在财产已经实际执行的情况下才认定诈骗既遂,参见江苏省徐州市中级人民法院刑事裁定书,(2015)徐刑二终字第54号。

㉙ 参见王飞跃:《论诉讼欺诈取财行为的刑法规制》,载《政治与法律》2012年第11期。

只负担债务的场合,就按照既遂处理,使其与被害人实际失去财物的场合处以相同的刑罚,可能不符合一般人的法感。因此可以说,第一种方案并非解决了所有的问题,其本身只是基于一定理论前提的立论,而且未必可以轻易在实务中得以贯彻。

相对地,第二种方案是,处分行为的对象是现实的财物,虽然也将法院的裁判作为处分行为,但将根据裁判的强制执行或被害人的自愿履行作为指向财产占有转移的因果经过的事实。[30] 如此,在前述“斯某诈骗案”中,应该将一审法院的判决看作针对财物的处分行为,但该处分行为需介入其他行为才能实现财物的现实的转移。这与以下情形具有类似的构造:行为人使用欺骗方法使被害人交付货物,但被害人将货物委托给快递公司现实地交付给行为人,此时认可被害人因认识错误将货物交付给快递公司的行为是对财物的处分行为,但该处分行为需要介入快递员的配送行为才能实现财物的现实转移。因此在“斯某诈骗案”中,一审法院的判决只有经过一系列因果流程(如判决的生效、财产的实际交付等)才能实现财物的现实转移,而在财产未现实转移前,就只能以诈骗未遂或中止论处。就本案而言,由于二审撤销了一审判决,行为人只能构成诈骗未遂。第二种方案符合一般审判实践,容易被司法实务贯彻,将行为人未现实取得财物的情形,按照未遂犯或中止犯处理,也契合一般人的法感。但是该方案也并非没有问题,在诉讼欺诈的场合,将一审裁判之后的一切事件均看作是处分行为之后的单纯的因果流程,抹杀其独立的意义,如此处理是否妥当,需要进一步追问。

综上所述,若要坚持肯定说,就有必要合理地解释在诉讼欺诈的场合诈骗罪的处分行为,对于本文提出的两种方案,可以说第一种方案在理论上更为顺畅,但较难为实务及一般人的法感所接受;第二种方案虽仍有需要追问之处,但容易被实务贯彻。总之,从问题的彻底解决而言,两种方案均存在不圆满之处,这一点可能会构成肯定说的“死穴”,值得理论上的持续重视。但就案件裁判理由而言,前述两种方案均具有一定的可取性,只要在司法裁判中加强说理,并一以贯之地用于案件的裁判,均可为诉讼欺诈的案件处理提

---

[30] 山口厚教授认为,被欺骗者的行为实施后,为了现实地转移物的占有,(1)在介入第三者的行为成为必要的场合;(2)如果被欺骗者的进一步实施的行为成为必要的场合,也有可能肯定被欺骗者行为属于对财物的处分行为。参见[日]山口厚:《从新判例看刑法》(第3版),付立庆、刘隽、陈少青译,中国人民大学出版社2019年版,第222~223页。

供理论支撑。

2. 犯罪数额的认定

与对处分行为的理解相关,在诉讼欺诈的场合如何认定诈骗数额也成为问题。按照第一种方案,诈骗数额为裁判文书所确定的金额。按照第二种方案,则应将被害人的实际损失认定为犯罪数额,在行为人未实际获得财物的场合,既然裁判文书确定的金额具有执行(履行)可能性,就应当以此作为犯罪金额而认定相应的未遂。比如,在"张某甲诈骗案"中,张某甲在明知被害人已偿还借款的情况下,变造"收条"这一证据,将被害人诉至法院,要求偿还借款共计 163,000 元。在法院审理中,张某甲自愿撤回要求被害人支付 30,000 元违约金的诉求,法院予以准许。后法院判决驳回张某甲的诉讼请求,张某甲提起上诉,二审期间经鉴定确认张某甲提供的"收条"系伪造,遂判决驳回上诉,维持原判。[31] 按照第一种方案,因一审和二审均未作出对张某甲有利的判决,不存在相应的生效判决,被害人的债务自始未被确定,所以只能按诈骗未遂处理。在法院审理过程中,张某甲自愿撤回 30,000 元违约金,由此法院就只可能针对 133,000 元作出判决,因此张某甲只能构成对该金额的诈骗未遂。按照第二种方案,张某甲因没有实际得到被害人的财物,也只能以诈骗未遂论处,与前述相同的理由,成立针对 133,000 元的诈骗未遂。

3. 和解的场合

按照肯定说,因法院的裁判行为是处分行为,所以诉讼欺诈符合诈骗罪的构造。问题是在双方当事人达成和解的场合应该如何处理,对此有学者指出:"行为人以捏造的事实提起诉讼,在庭审时使被告面临较大的败诉风险,行为人为了避免法庭进一步审查证据,要求与被告和解,在和解过程中行为人以被告败诉后将面临更大损失相要挟,迫使被告签下折中的和解协议。此时财产处分是由被告自己做出,且财产处分系出于对败诉造成更大损失的恐惧而做出,故上述原告的行为亦有成立敲诈勒索罪的可能。"[32]该观点具有其正确的一面,但本文认为需要将敲诈勒索罪的成立范围限制在行为人在提起诉讼之时就有利用诉讼风险使被害人产生恐惧而达成和解的意思的情形,否

[31] 法院最终判定张某甲构成诈骗未遂,参见江苏省常熟市人民法院刑事判决书,(2014)熟刑二初字第 0245 号。

[32] 李翔:《虚假诉讼罪的法教义学分析》,载《法学》2016 年第 6 期。

则就难以敲诈勒索罪论处。[33] 若不符合上述条件，行为人在一开始并不具有敲诈勒索的故意，而是法院在审理过程中因当事人双方和解由法院制作了民事调解书。依我国民诉法理论，法院调解的性质是人民法院依法行使审判权的一种方式，遵循查明事实、分清是非原则和合法原则。[34] 民事调解书虽然是根据当事人的意思制作，但法院在第三人合意的基础上附加了国家的裁判意志，使当事人的合意具有确定力、形成力和执行力的法律效果。[35] 因此，民事调解书是具有国家裁判意志的法律文书，骗取调解书的行为也有成立诈骗罪的余地。

二、非诉讼欺诈型关联犯罪的类型及认定难题

除了诉讼欺诈外，实践中还存在诸多虚假诉讼关联犯罪的事实类型。通过对我国实务中关于虚假诉讼关联犯罪的裁判文书的梳理，可以发现关联犯罪中大部分事实类型并不涉及诉讼欺诈的问题。但是，这些事实类型在实务中并非边缘性的犯罪，对关联犯罪的检讨不应将其排除在外。因此，本文接下来将首先对非诉讼欺诈型关联犯罪案件的范围加以明确，然后对该些关联犯罪在认定中的问题予以应对。

在《刑修(九)》之前，刑法并未就虚假诉讼行为设立独立的构成要件，因此实务中对虚假诉讼行为只能按照"其他犯罪"定罪处罚；《刑修(九)》第 35 条增设虚假诉讼罪，但事实上《刑修(九)》第 35 条并没有创设新的构成要件，对关联犯罪仍按照分则规定的"其他犯罪"的构成要件定罪处罚，因此该款属

---

[33] 当然，利用诉讼使他人产生恐惧是否为敲诈勒索的实行行为，也存有疑问。比如，有学者指出，诉讼本身是一种合法的解决争议的方式，即使诉求的利益不正当，但诉讼的方式是法律允许的，而敲诈勒索罪不仅要求行为人诉求目的不合法，实现其目的的方式也须为法律所不容，所以虚假诉讼的方式并非敲诈勒索罪的实行行为，参见卢建平、任江涛：《虚假诉讼的定罪问题探究——以 2012 年〈民事诉讼法〉修正案为视角》，载《政治与法律》2012 年第 11 期；相似观点也参见陈文涛：《权利行使行为与敲诈勒索罪的类型分析》，载《中国刑警学院学报》2019 年第 1 期。

[34] 参见张卫平：《民事诉讼法》(第 4 版)，法律出版社 2016 年版。

[35] 认为法院的调解书具有与法院判决一样具有导致物权变动的公权力基础的观点，参见杜万华、全国人大常委会法制工作委员会刑法室主编：《最高人民法院物权法司法解释(一)理解与适用》，人民法院出版社 2016 年版。

于注意规定,而非法律拟制。[36] 以下将非诉讼欺诈型关联犯罪的主要类型加以列举,并对实务处理进行探讨。

1. 利用职务便利通过虚假诉讼非法占有公司(单位)财物

利用职务便利侵占公司或公共财产,构成职务侵占罪或贪污罪,此时就失去了从诉讼欺诈的构造出发分析问题的必要。对此类案件,关键在于认定行为人有无利用职务便利,行为方式不是关键。比如,在"彭某某等职务侵占案"中,彭某某为Z公司法定代表人,其具有处分Z公司财物及在诉讼中与原告和解的职务权限,利用该职权便利虚增Z公司的债权,因而可以认定其成立职务侵占罪。在"姜某某等贪污案"中,姜某某为国有农场的场长,利用管理国有土地的职务便利编造虚假借款单,将土地转让给他人经营,可以认定其构成贪污罪。[37] 与之相反,在"李某甲等诈骗案"中,行为人李某乙为J公司普通职员,对J公司的财产并无管理的职权,因此其与李某甲的行为不能构成职务侵占罪,只能从诉讼欺诈的构造分析其是否成立诈骗罪。

2. 通过虚假诉讼不法转移财产以逃避债务或干扰执行

对于这类案件,实务中存在以诈骗罪处理的判决,比如,在"范某甲等诈骗案"中,范某乙(已故)、范某甲为把即将被执行的房款套出,指使陈某一持虚假借条提起民事诉讼,经和解后由法院制作调解书,后根据该调解书由法院将范某乙的某房产拍卖,由陈某一取走后交给范某乙。[38] 也有否定财产犯罪成立的判决,比如,在"丁某等拒不执行判决、裁定案"中,丁某对Q公司的债务承担连带责任,法院裁定查封丁某5处房产。丁某遂与杜某通过虚假诉讼的方式转移被查封的财产,致使判决无法执行,法院认为丁某构成拒不执行判决、裁定罪。[39]

对此笔者认为,在民事诉讼程序已经前置性地为财产权利提供救济途径的场合,刑法一般不应跨越民事诉讼程序去保护财产法益,这是由刑法的最后手段性决定的。换言之,在这类案件中,就民事权利关系而言,涉案财产的权属并未发生转移,虚假诉讼的行为人仍享有民法上对涉案财产的所有权,尽管第三人对此享有债权或具有胜诉可能性,但民事诉讼程序对这一债权或

[36] 参见张明楷:《刑法学》(第5版),法律出版社2016年版,第1092页。
[37] 参见黑龙江省哈尔滨市中级人民法院刑事裁定书,(2014)哈刑二终字第79号。
[38] 参见黑龙江省齐齐哈尔市龙沙区人民法院刑事判决书,(2016)黑0202刑初41号。
[39] 参见山东省临沂市罗庄区人民法院刑事判决书,(2014)临罗刑一初字第163号。

胜诉权已经提供了救济途径,刑法不应跨越民事法律关系而过于实质化认定刑法上的利益关系。比如,在"范某甲等诈骗案"中,范某乙作为被执行人的财产并未经法院执行,即使此时范某乙的财产处于被法院冻结、扣押状态,不能行使全部的所有权权能,但是无论如何,相应债权人并未获得其财产的所有权和占有权(需经民事执行程序获得该些权利),因此,范某甲等人并未侵害相应债权人现实的财产权利,将该种行为评价为诈骗罪等财产犯罪存在疑问。因为,就对即将被执行的财产而言,刑法设置了拒不执行判决、裁定罪和非法处置查封、扣押、冻结的财产罪,对行为人自己侵害该财产的行为论以财产犯罪有违法条间的协调。再者,我国刑法一般不处罚单纯逃避债务的行为(除拒不支付劳动报酬罪),为何在虚假诉讼的场合要处罚这一行为,也存在疑问。[40] 所以,对于不法转移财产以达到逃避债务或干扰执行的事实类型,本文认为其不具有侵害财产的性质,不应将其作为诈骗罪等财产犯罪处理,而应根据具体情况以妨害司法罪定罪处罚。

3. 利用虚假诉讼不法实现债权

被告人单纯为实现合法债权提起虚假诉讼,没有侵害他人财产权利,不应构成财产犯罪,而只能成立相应的妨害司法罪。比如,在"郑某某妨害作证案"中,郑某某为实现某债权,指使马某某以虚假的债权提起诉讼,法院制作调解书,确认郑某某向马某某归还欠款,法院认为郑某某构成妨害作证罪。[41]

实现债权的特殊案件类型是债务真实存在,却以虚假的请求权基础起诉来主张债权的,即为借名起诉案件。"章某某妨害作证案"为典型的借名起诉类案件,章某某与孙某之间存在承包合同纠纷,章某某享有对孙某的配套资金的请求权,但章某某假借洪某名义提起不当得利之诉,是以虚假的请求权基础来实现债权,也属于借名起诉的类型。对本案,法院指出,章某某明知孙某与H公司已在进行承包合同纠纷诉讼,却就该款项性质未向法院作如实陈述,且亦未在承包合同诉讼中提起反诉或辩解,而仍以洪某名义提起不当得利之诉……行为已妨碍正常诉讼秩序,浪费司法资源,损害司法公信。至于

---

[40] 有观点认为这种行为属于已转移财产,处分了案外第三人(债权人)的合法财产,因此构成诈骗罪,参见肖怡:《〈刑法修正案(九)〉虚假诉讼罪探析》,载《法学杂志》2016年第10期。但如前所述,这种观点存在疑问,因为此时不能确认对第三人造成了现实的财产权利的侵害。

[41] 参见江苏省常州市中级人民法院刑事判决书,(2016)苏04刑终339号。

上述款项系货款还是配套资金并不影响章某某妨碍司法秩序行为的认定。㊷法院在本案中以章某某对孙某存在真实债权作为考虑两人财产关系的基础,因此并未将对财产的侵害作为问题,而由于没有财产法益的侵害,本案也就不可能构成诈骗罪。

此外,通过虚假诉讼以实现处于争议中的债权,由于侵财事实无法证实,故不能作为诈骗罪等财产犯罪处理。比如,在“蒋某某等诈骗案”中,蒋某某等人伪造虚假的资产转让协议并以此起诉J公司,并通过法院取得了J公司的土地使用权及厂房。法院认为,公诉机关指控J公司的净资产为4,441,958.89元,三被告人诈骗数额特别巨大的事实,证据不足,本院难以认定,法院作出如此认定的原因在于,J公司财物审计比较混乱,可能存在负债。㊸ 所以,因蒋某某等人的行为也同时转移了J公司的债务,债权债务发生混同,故难以认定转让的行为具有对财产的侵害性,诈骗罪自然就难以成立。

4. 利用虚假诉讼不法实现房屋过户

对于此类案件要以是否导致国家税款损失作出区分对待。因欠缺不动产过户登记的必要手续,通过虚假诉讼将房屋过户(出售),除妨害司法秩序之外,所侵犯的只是政府对不动产的管理制度,并没有侵犯财产法益,此时一般也不应作为诈骗等财产犯罪处理。

但是如果在房屋不法过户中导致国家税款的损失,则可能存在财产损失,此时是否成立财产犯罪需要仔细探讨。在实务中,即使认定国家存在税款损失,一般也不作为财产犯罪处理,比如,在“张某某滥用职权案”中,张某某的虚假诉讼行为导致国家税款损失超过150万元,但一审只将其认定为滥用职权罪(共犯)中“情节特别严重”的基础事实。㊹ 在“崔某某滥用职权案”中,崔某某(法官)擅自凭林某提供的资料和模板伪造民事调解书等,结案22件,按撤诉处理4件,并向深圳房管部门送达协助执行通知书,使不符合深圳市住房限购规定的买卖双方实现房屋过户,导致国家税收损失。㊺ 法院只将国家的税收损失50余万作为滥用职权罪的危害结果。与此不同,在“管某某行贿案”中,法院认为管某某共提供了43宗虚假诉讼案件材料,通过××法

㊷ 参见浙江省绍兴市越城区人民法院刑事判决书,(2015)绍越刑初字第992号。

㊸ 参见浙江省绍兴市中级人民法院刑事判决书,(2012)浙绍刑初字第25号。

㊹ 参见广东省广州市中级人民法院刑事判决书,(2016)粤01刑终322号。

㊺ 参见湖南省衡阳市中级人民法院刑事裁定书,(2015)衡中法刑二终字第240号。

庭按照协助执行通知转移过户房产共50套,导致国家税收损失人民币4,179,187.03元,却只将该事实作为行贿罪“为谋求不正当利益”的不正当利益的现实化,并未将其认定为滥用职权罪。从上述实务的做法中可以看出,在房屋不法过户的案件中,如果当事人之间约定的房屋交易或者抵债价格低于市场价或实际交易价,会导致国家的税款损失,但这类案件往往都是与法官合谋的类型,也就是法官利用职权作出“虚假”的文书使房屋不法过户并导致国家税款损失,对此实务一般并不将其作为财产犯罪处理。

本文认为,上述实务做法从结论上来讲具有可取之处,理由在于:其一,这类案件中,当事人与法官勾结,法官没有被骗,不符合三角诈骗的构造,因此就难以构成诈骗罪;其二,该税款的损失与法官的裁判文书之间并没有直接因果关系,正如在“赵某甲滥用职权案”中,法院认为核定税款的是税务部门而非法院,原则上法院的裁判文书并非税款核定的依据,因此税款损失难以归责于法院的裁判行为,[46]既然不存在财产损失的危害结果,相应的其他财产犯罪也就难以成立。对该些案件可以根据案情成立相应的渎职类犯罪,相应的行为人构成渎职类犯罪的共犯,因为渎职类犯罪对结果的归责的要求比财产犯罪要低,一些不具有直接性、相当性但具有一定相关性的危害结果也可以实现滥用职权罪的结果归责,亦即在该罪中其因果关系与结果归属具有自身的特点,一般采取条件说的标准肯定因果关系与结果归责。[47]

5. 通过虚假诉讼不法认定驰名商标

这类案件中不存在因法院裁判而遭受财产损失的被害人、没有对财产法益的侵犯,因此不构成财产犯罪,比如,在“廖某某帮助伪造证据案”中,为了使商标认定为驰名商标,廖某某让文某等充当虚假侵权被告,并请人制作虚假侵权网页,由两家公司提起诉讼(法院开庭后撤诉)。[48] 或许有观点认为,不法认定驰名商标后,将会侵犯其他商家的商标注册权或者产生商标使用费,但商标注册权并非财产权利(我国刑法将侵犯知识产权罪与侵犯财产罪置于不同章节),商标使用费的支付只是在将来可能发生的潜在侵害,难以将其认定为财产罪的损害结果,并且也不存在相应的实行行为。

---

[46] 参见河北省灵寿县人民法院刑事判决书,(2014)灵刑一初字第00083号。

[47] 参见张明楷:《刑法学》(第5版),法律出版社2016年版,第1240页。

[48] 参见昌吉回族自治州中级人民法院刑事判决书,(2013)昌中刑终字第119号。

三、关联犯罪认定中的其他问题

1. 对不法事实的充分评价

前述已经指出,否定诉讼欺诈成立诈骗罪的观点遗漏了对侵害财产事实的法评价。除此之外,虽然不是诉讼欺诈的类型,但虚假诉讼行为又侵害了财产法益的,也应当以相应罪名对该法益侵害作出评价。比如在"鲁某非国家工作人员受贿案"中,法院仅以非国家工作人员受贿罪对鲁某定罪,这就遗漏了鲁某与他人串通侵害公司财物的事实的评价。事实上,李某利用职务便利侵害公司财产的行为完全符合职务侵占罪的构成要件,对鲁某应以相应的妨害司法犯罪和职务侵占罪(想象竞合)和非国家工作人员受贿罪数罪并罚。与此相对,在"彭某某等职务侵占案"中,法院认定其成立职务侵占罪;在前述"姜某某等贪污案"中,法院认定其构成贪污罪,都做到了对侵财事实的充分评价,值得认可。

2. 妨害司法罪认定中的混乱

前文已经指出在存在财产侵害的场合,需要对不法事实进行充分的评价,仅仅以妨害司法罪进行处理遗漏了财产侵害的不法评价。不仅如此,但在《刑修(九)》生效前,实务中以妨害作证罪和帮助伪造证据罪对相关案件进行处理也存在问题。

在《刑修(九)》生效前,我国司法实务对虚假诉讼中指使他人作伪证或者伪造证据的行为一般以妨害作证罪论处。比如在"阮某妨害作证案"中,阮某为使其前妻周某分担一部分在二人婚姻存续期间向他人所借的欠款,找到张某冒充债权人,伪造了两张其向张某借款的借条,并由张某提供了相关取款凭证作为书证,由张某作为原告将自己和前妻周某起诉至法院,法院认为阮某为了提起虚假诉讼而指使他人提供虚假的证据,其行为已构成妨害作证罪。[49] 在前述"章某某妨害作证案"中,章某某指使洪某提起虚假诉讼,辩护人认为妨害作证罪"他人"不包括作为原告的洪某,但法院认为"证人"应包括原告、被告等当事人。

---

[49] 参见杭州市上城区人民法院刑事判决书,(2010)杭上刑初字第393号。

本文认为,将当事人作为妨害作证罪中的"他人"并不妥当,因为当事人自己做虚假的陈述(伪证)并不是刑法处置的对象,在不存在共犯正犯化的规定(如帮助伪造证据罪)的情形下,将相当于其教唆或者帮助行为的指使行为作为犯罪处理,有违共犯从属性原理。但是如果行为人同时也存在帮助当事人伪造证据的行为,可以对行为人以帮助伪造证据罪论处,在上述"阮某妨害作证案"中,本文认为对阮某以帮助伪造证据罪处理更为合适。

另外,我国司法实务中对提起虚假诉讼的当事人往往以帮助伪造证据罪论处。比如在"史某犯帮助毁灭、伪造证据案"中,为逃避与毛某的债务,罗某指使史某以虚假材料提起诉讼,骗取人民法院作出民事调解书,法院认为史某构成帮助伪造证据罪。[50] 在"徐 A、朱某妨害作证案"中,为了逃避债务并参与对 D 公司的财产分配,徐 A(D 公司法定代表人)伙同朱某、徐 B 等人经事先共谋后向法院提起针对 D 公司的虚假民事诉讼,法院认为朱某、徐 B 受徐 A 的指使帮助伪造证据,向人民法院提起虚假诉讼,情节严重,其行为均已构成帮助伪造证据罪。[51] 上述判决的共同点是,将民事案件中的当事人作为帮助伪造证据罪的犯罪主体。如此的处理方式存在问题,帮助伪造证据罪本身预设了不处罚当事人的伪造证据行为,此一结论既可以从构成要件的角度得出,也可以从期待可能性的角度得出。[52] 因此上述判决存在过度扩张帮助伪造证据罪的处罚范围的问题。在《刑修(九)》生效前对提起虚假诉讼的当事人难于以妨害司法罪论处,该处罚空缺也正是虚假诉讼罪的立法理由之一。[53]

四、结语

司法实践的复杂性表明了《刑修(九)》第 35 条第 3 款"模糊立法"的正确性,定义虚假诉讼的关联犯罪是立法不能承受之重,必须在实务与理论的持续互动中才能将虚假诉讼关联犯罪的内容与范围明确化。以类型化的方

---

[50] 参见江苏省南通市中级人民法院刑事裁定书,(2015)通中刑终字第 00155 号。

[51] 参见浙江省武义县人民法院刑事判决书,(2016)浙 0723 刑初 570 号。

[52] 参见张明楷:《刑法学》(第 5 版),法律出版社 2016 年版,第 1087 ~ 1088 页。

[53] 参见秦雪娜:《论诉讼欺诈的刑法规制》,载《政治与法律》2012 年第 11 期;王志亮:《虚假诉讼行为入罪初探》,载《东方法学》2016 年第 4 期。

式将虚假诉讼关联犯罪的主要事实类型明确化并对其认定中的疑难问题加以解决,是刑法教义学的任务,也具有重要的实践价值。以往的理论将焦点置于诉讼欺诈这一事实类型的讨论上,既不全面,也欠缺对重要问题的深入研究。所以,本文全面梳理实务中出现的虚假诉讼关联犯罪的事实类型,检讨实务对此的处理,并提出相应的理论应对;同时也直面诉讼欺诈这一传统问题,指出否定说的问题点以论证在原则上赞成肯定说的妥当性。但是,在肯定诈骗罪成立的观点已经被实务普遍接受的前提下,对其进一步地清晰化就显得更为必要。在本文看来,就肯定说而言,其也存在难以克服的理论缺陷,但仍有可能将相应理论缺陷限定在一定范围内,以突显其对否定说的“相对优势”,本文提出的方案可以作为这一未尽任务的初步方案,以供实务参考,也期盼肯定说的进一步完善。

The Dogmatic Analysis and Practical Review on the Relevant Crimes of Fraudulent Lawsuit

Abstract: There are many types of relevant crimes in fraudulent lawsuit. In the case of litigation fraud, the negative theory of denying the crime of fraud not only omits the evaluation of illegal facts, but also has some problems in its specific theory. We should adhere to the direction of affirmative theory and affirm that litigation fraud constitutes the crime of fraud. In the determination of the crime of fraud, the effective judgment of the court is the act of disposition of the crime of fraud. Taking property interests or real property as the object of act of disposition will lead to different conclusions, should be seriously treat. In addition to litigation fraud, there are other types of relevant crimes in fraudulent lawsuit, which should be clarified in theory, and the relevant difficult problems should be solved.

Key words: Fraudulent Lawsuit; Relevant Crimes; Litigation Fraud; Property Loss; Full Evaluation

【调查报告】

清华法律评论(第十卷第一辑)
第221～259页

大图之谓
——中国法学院藏书情况调查

金文璇　赵　曜　张碧珊　关雯月*

目　　次

摘　要　文章通过检索中国百所高校法学图书馆对100位中外法学家著作的藏书情况,描绘了我国知名法学院校学术资源的现状。从中可以看到,教育部排名与高校图书馆的藏书量基本呈正相关关系,但部分院校的藏书情况与教育部排名并不相符,这一现象在B、C类高校中更

---

* 清华大学法学院2015级本科生。

本文部分内容曾发表于《法制日报》2020年4月8日、4月15日、4月29日、5月6日、5月13日、5月20日、7月8日、7月15日、7月29日、8月19日。本文的写作受启发于何海波老师的“法学论文写作”课程,并先后参加清华大学大学生研究训练计划(Student Research Training, SRT)和“挑战杯”论文比赛。课题组成员感谢何海波教授的指导。

加突出。首先,对于不同类型藏书的收录情况,藏书总规模与法学传统学科著作的相关性较强,而与法学新兴学科著作的相关性较弱;政法类院校实务著作的收录情况相对表现更佳,而综合性大学对于人文社科类著作的收录更为全面。其次,就外国学者著作的收录情况而言,总体上,外国著作占比较低,收藏外国学者著作越多的大学,外文原版书的比例也越高。至于不同年代学者所著图书的收藏情况,民国学者著作的收录情况与法学院的历史沿革紧密相关,出生于20世纪50年代的学者著作普遍最多,"70后"学者的著作则尚不丰富。最后,考虑院系特色与藏书的相关性,高校图书馆对本校学者著作的收藏更为全面,同时也存在针对自身定位的藏书偏好。本研究揭示了衡量法学院实力的一个创新标尺,为老师和学生了解法学院校提供另一可能的视角。

关键词 中国法学院;图书馆;藏书情况;法学院排名

一、研究意义

大学不仅是"大楼"与"大师"之谓,也应当有"大图"之谓。图书是高校人才培养中不可忽视的一环,大学图书馆的藏书情况是衡量一个大学实力的重要标尺。在我们关注的法学领域,图书的作用尤其明显。

然而,大学的藏书情况并未得到足够重视。目前,国内或国际高校院系的排名系统,均未将藏书情况列为测评的重要指标。将眼光聚焦于国内高校排名体系,以2017年年底教育部最新发布的第四轮高校法学院评估为例,其指标体系由"师资队伍与资源""人才培养质量""科学研究水平""社会服务与学科声誉"组成。① 教育部的排名并未考虑到图书馆藏书情况对于排名的影响。国际社会颁布的大学排名情况也不尽如人意。在U. S. News、英国泰晤士报、英国QS和上海世界大学学术排名这"四大榜"中②,U. S. News侧重

① 根据教育部补充发布的《第四轮学科评估指标体系及有关说明》,"师资队伍与资源"包括师资队伍与支撑平台两部分,根据专家意见,有关"支撑平台"这部分,人文社会学科不再单列基地等指标,但可在学科声誉中一并体现。可见"师资队伍与资源"一项中也并未包括藏书情况。

② 泰晤士报排名与QS本来为一家,于2010年分别独立发布排名。

于评价大学的科研实力[③],泰晤士报排名重视声誉评价[④],QS 更偏向主观指标[⑤],上海世界大学学术排名的指标则更为客观[⑥]。然而,上述排名体系均没有将硬件设施的优劣纳入测评指标[⑦]。图书馆藏书情况在高校评价体系中的缺失,令人遗憾。

本研究旨在从一个侧面即图书馆藏书情况对国内法学院校作出测评。具体而言,研究以教育部于 2017 年年底发布的第四轮学科评估结果[⑧]为切入点,将关注焦点集中于位列前 100 名的法学院校。在检索统计与数据分析的基础上,探讨图书馆藏书这一指标对完善国内法学教育评价体系的积极意义。

需要特别指出的是,在数字化技术发达的今天,尽管电子图书也可以满足学生和老师的部分需求,但传统的纸质阅读仍然不可替代。考虑到传统的阅读习惯和学术研究的便利程度,我们仍将纸质图书作为研究对象。有关纸质藏书的质量与数量至少能从一个视角体现一所法学院的实力。我们也希望,我们的研究能够唤起各方主事者对于法学藏书情况更多的重视。

③ U. S. News 测评指标包括:声誉指标(含全球研究声誉与地区研究声誉)、文献计量学指标(含论文数、专著与会议论文)、归一引用影响指标、总引用数指标、绝对数、相对数、国际合作论文数系数、学校层面的指标(含授予博士学位数与平均每一学术人员授予学位数)。

④ 泰晤士报排名测评指标包括:教学(含教学声誉、生师比、师均博士学位授予数、师均学校收入、博士学位授予数/学士学位授予数)、研究(含学术声誉、师均研究收入、发表论文数/[专任教师数 + 专职科研人员数])、科研质量、社会服务、国际化(含国际教师/国内教师、国际学生/国内学生、至少有一位国际合著者的论文占论文总数的比例)。

⑤ QS 测评指标包括:教学(含生师比)、研究(含学术声誉)、科研质量、国际化(含国际教师/国内教师、国际学生/国内学生)、毕业生质量。

⑥ 上海世界大学学术排名测评指标包括:教学质量、教室质量、科研成果、师均表现。

⑦ 关于"四大榜"的指标详情(中文版)可参见林岚涛:《中国大学"双一流"建设与世界一流大学评价指标研究》,载《教育文化论坛》2017 年第 2 期。

⑧ 2017 年 12 月 28 日,教育部学位与研究生教育发展中心公布全国第四轮法学学科评估结果,参见中国学位与研究生教育信息网,http://www.cdgdc.edu.cn/xwyyjsjyxx/xkpgjg/,最后访问日期:2020 年 8 月 1 日。本轮法学学科评估中,参评高校共计 144 所。最终评估结果取排名前 70% 的法学院校,归为 A、B、C 三类,共分 9 档公布(依次为 A+、A、A-、B+、B、B-、C+、C、C-)。上榜院校共计 100 所,其中 A、B、C 类法学院校各为 14 所、43 所、43 所。

二、样本选取

考察高校图书馆的藏书情况可以有不同思路。例如,选择某一学科统计藏书的种类数,但经过检索发现,各高校的检索系统对于图书的学科分类标准不同,因此这种统计方法误差较大。另一个思路是首先列出100种能够覆盖各学科的代表性书目,检索各图书馆是否有该藏书。但此种方法主观性较强,难以评判选取标准,且这100种图书样本数量偏少,不够有代表性。最终,我们拟定以作者为指标的统计方案,与选取100种图书相比,这种研究方案的检索数量更多,统计更周全。

具体思路是,选取共100名各学科有代表性的学者,依次统计图书馆收录各作者的作品种类数,通过数据对比,反映各图书馆的藏书范围。在样本的选取上,尽量考虑到学科分布、学校地域的多样性,同时考虑老中青学者比例,并加入一定数量的外国学者,以了解某一院校图书馆在书籍收录上的深度和广度、对学科新发展的关注程度。

(一)学科分布

评价法学院校藏书全面性的首要标准,在于馆藏的学科覆盖面。为判断图书馆对各法学学科是否均有涉猎,我们在学者列举中,首先尽量达到学科方面的平衡。列举学科包括:法学理论、法律史、宪法学、行政法学、刑法学、民商法学、诉讼法学、经济法学、环境与资源法学、国际法学、军事法学(见附表1)。从法学研究现状来看,环境法、军事法领域的学者和作品数量都相对较少,仅选取一位学者作为代表;经济法、法律史的二级学科、三级学科学者所占比例较低,并未单独列出;民商法、国际法分支学科较多,其中民商法学包括了主要研究领域为海商法、知识产权法等学科的学者,在样本选取时所占比例较高。

除各法学分支学科,在统计时还纳入了几位相关学科的代表学者,如经济学、社会学、历史学、政治学,希望能够以此考察院校对相关社会科学教育的关注程度。当然,综合性、社科类院校中此类图书可能具有量级上的绝对优势,若纳入过多相关学科领域的学者,在数据总量的呈现层面,可能会干扰法学藏书在研究中的主体地位。因此,为避免这一现象对结论的过度影响,我们仅选取 4 位学者作为样本,并未提高这一类学者的比重。

(二)机构、地域分布

在学科划分的基础上,考虑到可能会出现高校对本校教师作品收录较完整的情况,我们考虑在样本选取时尽量均匀学校分布(见附表 1)。例如,就学者的地域分布而言,某些地域的学者集中,需要考虑稍弱势地区的学者作品情况;某些学校受到关注的学者较少,也需要考虑弱势学校的情况。因此,在样本列表中,我们借助教育部评估排名,纳入来自资源相对分散地区、B 级 C 级院校的学者。但同时不能否认,在一些研究机构,如在教育部评估排名靠前的中国政法大学、中国人民大学、北京大学、清华大学以及中国社会科学院,有代表性的学者较为集中,因此在样本选取时也适当提高了这些机构的作者比例,上述前四所大学各选取四位学者,中国社会科学院选取三位为代表。此外,我们认为,图书馆也应当对实务界的发展有所关注,因此纳入来自法院、律师界、人大常委会等机构的学者。

(三)性别年龄比例

在上述两个标准交叉对比后,我们依据学者群体的性别、年龄结构,进一步调整学者名单(见附表 1)。首先,调整女性学者在国内学者中的比例,将其提高为 10% 以上;其次,调整学者年龄比例,以出生年份为标准,1970 年后出生的学者达到 10%,力求与学科发展现状保持平衡;另外,也纳入了一定数量的民国时期学者,以反映高校对我国法学早期研究成果的关注。在青年学者的选取考虑上,加入了"个人著作达到 5 本以上"的考量标准,一方面能够基本保证该学者在研究上有一定成果、具有代表性,另一方面也方便检索,有统计的意义。

(四)外国学者

我们认为,院校的国际化视野、比较研究能力也是重要的评价指标,因此,名单中外国学者的比例较高,共 40 位。由于不同国籍学者多有用英文写作的习惯,因此我们以作品语言为标准,统计以英文写作的外国学者作品种类。除英文,我国法律受德国、日本法律影响较大,对于两国法律研究较多,用德文、日文写作的学者也被纳入列表;法文在国际法、法哲学领域也有很重要的地位,我们也把用法语写作的作者作为一个指标。

从研究现实来看,国内对英文文献的学习与应用更为广泛,因此我们列举了 20 位用英文写作的学者,并参照国内学者的选取标准,兼顾学科、机构与年代的平衡(见附表2)。例如,在机构上,包括了法官和律师;在时期分布上,既包括现当代重要学者,也包括了对法哲学有深远影响的18世纪学者、19世纪的著名法官。此外,外国学者对中国法的研究也是英文文献中有趣的现象,因此,我们选取中国法学者安守廉(William Alford)为样本,进行相应统计。

德、日、法学者的选择则侧重反映各国研究对于现实法学研究发展的重要性。对于德国、日本文献的作者,我们主要考虑了宪法、刑法、民法领域的学者。法国文献则主要考虑重要的法哲学学者(见附表3)。

(五)其他说明

需要说明的是,许多优秀的学者甚至公认的学界泰斗并未列入列表,这是因为检索名单的列举并非优秀学者的评选,而是追求对各学科、各年龄段、各机构的学者的关注,以反映法学研究的现状,从而观察图书馆对于学术界发展的关注。

此外,除了分布均衡的考量,我们也在预检索后,根据实际情况还对列表进行了部分调整。例如,因为江平先生重名的情况较多,不再对其作品进行统计。总体来说,此类调整主要为了避免部分学者重名或使用笔名的情况,以方便检索统计。

三、检索方法

本研究以教育部评估排名前100所法学院校的藏书情况为研究对象,由课题组成员统一开展检索工作。鉴于抽样范围较广,我们主要通过网络检索这些高校图书馆的官网,从中获得每位学者著作的收藏情况。每所高校都有自己的馆藏书目检索系统,然而,有25所学校的图书馆主页只能由内网访问或图书检索功能仅对本校学生开放⑨。通过寻求相关院校学生的帮助,我们

⑨ 图书馆主页无法访问的学校有:中国人民公安大学、大连海事大学、上海政法学院、山西大学、上海对外经贸大学、首都师范大学;需要登录才能使用检索功能的学校有:华东政法大学、对外经济贸易大学、厦门大学、北京航空航天大学、辽宁大学、湘潭大学、西南财经大学、深圳大学、山西财经大学、安徽财经大学、武汉理工大学;图书检索结果加载不出来的学校有:中山大学、西北政法大学、中央财经大学、河南大学、华侨大学、贵州大学、西南民族大学、北方工业大学。

获得了其中5所学校的藏书数据[⑩];但由于人脉资源、调研时间以及预算经费的限制,部分学校的藏书数据未能收集。另外,不同学校的检索系统设计和图书编目方式并不一致,我们在检索过程中会针对特定的图书馆检索系统进行相应的策略调整。

(一)方法说明与结果处理

图书检索默认的检索路径通常是"题名""任意词"等,我们则需要切换为著者或责任者检索。对于合著、编著和翻译的作品,我们也将其计入该学者著作的总数中,因为这些作品同样能够反映不同法学院校学术资源的丰富程度。而在检索范围的限定上,我们会排除公共性的电子资源,并且选择"馆藏图书"而非"可借图书",以呈现图书收录的全貌。

在检索中国学者作品的藏书量时,我们直接使用该学者的全名作为检索词进行检索;日本学者也是如此,因为日本学者的中文译名基本固定并且较常使用。[⑪] 而其他国家的学者则相对麻烦,我们通常会使用或摘取其外文原名或中文译名作为检索词进行多次检索,以得到更为准确的结果。例如,我们会先搜索"汉密尔顿",浏览那些只显示姓而没有名的"汉密尔顿"是不是美国的"亚历山大·汉密尔顿";然后直接搜索"亚历山大·汉密尔顿",这里得到的结果一般都是所需的;接着搜索Hamilton,浏览那些著者没有中文译名的书目(多为英文原作);除非外文同姓的作者特别多,需要再加上名或中间名进行检索,否则便可加总上述检索中符合条件的图书得到结果。此外还需要注意有多种译名的情况,比如"阿玛尔"与"阿马"、"艾尔斯"与"艾瑞斯",这时也需要按照不同译名进行多次检索。

对于检索结果,我们会按出版日期或题名进行排序,再人工浏览一遍,把重复或不相关的从结果条数中减去。我们的处理原则是:对于分为多卷/册的学者全集,每一卷/册单独计为一本图书,这样能够更好地反映图书收录的全面程度;对于有多个版本或版次的图书,不同版本或版次算作多本,一是版本或版次在一定程度上影响图书质量,二是剔除同一作品的不同版本或版次也存在一定困难;对于同一出版年份同一出版社的同名图书,或者出版日期的显示方式略有不同而页数与价格等其他信息均保持一致的图书,减去重复

---

⑩ 包括华东政法大学、中山大学、中央财经大学、中国人民公安大学、西南财经大学。

⑪ 例外的情况如中山大学有专门的日文书库,我们便会使用日文原名在该书库中进行补充检索。

出现的图书条目;对于存在同名作家的情况,尤其学科领域明显不是社会科学方面的,减去与检索目标不相符的图书条目。[12]

检索时间为2018年6月7日至9月30日,前期主要进行预检索工作以选取样本和完善方法,7月开始进行正式检索。由于检索量较大且课题组人数有限,前后分为多次完成,但基本集中在3个月之内完成检索,对检索结果应当没有实质影响。

(二)可能存在的误差

采用上述的检索方法,我们已经较大程度地减少了误差,然而我们希望读者理解,即便如此,误差仍然可能存在。多数图书馆检索系统并未按照藏书种类进行有序归类,同一图书分散于不同页面,这给统计工作带来不小的挑战。例如,当我们检索史尚宽先生的著作时,发现一般会在同一年份出版史尚宽先生的《民法总论》《债法总论》《债法各论》《物权法论》等系列作品,这样就有可能在多个条目之后才重复出现同一出版年份同一出版社的同一图书,而人的记忆力是有限的,我们不能确保当出现这样的情况时将所有重复的条目均做了剔除。类似地,按照题名排序也会存在同一题名之下有多个版本或版次的情况,同样可能影响剔除的准确性。

图书信息的问题也可能导致误差。例如,同样是史尚宽先生的著作,当我们检索某大学图书馆时发现有两条1973年出版的《宪法论丛》书目,一个是荣泰印书馆出版,另一个则是“各大书店”;点进去查看两个条目的详细信息,其页数及价格均是相同的,我们通过搜索也确定了并不存在“各大书店”这家出版社,所以判断是图书信息不准确。我们无法保证所有这样的问题都能敏锐地察觉到,这也有可能虚增了藏书数量。

为了评估误差会有多大,我们抽检了包括武汉大学、复旦大学在内的8所学校[13],经比对原统计数据发现误差不超过5%。因此,虽然我们的检索结果可能存在误差,但不致有量级上的差异。当发现对一所学校藏书或一位学者著作的检索可能会出现问题时,我们会在之后对同一学校或学者的检索过程中更加仔细,以尽可能地减小误差。

---

[12] 可能会出现同名情况的中国学者主要有:季卫东、张千帆、刘艳红、王利明、张守文、邵建东、董保华等。

[13] 抽检的8所学校有武汉大学、复旦大学、安徽大学、海南大学、上海海事大学、新疆大学、北京工商大学、广西师范大学,抽取标准是编号个位数是5(随机选定)的学校。

四、检索结果与分析

我们将从以下几个方面,分析法学院的藏书情况:(1)藏书总体规模;(2)传统学科、新兴学科、法律实务、法学以外其他学科等不同类型著作的收录情况;(3)不同年代学者著作的收录情况;(4)外国学者著作的收录情况;(5)以院系传统为着眼点,探讨优势学科、学者、地域等因素与藏书的关联性。

(一)藏书总体规模

总体来看,法学著作的收录规模与教育部的法学学科评估结果呈正相关关系。等级越高的院校对应的藏书量也越高,并依照教育部排名呈现为三个梯队,依次为 A 类法学(3891 种)、B 类法学(2633 种)和 C 类法学(2108 种)。其中,第一、二梯队间的差距较第二、三梯队间的差距更为显著(见图 1)。

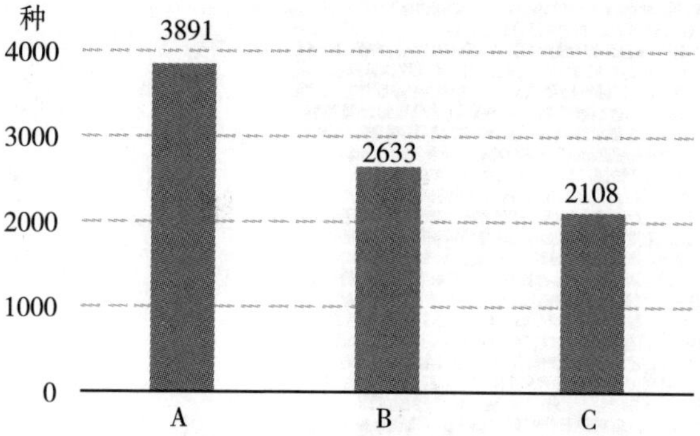

图 1 教育部法学学科评估分级平均藏书量

但是这一普遍现象并不能展现事实的全部。虽然 A 类法学占据榜单的前列,但仍有部分 B、C 类法学超越了教育部的评估位阶,与 A 类院校的藏书规模相当。藏书总体规模的前十名并非都是 A 类院校,还包括 2 所 B 类院校(复旦大学、中山大学)和 1 所 C 类院校(福建师范大学)。其中复旦大学更是以 4900 种的藏书量位居中国法学院校第一(见图 2)。

复旦大学
浙江大学
北京大学
中国政法大学
清华大学
华东政法大学
武汉大学
中山大学
中国人民大学
福建师范大学
海南大学
华中科技大学
西南政法大学
杭州师范大学
南京大学
苏州大学
中南财经政法大学
北京师范大学
广东财经大学
山东大学
浙江工商大学
上海交通大学
天津师范大学
南开大学
上海海事大学
南京师范大学
河南财经政法大学
四川大学
中国人民公安大学
广西师范大学
安徽大学
广西大学
黑龙江大学
湖南大学
烟台大学
内蒙古大学
华南师范大学
宁波大学
西安交通大学
湖南师范大学
吉林大学
福州大学
云南大学
北京交通大学
郑州大学
中央财经大学
北京工商大学
上海大学
广州大学
广东外语外贸大学
同济大学
兰州大学
江西财经大学
西南财经大学
华中师范大学
暨南大学
南京财经大学
重庆大学
上海财经大学
华南理工大学
中国民族大学
中国海洋大学
北京理工大学
北京外国语大学
新疆大学
中央民族大学
昆明理工大学
沈阳师范大学
河北大学
扬州大学
华北电力大学
东北财经大学
浙江财经大学
上海师范大学
甘肃政法学院
河北经贸大学
青岛大学
中南大学
河海大学
华东理工大学
0
500
1000
1500
2000
2500
3000
3500
4000
4500
5000 种

图 2　藏书总体规模

与A类法学院校相比,两极分化现象在B、C类院校更为鲜明。B类院校中藏书多者达3739种(海南大学),已接近A类平均收藏量;而少者仅有1263种(中南大学),甚至低于多数C类院校的收藏水平。在C类院校中,藏书量最少的为华东理工大学,仅有1017种,约为C类院校平均收藏量的二分之一。此外,东北财经大学、河北经贸大学、上海师范大学、青岛大学均低于1500种,法学著作种类较为匮乏。相反,福建师范大学、杭州师范大学、天津师范大学、河南财经政法大学、宁波大学在C类院校中较为突出,藏书量均高于2500种。以福建师范大学为例,该校就100位学者的藏书总数为3918种,远高于C类院校的平均水平(2108种),在藏书规模上已与A类院校相当。

(二)不同类型藏书的收录情况

法学著作的外延相当广泛。就研究视角而言,法学著作可以分为理论著作与实务著作。就学科体系而言,在法学学科内部,有传统学科与新兴学科之分;在宏观的人文社科领域,历史学、政治学、经济学、社会学等其他学科也与法学研究相辅相成。因此,下文将从传统学科、新兴学科、法律实务著作、其他学科著作等角度出发,对不同类型的图书收录情况进行归纳。

1. 传统学科

传统学科著作构成法学院藏书的主体,其规模远超环境资源法学、军事法学等新兴学科。这与传统学科悠久的发展历史、相对完善的研究体系相照应。在传统学科内部,刑法学与民商法学著作在数量上具有绝对优势。民商法学著作平均34种/人,刑法学著作平均58种/人,远超其他学科。相应地,法学院校间传统学科藏书量的差异,也集中体现在刑法学与民商法学著作上。此外,行政法学、法律史著作的收录量也存在较大差异。相反,国际法学、诉讼法学著作种类在各院校间的差异最小(见图3)。

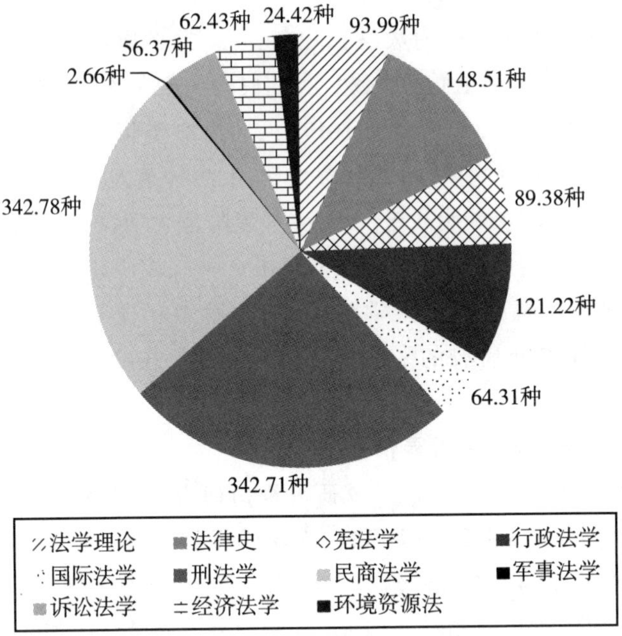

图3　二级学科著作平均收藏量

法学传统学科的藏书量与藏书总规模呈正相关关系。总的来说,藏书总量越高的,传统学科著作种类也越丰富。例如,海南大学、华中科技大学、福建师范大学虽为B、C类院校,但藏书规模相当可观,均高于3500种(见图1)。而通过观察传统学科著作的收藏量,可以发现,上述高校中该类著作均多于2500种,远超其他同类高校(见图4)。法学传统学科著作对提升藏书总体规模的贡献,由此可见一斑。

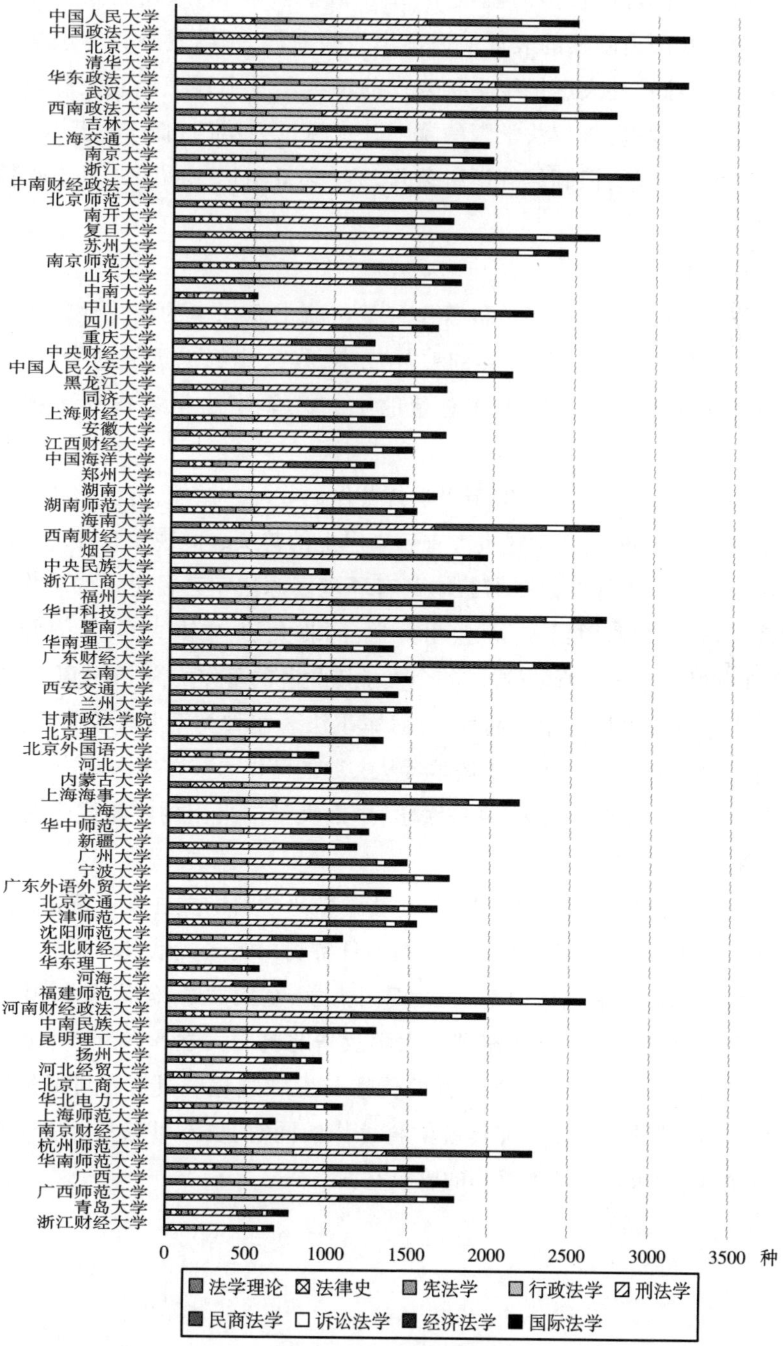
中国人民大学
中国政法大学
北京大学
清华大学
华东政法大学
武汉大学
西南政法大学
吉林大学
上海交通大学
南京大学
浙江大学
中南财经政法大学
北京师范大学
南开大学
复旦大学
苏州大学
南京师范大学
山东大学
中南大学
中山大学
四川大学
重庆大学
中央财经大学
中国人民公安大学
黑龙江大学
同济大学
上海财经大学
安徽大学
江西财经大学
中国海洋大学
郑州大学
湖南大学
湖南师范大学
海南大学
西南财经大学
烟台大学
中央民族大学
浙江工商大学
福州大学
华中科技大学
暨南大学
华南理工大学
广东财经大学
云南大学
西安交通大学
兰州大学
甘肃政法学院
北京理工大学
北京外国语大学
河北大学
内蒙古大学
上海海事大学
上海大学
华中师范大学
新疆大学
广州大学
宁波大学
广东外语外贸大学
北京交通大学
天津师范大学
沈阳师范大学
东北财经大学
华东理工大学
河海大学
福建师范大学
河南财经政法大学
中南民族大学
昆明理工大学
扬州大学
河北经贸大学
北京工商大学
华北电力大学
上海师范大学
南京财经大学
杭州师范大学
华南师范大学
广西大学
广西师范大学
青岛大学
浙江财经大学
0
500
1000
1500
2000
2500
3000
3500
种
法学理论
法律史
宪法学
行政法学
刑法学
民商法学
诉讼法学
经济法学
国际法学

图 4　传统学科藏书量

在传统学科著作较多的院校中,中国政法大学、华东政法大学与西南政法大学等政法类院校的表现最为突出。除浙江大学、复旦大学法学院等个别院校外,综合性大学传统学科著作的种类不及上述三所政法院校。以中国政法大学为例,该校法学院的藏书总规模位列第四,低于复旦大学、浙江大学及北京大学;但其传统学科著作的收藏量高达3000种,以500种的优势领先。

2. 新兴学科

与传统学科相比,新兴学科著作种类与藏书总规模的相关性较弱。大学图书馆中新兴学科著作种类的差异较小,收录比例也更加均衡。其中,环境资源法著作约占国内著作总量的1.5%,军事法学著作的比例约为0.2%。

多数法律图书馆兼顾了对新兴学科著作的收藏。诚然,传统学科藏书无疑居于领先地位,但新兴学科也大有后来居上的势头。此现象在环境资源法领域最为突出。所有大学图书馆均藏有环境资源法学者吕忠梅的著作。除甘肃政法学院、东北财经大学、兰州大学、河北大学、中南大学、上海师范大学、浙江财经大学等7所学校外,其余大学该学者的著作均为15种以上,在总藏书中占据一席之地。相对而言,虽然军事法著作种类不及环境资源法学,但仍有90%的高校收录了军事法学者丛文胜的著作。其在中国政法大学、西南政法大学、华东政法大学、复旦大学、中山大学图书馆的收藏量已超过10种,可谓全面(见图5)。

应当承认,仍有少数高校图书馆对法学新兴学科的关注度有待提高。共有8所大学未收录丛文胜的著作,基本不具备利用馆藏文献进行军事法学研究的条件。这些大学包括中南大学、四川大学、重庆大学、湖南大学、中央民族大学、北京外国语大学、华东理工大学及华北电力大学。作为学术资源的汇聚之地,法学图书馆在新兴学科的传播与发展过程中具有不可或缺的意义。因此,高校图书馆在扩充传统学科著作的同时,也不可忽视对法学新兴学科的关注,力求填补该类著作的收录空白。

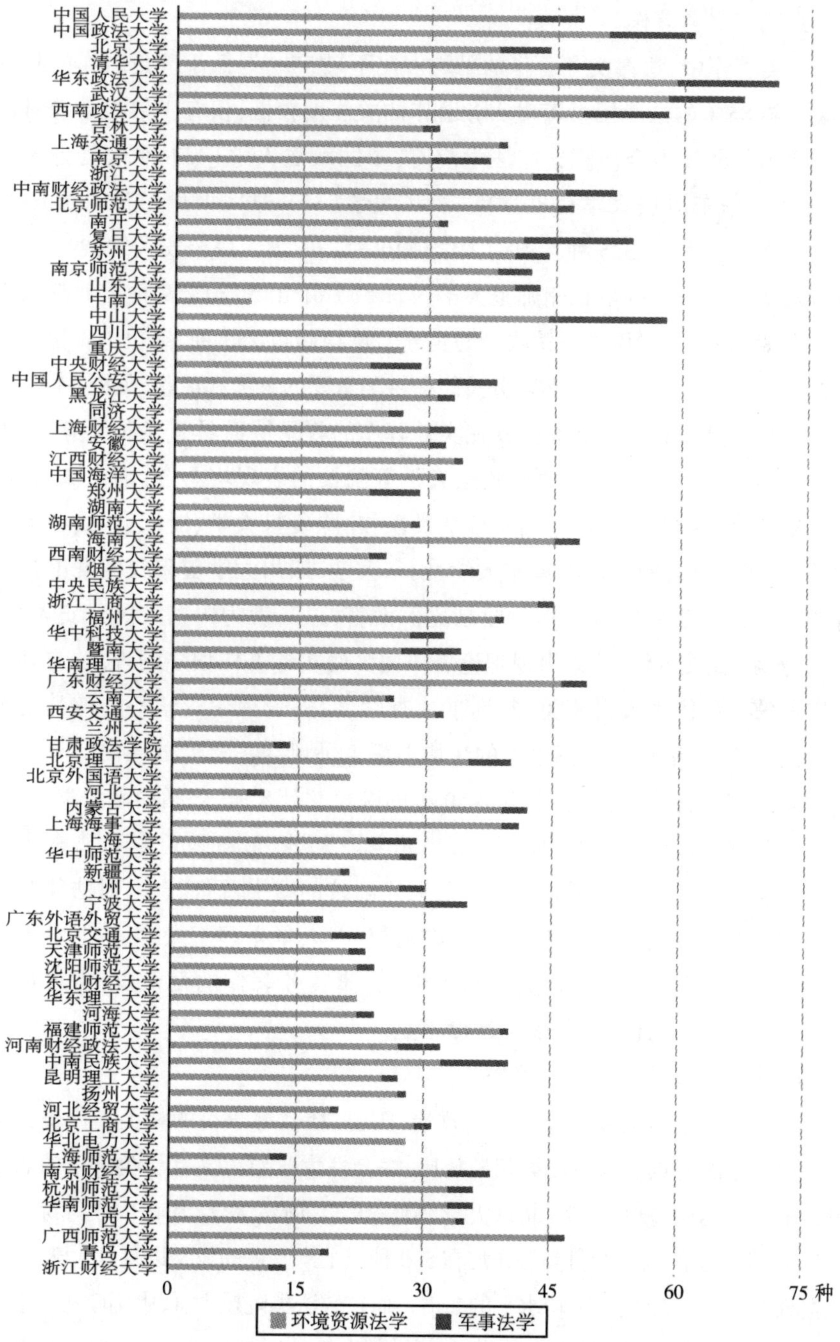
中国人民大学
中国政法大学
北京大学
清华大学
华东政法大学
武汉大学
西南政法大学
吉林大学
上海交通大学
南京大学
浙江大学
中南财经政法大学
北京师范大学
南开大学
复旦大学
苏州大学
南京师范大学
山东大学
中南大学
中山大学
四川大学
重庆大学
中央财经大学
中国人民公安大学
黑龙江大学
同济大学
上海财经大学
安徽大学
江西财经大学
中国海洋大学
郑州大学
湖南大学
湖南师范大学
海南大学
西南财经大学
烟台大学
中央民族大学
浙江工商大学
福州大学
华中科技大学
暨南大学
华南理工大学
广东财经大学
云南大学
西安交通大学
兰州大学
甘肃政法学院
北京理工大学
北京外国语大学
河北大学
内蒙古大学
上海海事大学
上海大学
华中师范大学
新疆大学
广州大学
宁波大学
广东外语外贸大学
北京交通大学
天津师范大学
沈阳师范大学
东北财经大学
华东理工大学
河海大学
福建师范大学
河南财经政法大学
中南民族大学
昆明理工大学
扬州大学
河北经贸大学
北京工商大学
华北电力大学
上海师范大学
南京财经大学
杭州师范大学
华南师范大学
广西大学
广西师范大学
青岛大学
浙江财经大学
0
15
30
45
60
75 种
环境资源法学
军事法学

图 5　新兴学科藏书量

3. 法律实务著作

各类著作中,法律实务著作的平均占比不足5%,远低于理论著作的收录规模。约85%的法律图书馆对实务著作的关注度较低,仅有少数法学院对该类著作的收藏较为全面。这些法学院有:中国政法大学(457种)、复旦大学(395种)、华东政法大学(380种),浙江大学(353种)、西南政法大学(343种)、广东财经大学(325种)、海南大学(316种)、中国人民公安大学(290种)、中国人民大学(289种)、杭州师范大学(271种)、中山大学(259种)、武汉大学(255种)。以上法学院图书馆收录的实务书籍均超过250种,涵盖了4位学者的大部分著作,为法学生掌握实务技能提供了重要的参考和借鉴(见图6)。

由此可见,第一,政法类院校在实务著作的收录层面具有显著优势,中国政法大学、华东政法大学、西南政法大学等院校的表现均不俗;第二,综合性大学实务著作的收录情况落后于政法类院校,除复旦大学、浙江大学、中山大学外,北京大学、清华大学、南京大学、山东大学、四川大学等院校的藏书量仍有待提高;第三,就实务著作的收录比例而言,最高者为中国人民公安大学,约10.6%(见图6)。该校出现理论著作偏少而实务著作偏多的现象,与其偏重实务的学科体系紧密相关,其刑事侦查学、治安管理学等学科的教学也偏重于法律实践,因此该校图书馆的法律书籍也呈现"实务化"的倾向。

与此相对,法律实务著作不足50种的院校共计8所,包括中南大学、甘肃政法学院、华东理工大学、河海大学、华北电力大学、上海师范大学、青岛大学和浙江财经大学。其原因在于,首先,上述高校的藏书总量较少,对法律实务著作的收藏也随之处于劣势。其次,在河海大学、华东理工大学、华北电力大学、中南大学等以理工科为主的高校中,法律实务著作的受众少,需求量较低,因此图书馆对此类著作的关注度不足。

4. 法学以外的其他学科著作

在传统的法学领域之外,经济、政治、历史、社会等学科的相关理论也是法学生们关注的重点。与政法类院校相比,综合性大学对人文社科类著作的收录更为全面。例如,复旦大学、北京大学、清华大学、浙江大学、中山大学等综合性大学中,非法学的人文社科类著作均在500种以上。上述高校又以复旦大学为最,此类藏书高达574种,为平均水平的2倍。而在政法类院校中,仅中国政法大学对人文社科类著作的收藏较为全面为489种,其余政法院校均低于400种。而西南政法大学甚至少于300种,远低于该校2800余种的法学著作收藏量(见图7)。

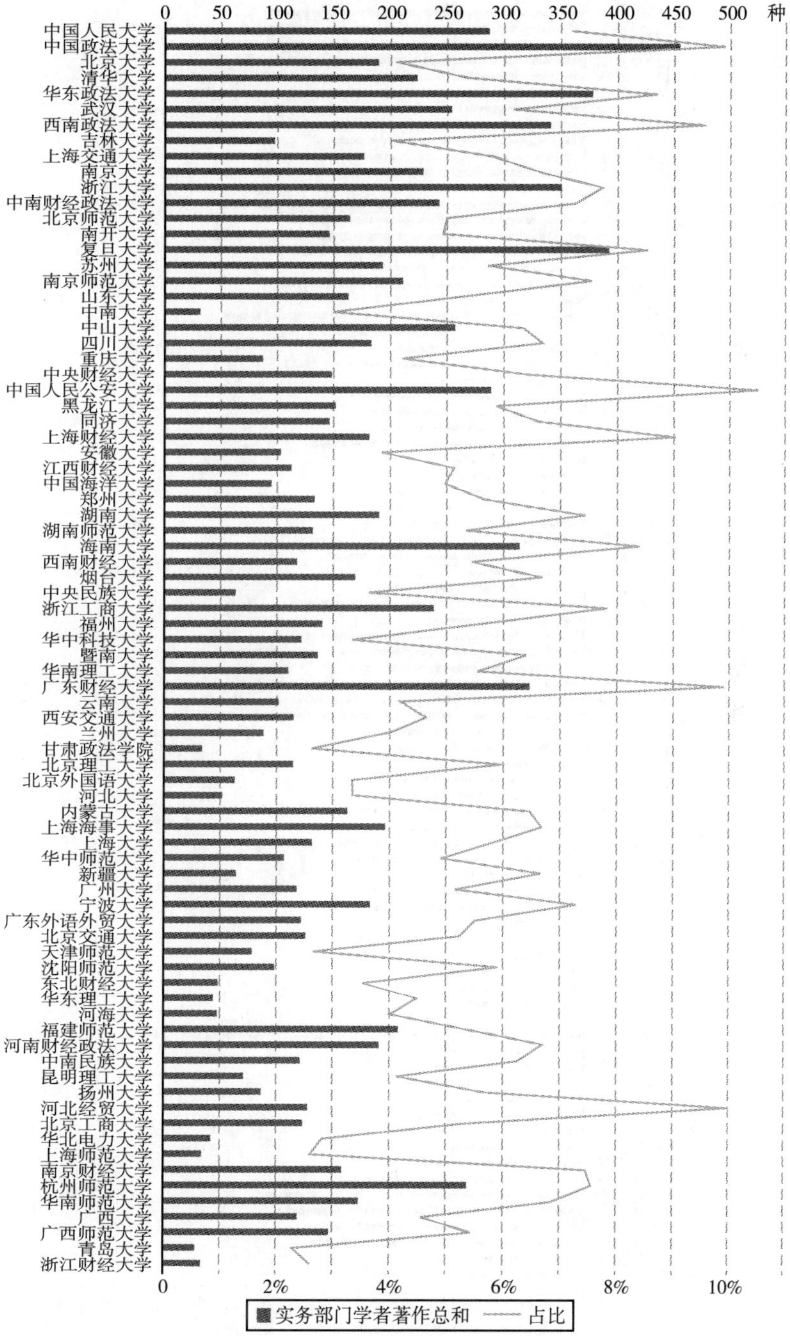

图 6　实务部门学者著作收藏量及占总藏量比例

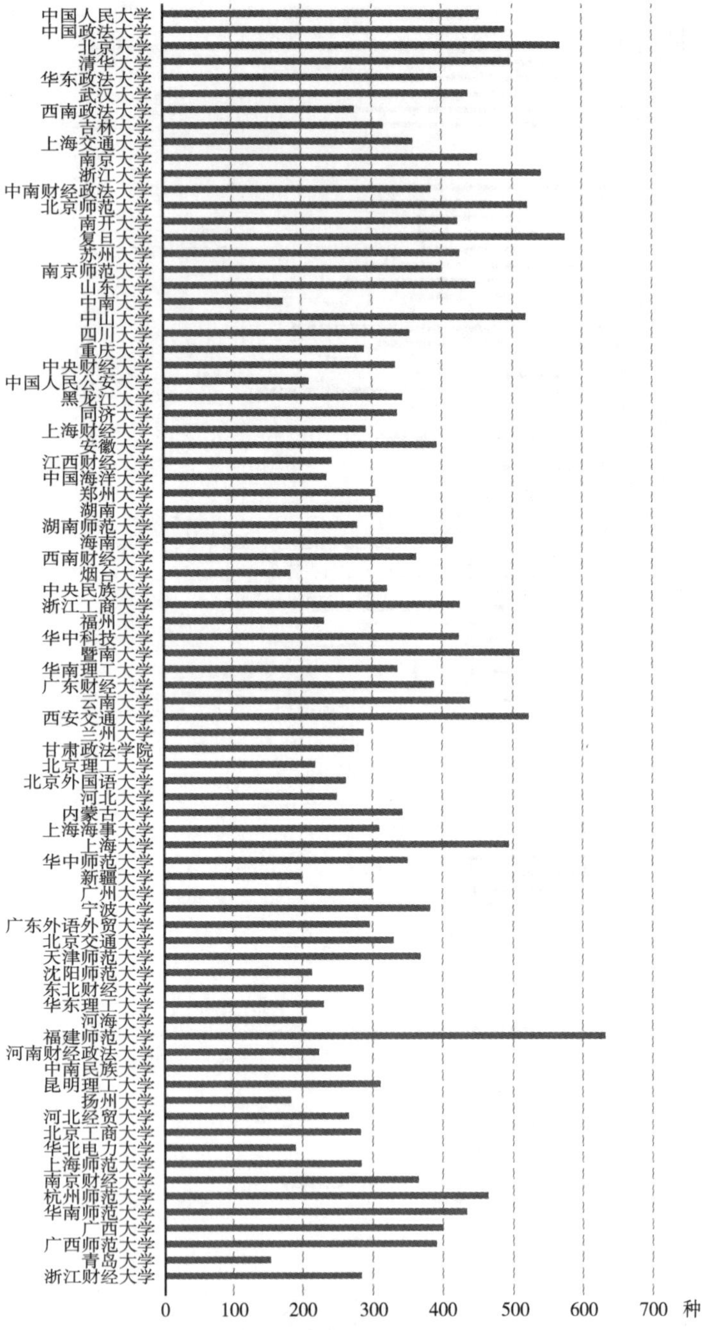

图 7　法学以外的其他学科著作

总体而言,在非法学著作的收藏层面,A 类法学院不再占据优势地位,大量 B、C 类法学院实现反超,教育部排名的指导意义被大幅度削弱。收藏此类著作最为全面的并非 A 类院校,而是福建师范大学,共计 632 种。其后依次为复旦大学(574 种)、北京大学(568 种)、浙江大学(541 种)、西安交通大学(522 种)、北京师范大学(520 种)、中山大学(519 种)、清华大学(498 种)、上海大学(494 种)。

有趣的是,师范类高校对人文社科类著作的收藏往往更加全面。福建师范大学、北京师范大学、杭州师范大学、华南师范大学、广东师范大学的收藏量均在前列。这与师范类高校的人才培养模式相关:人文社科著作不仅对法学研究影响深远,对师范专业教学同样意义重大。因此不难理解,除综合性大学之外,师范类高校对法学以外人文社科著作的收录也比较全面。

法学并不是一门封闭的学科,其发展离不开人文土壤,需要与社会、政治、经济、历史等学科相互启发、相互促进。面对日益多元且开放的法学研究体系,法律图书馆藏书不应局限于狭义的法学领域,而应延伸至人文社科领域,从而充分适应交叉学科发展的多样化需要。

(三)外国学者著作的收录情况

对外国学者著作收藏量的分析,取决于两个标准:一是该学者著作的总体收录情况(含译本);二是外文版本著作的收录情况。前者能够从总体上反映国内法学院对外国学者的关注程度,后者则更具针对性地展现藏书资源的权威性。

1. 总体收录情况(含译文)

首先,就总量而言,法学院校大体可分为四个梯队,不同梯队间差异显著。北京大学独立为第一梯队,以 1832 种的总量遥遥领先,已超第二名复旦大学 300 余种。第二梯队的藏书量均在 1000 种以上,以综合性大学为主,包括清华大学、武汉大学、浙江大学、复旦大学、中山大学等。政法类院校集中于第三梯队,包括中国人民大学、中国政法大学、华东政法大学、吉林大学等,藏书量超过 600 种。除政法类院校外,上海交通大学、北京师范大学、南开大学、山东大学、四川大学、北京外国语大学也可归入此梯队。其余近 80% 的法学院则属于第四梯队,外国学者著作的收录量低于 600 种,华东理工大学、河北经贸大学等个别院校甚至低于 200 种(见图 8)。

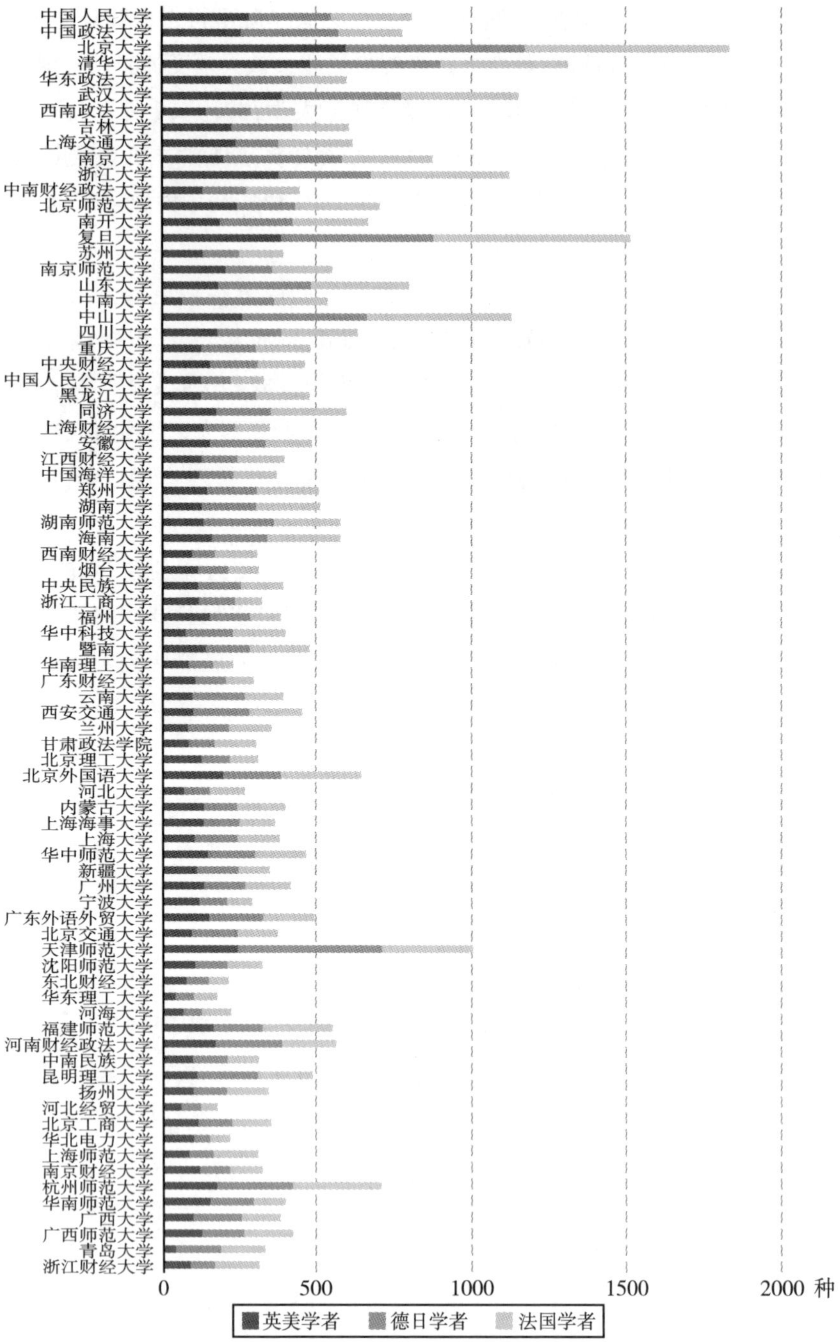
中国人民大学
中国政法大学
北京大学
清华大学
华东政法大学
武汉大学
西南政法大学
吉林大学
上海交通大学
南京大学
浙江大学
中南财经政法大学
北京师范大学
南开大学
复旦大学
苏州大学
南京师范大学
山东大学
中南大学
中山大学
四川大学
重庆大学
中央财经大学
中国人民公安大学
黑龙江大学
同济大学
上海财经大学
安徽大学
江西财经大学
中国海洋大学
郑州大学
湖南大学
湖南师范大学
海南大学
西南财经大学
烟台大学
中央民族大学
浙江工商大学
福州大学
华中科技大学
暨南大学
华南理工大学
广东财经大学
云南大学
西安交通大学
兰州大学
甘肃政法学院
北京理工大学
北京外国语大学
河北大学
内蒙古大学
上海海事大学
上海大学
华中师范大学
新疆大学
广州大学
宁波大学
广东外语外贸大学
北京交通大学
天津师范大学
沈阳师范大学
东北财经大学
华东理工大学
河海大学
福建师范大学
河南财经政法大学
中南民族大学
昆明理工大学
扬州大学
河北经贸大学
北京工商大学
华北电力大学
上海师范大学
南京财经大学
杭州师范大学
华南师范大学
广西大学
广西师范大学
青岛大学
浙江财经大学
0
500
1000
1500
2000 种
英美学者
德日学者
法国学者

图 8　外国学者著作总和

其次,外国学者著作的比例,可进一步反映大学图书馆对外国法学著作的关注程度与收藏偏好。总体来看,与国内著作相比,外国著作比重较低,仅占藏书总量的 15%。共有 11 所法学院校外国学者著作的比例较高,超过 25%,依次为中南大学(42%)、北京大学(39%)、北京外国语大学(34%)、天津师范大学(34%)、复旦大学(31%)、清华大学(30%)、中山大学(28%)、武汉大学(28%)、同济大学(27%)、山东大学(25%)、南京大学(25%)(见图 9)。

值得一提的是,虽然中南大学图书馆藏书总体规模仅位居第 78 名,但外国学者著作的收录比例却高达 42%,位居榜首。北京外国语大学因外语、西方文化等内容的教学需要,其外国学者著作在总藏书中也占据相当大的比例。除上述两所高校外,对外国学者著作关注度较高的多为综合性大学。与之相对,中国政法大学、西南政法大学、华东政法大学、中南财经政法大学等政法类院校中,此类著作的收录比例较低。原因在于,外国法学著作大多可归入广义的人文社科类范畴,而政法类院校对人文社科类书籍的关注度不足,导致卢梭、黑格尔、福柯等学者的著作数量偏少,从而拉低收录比例。

依据检索结果,40 位外国学者大体可分为三组。第一组以卢梭、黑格尔为代表,其著作在多数高校的收藏规模已与国内著作持平。第二组以边沁、凯斯・桑斯坦、米歇尔・福柯为代表,此类学者的著作在 A 类高校中较丰富,但在 B、C 类高校中的收录情况不甚理想,远远低于国内著作的收藏规模。第三组以韦德、博丹、勒内・达维德为代表,其著作在国内高校的收录量普遍较低。就第三组学者而言,除北京大学、北京外国语大学等个别院校外,其余院校的藏书量均低于 10 种,多数 B、C 类院校甚至仅有 1 种至 2 种著作。

有趣的是,国内法学院对 18 世纪、19 世纪的外国著作更为偏爱,并以国家学说为最。这一现象与美国法律图书馆对中国著作的收藏情况形成鲜明对比。[14] 美国大学图书馆的中国法律书集中于贸易、投资、知识产权领域;而

---

[14] Nongji Zhang, *Resources on East Asian Law in the United States*, 1 Journal of East Asia and International Law 311(2008);罗伟:《北美的中国法律研究概况》,载张海惠主编《北美中国学——研究概述与文献资源》,中华书局 2010 年版,第 390 ~414 页;何海波:《美国法学院的中国法律书》,载郭锐、缪因知主编:《绿竹猗猗:安守廉教授与中国法学界交流纪念文集》,中国人民大学出版社 2019 年版,第 366 页。

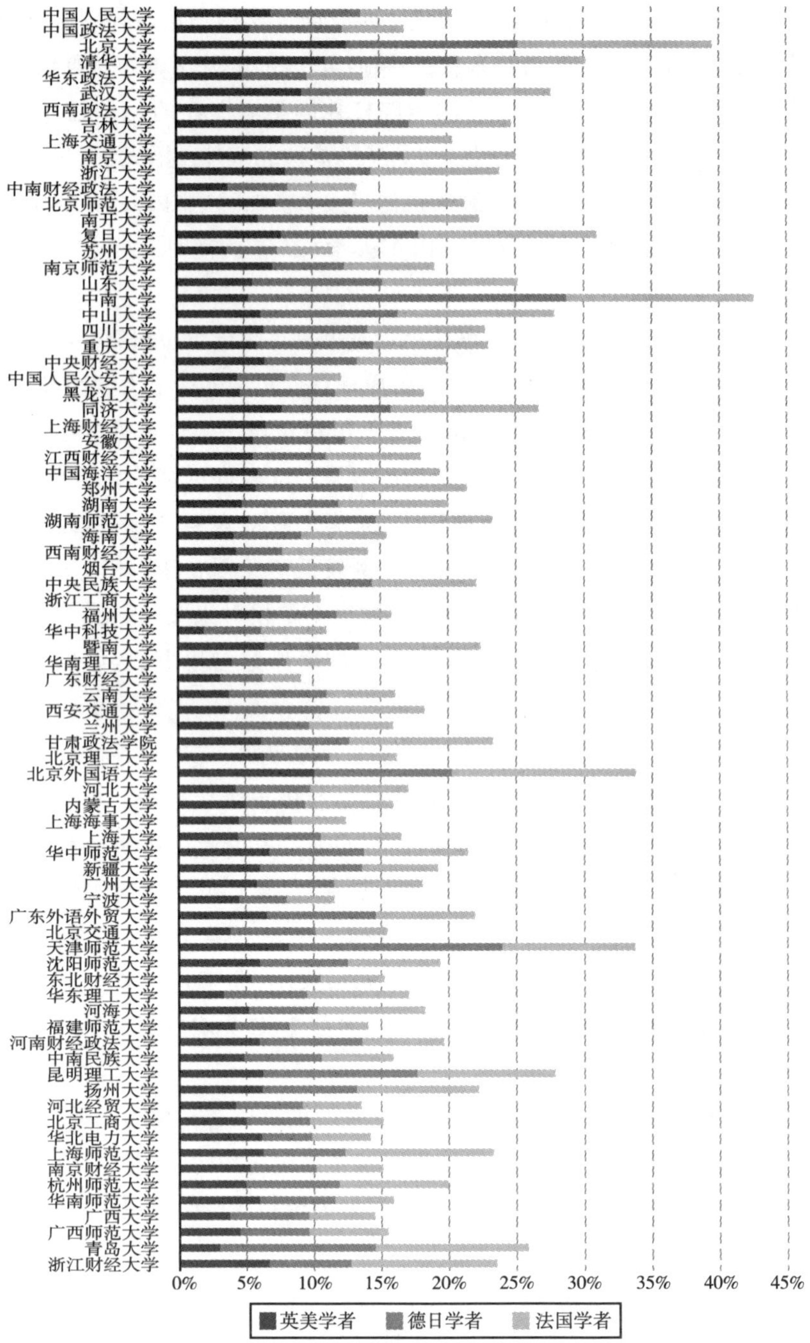
中国人民大学
中国政法大学
北京大学
清华大学
华东政法大学
武汉大学
西南政法大学
吉林大学
上海交通大学
南京大学
浙江大学
中南财经政法大学
北京师范大学
南开大学
复旦大学
苏州大学
南京师范大学
山东大学
中南大学
中山大学
四川大学
重庆大学
中央财经大学
中国人民公安大学
黑龙江大学
同济大学
上海财经大学
安徽大学
江西财经大学
中国海洋大学
郑州大学
湖南大学
湖南师范大学
海南大学
西南财经大学
烟台大学
中央民族大学
浙江工商大学
福州大学
华中科技大学
暨南大学
华南理工大学
广东财经大学
云南大学
西安交通大学
兰州大学
甘肃政法学院
北京理工大学
北京外国语大学
河北大学
内蒙古大学
上海海事大学
上海大学
华中师范大学
新疆大学
广州大学
宁波大学
广东外语外贸大学
北京交通大学
天津师范大学
沈阳师范大学
东北财经大学
华东理工大学
河海大学
福建师范大学
河南财经政法大学
中南民族大学
昆明理工大学
扬州大学
河北经贸大学
北京工商大学
华北电力大学
上海师范大学
南京财经大学
杭州师范大学
华南师范大学
广西大学
广西师范大学
青岛大学
浙江财经大学
0%
5%
10%
15%
20%
25%
30%
35%
40%
45%
英美学者
德日学者
法国学者

图9　外国学者著作占比

在国内高校图书馆中,传统国家学说则占据主导地位。国内大学图书馆将关注重点定位于《社会契约论》《规训与惩罚》等经典著作,这固然可彰显经典书籍的社会影响力,但也反映出一个问题:我们对西方法学理论的认识似乎还停留在20世纪前的古老年代,并且专注于法理及公法层面,着重探讨国家权力的来源及其正当性。诚然,近代转型时期的西方经典著作对当今时代的发展仍具有重要影响,但在对传统理论进行不断研究的同时,也不可忽视对当代部门法中新兴理论的学习与借鉴。为此,高校图书馆应适当调整收录工作的重心,将其由传统权力观向知识产权、国际贸易等前沿领域转移,从而在适应当前理论热点的基础上,全方位满足学术科研的需要。

2. 外文书收录情况

总体而言,收藏外国学者著作越多的大学,外文书的比例也越高。在不区分英文译本与德日法原版书籍的情况下,A类高校对原版书的收录优势明显,其中北京大学、复旦大学、清华大学位列前3名,分别为1104种、828种、755种。此外,武汉大学与浙江大学的收藏量也在600种以上。与之相比,其余大学的外文原版书籍种类偏少。

除清华大学之外,其余高校均存在部分学者外文著作缺失的现象。这一现象主要集中于以下几位学者:布兰代斯(Louis D. Brandeis)、阿玛尔(Akhil R. Amar,又译阿马)、安守廉(William Alford)、滋贺秀三、山本敬三与狄骥(Leon Duguit)。上述学者大体可归为三类:第一,安守廉与滋贺秀三为中国法专家,其代表作品的中文译本问世较早,流传度与认可度高,因此英文原版书籍收藏的必要性相对较低;第二,布兰代斯与狄骥的著作数量相对较少,因此在藏书总量与外文书种类层面均存在不足;第三,阿玛尔与山本敬三为当代学者,因其理论的形成期较为晚,且尚处于理论交流与借鉴的初期阶段,因此英文著作的收录数量在国内高校中普遍较少。

就语种划分而言,国内高校图书馆仍以英文著作为主,即使在德日法学者的著作中,英文书的比重也高于德文、日文或法文原版书籍。可见,英语在中外法学理论的交流中发挥重要的纽带作用,并构建了国内法学生对他国法学世界的最初印象。国内对非英语国家法学理论的学习仍需借助英文这一通用语言,并以少数原版著作为对照。

值得一提的是,在B、C类高校中,外国语大学图书馆的原版书极其丰富,同类其他高校难以望其项背。例如,在北京外国语大学图书馆中,福柯、黑格尔、卢梭、勒内·达维德、博丹等学者的原版著作数均超过其英文译本,其中福柯的法文著作高达37种,黑格尔的德文著作高达47种。再如,广东外语外贸大学法学院虽被归入C类,但其原版著作种类远高于非外国语高校。以黑格尔为例,绝大多数法学院并未收藏其德文著作,然而,广东外语外贸大学图书馆中黑格尔的德文著作高达49种。在对原版著作的收藏层面,外语类高校因学生的语言学习需要,更加关注原版著作的收录,并在众多高校中占据绝对优势。

(四)不同年代学者所著图书的收藏情况

1. 总体情况

出生于不同年代的学者所著图书在各法学院的分布比例基本一致(见图10)。总的来说,出生于1950~1959年的学者的著作最多,已接近50%。相应地,此类著作种类与法学院藏书规模的相关性也最强。在藏书总量位居前列的法学院中,该年代学者著作种类均具有量级上的绝对优势。其中,藏书量最高者为北京大学,共2685种;而最少者为华东理工大学,仅有463种,两校的差距高达2000余种。

与此相对,出生于其他年代的学者所著图书所占比重偏低,对藏书总体规模的影响较小。"70后"学者的著作比例最低,仅为2.5%。出生于1940~1949年的学者所著图书约占6%,民国学者及出生于1920~1929年、1930~1939年的学者所著图书各约10%(见图10)。

2. 民国学者著作

民国学者著作的收录情况打破了教育部评估排名系统所确立的格局,这与法学院的历史沿革呈现更加紧密的关联。在不区分书籍版次的前提下,民国学者著作总和最多的为复旦大学,共有683种,其后依次为中国政法大学(640种)、浙江大学(582种)、中山大学(559种)、华东政法大学(538种)、北京大学(530种)、中国人民大学(505种)、杭州师范大学(483种)、南京大学(476种)、福建师范大学(472种)、清华大学(467种)(见图11)。

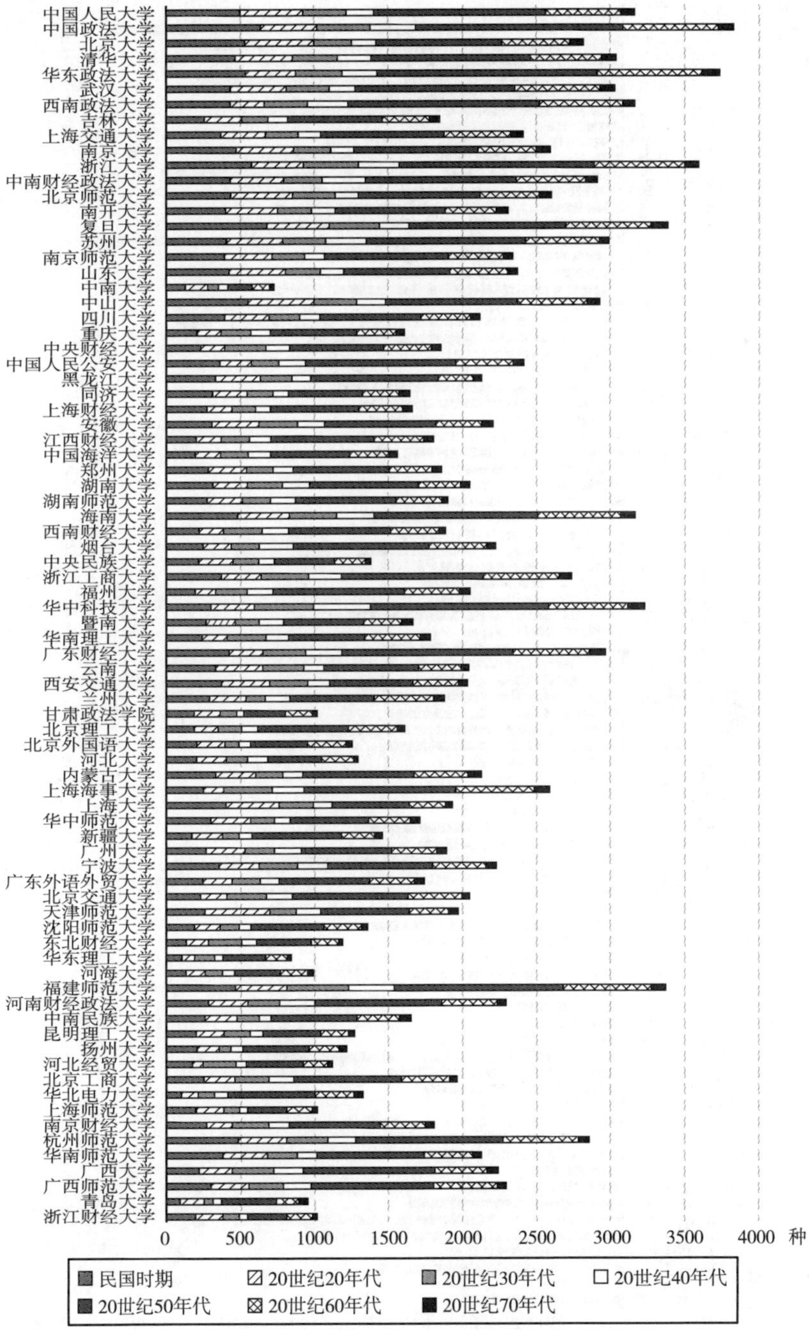

图 10　不同年代学者所著图书

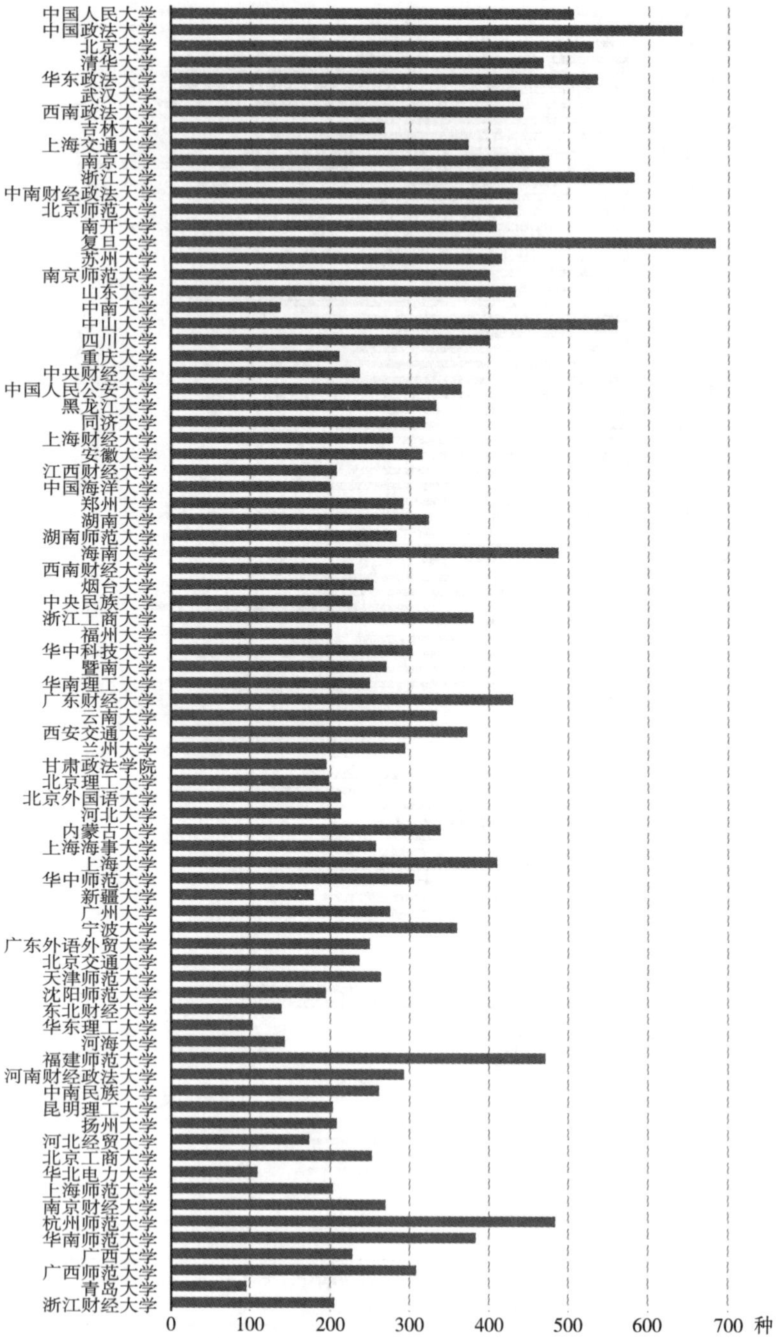
中国人民大学
中国政法大学
北京大学
清华大学
华东政法大学
武汉大学
西南政法大学
吉林大学
上海交通大学
南京大学
浙江大学
中南财经政法大学
北京师范大学
南开大学
复旦大学
苏州大学
南京师范大学
山东大学
中南大学
中山大学
四川大学
重庆大学
中央财经大学
中国人民公安大学
黑龙江大学
同济大学
上海财经大学
安徽大学
江西财经大学
中国海洋大学
郑州大学
湖南大学
湖南师范大学
海南大学
西南财经大学
烟台大学
中央民族大学
浙江工商大学
福州大学
华中科技大学
暨南大学
华南理工大学
广东财经大学
云南大学
西安交通大学
兰州大学
甘肃政法学院
北京理工大学
北京外国语大学
河北大学
内蒙古大学
上海海事大学
上海大学
华中师范大学
新疆大学
广州大学
宁波大学
广东外语外贸大学
北京交通大学
天津师范大学
沈阳师范大学
东北财经大学
华东理工大学
河海大学
福建师范大学
河南财经政法大学
中南民族大学
昆明理工大学
扬州大学
河北经贸大学
北京工商大学
华北电力大学
上海师范大学
南京财经大学
杭州师范大学
华南师范大学
广西大学
广西师范大学
青岛大学
浙江财经大学
0
100
200
300
400
500
600
700
种

图 11　民国学者著作

可见，在民国学者著作的收藏层面，B、C类法学院校并不落后于A类法学院校，福建师范大学、杭州师范大学、湖南师范大学均有赶超之势。三所法学院的创办历史较短，集中于世纪之交，但大学自身的历史十分悠久。湖南师范大学于1938年创办，而福建师范大学和杭州师范大学则可追溯至清朝末年。[15] 得益于其悠久的建校历史，上述高校对民国学者著作的收录更为全面。

与传统的“五院四系”相比，新兴法学院中民国学者著作也相当丰富。复旦、中山、浙江大学的法学院的民国学者著作相当可观，清华、南京大学的法学院此类著作的种类也位居前列。原因在于，上述法学院虽然复建时间较晚，但其前身均可追溯至民国时期，而图书馆法律书的收录工作开展较早，因此民国著作的收藏量并不低于“五院四系”。

3. “70后”学者

中青年法学家的著作，尤其是“70后”学者的著作，是法律图书馆的新鲜血液。遗憾的是，“70后”学者的著作出版年代较晚，再版次数偏少，在图书馆中尚不丰富。但是，仍有部分高校图书馆突破了这一局限，对此类学者给予更多关注（见图12）。这些院校依次为：华东政法大学（118本）、华中科技大学（111本）、复旦大学（108本）、广东财经大学（105本）、上海海事大学（104本）、中国政法大学（103本）、清华大学（98本）、武汉大学（96本）、浙江大学（95本）、福建师范大学（95本）。

提高“70后”学者著作的收录比例，关键在于缩短“图书出版—图书馆获取信息—决定入藏”这一周期。年长学者著作的成书年代早、社会影响力大，所以图书馆在考量其收录必要性时，可以充分参考学界及社会已形成的评价，从而大大降低收录工作的时间成本。而“70后”学者的著作大多成书于近10年，多数作品虽紧扣学术研究的最新趋势，但其影响力在短期内尚未确立，这对图书馆及时获取书籍信息并进行专业化、独立化的评价提出了不小的挑战。对此，建议高校图书馆充分利用本校师资力量，以学者推荐的形式，

---

⑮ 福建师范大学前身是1907年由清朝帝师陈宝琛创办的“福建优级师范学堂”。后由华南女子文理学院、福建协和大学、福建省立师范专科学校等单位几经调整合并，于1953年成立福建师范学院，1972年更名为福建师范大学。参见该校简介 http://www.fjnu.edu.cn/20/list.htm，最后访问日期：2019年3月30日。杭州师范大学前身为浙江巡抚张曾于1906年创办的浙江官立两级师范学堂，具体历史沿革详见该校简介 http://www.hznu.edu.cn/xxgk/xxjj/，最后访问日期：2019年4月1日。

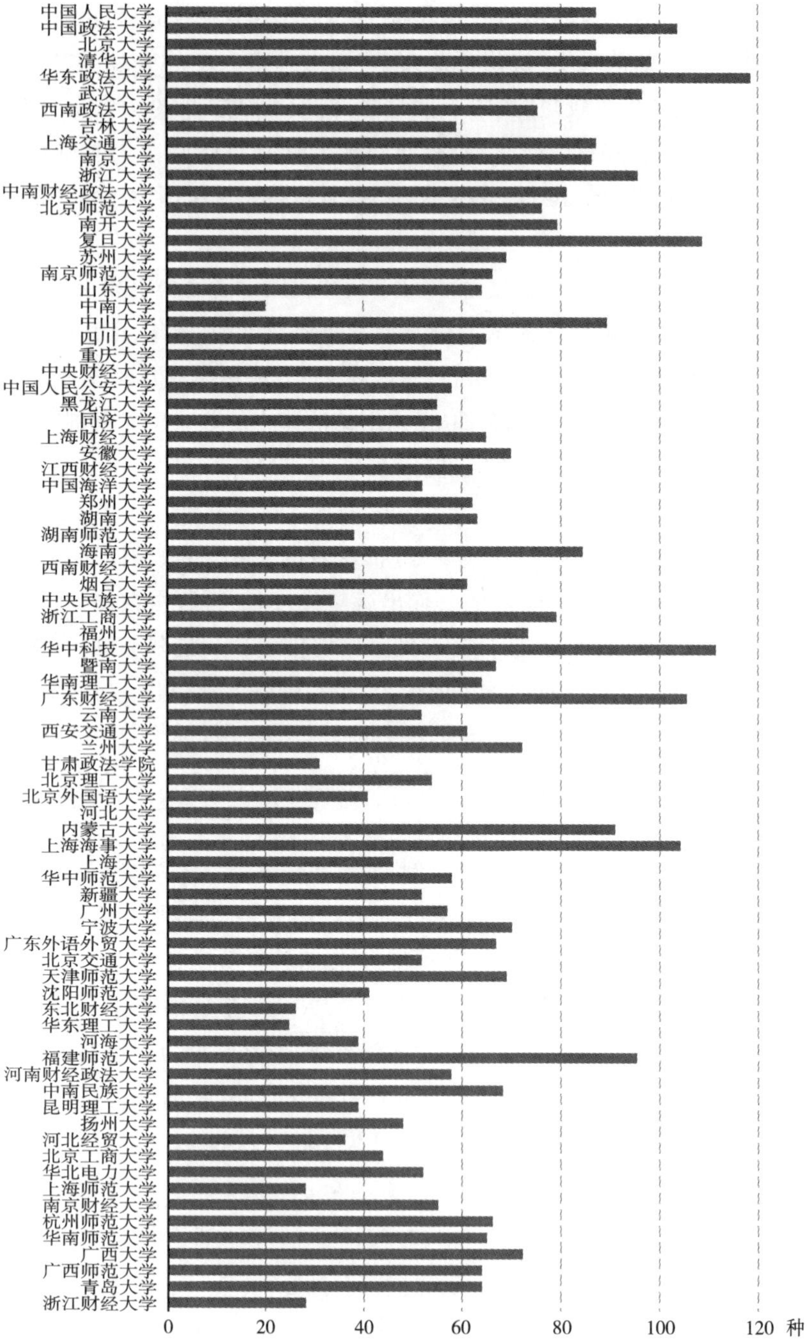
中国人民大学
中国政法大学
北京大学
清华大学
华东政法大学
武汉大学
西南政法大学
吉林大学
上海交通大学
南京大学
浙江大学
中南财经政法大学
北京师范大学
南开大学
复旦大学
苏州大学
南京师范大学
山东大学
中南大学
中山大学
四川大学
重庆大学
中央财经大学
中国人民公安大学
黑龙江大学
同济大学
上海财经大学
安徽大学
江西财经大学
中国海洋大学
郑州大学
湖南大学
湖南师范大学
海南大学
西南财经大学
烟台大学
中央民族大学
浙江工商大学
福州大学
华中科技大学
暨南大学
华南理工大学
广东财经大学
云南大学
西安交通大学
兰州大学
甘肃政法学院
北京理工大学
北京外国语大学
河北大学
内蒙古大学
上海海事大学
上海大学
华中师范大学
新疆大学
广州大学
宁波大学
广东外语外贸大学
北京交通大学
天津师范大学
沈阳师范大学
东北财经大学
华东理工大学
河海大学
福建师范大学
河南财经政法大学
中南民族大学
昆明理工大学
扬州大学
河北经贸大学
北京工商大学
华北电力大学
上海师范大学
南京财经大学
杭州师范大学
华南师范大学
广西大学
广西师范大学
青岛大学
浙江财经大学
0
20
40
60
80
100
120 种

图 12 “70 后”学者著作

促使图书馆管理人员及时掌握年轻学者及其著作的最新动态，打破现有信息不对称的局面，以此实现对“70后”学者著作的及时收录，并最终完善高校的藏书结构。

（五）院系特色与藏书的相关性

大学图书馆的法律藏书可谓法学院的一张名片。历史沿革、优势学科、本校学者及地域等因素，均深刻影响藏书的特色。因此，法律书籍的收录情况不仅能反映该法学院的学术资源规模，还可彰显其自身的理念与特质。

1. 本校学者与藏书的关联

高校图书馆对本校学者著作的收藏更为全面。近95%的法律图书馆中，本校学者的著作种类都超过其在百所高校中的平均值。例如，中国政法大学收录巫昌祯教授的著作达38种，高达平均藏书量的3倍。不少高校图书馆对本校任教学者的著作收藏量更是名列榜首。例如，清华大学收录张明楷教授的著作达60种，西南政法大学图书馆中李昌麒教授的著作共50种，华东政法大学董保华教授的著作共27种，湖南师范大学蒋新苗教授的著作达35种，无出其右。

本校学者著作优先的现象也存在例外。有2位学者在本校图书馆的著作数量略低于平均值。其中，何志鹏的著作在吉林大学图书馆中共有14种，比平均值少1种；张思之在中央财经大学图书馆中的著作收录量为4种，比平均值少2种。

本校学者与图书馆藏书的关联，反映出法学院对该学者的熟悉程度，从实用性的角度来看，也满足了该校教学科研的实际需要。然而，在对本校学者予以更多关注的同时，法律图书馆也应适当兼顾各校学者著作数量的平衡，以此为法学生们提供更多元化的学术资源。以西南政法大学为例，该校图书馆中经济法学者李昌麒的著作共50种，已达平均值的2.5倍；而该领域的其余学者中，邵建东著作有10种，程信和著作有7种，低于平均水平。在法学分支学科内部，为改善学者著作收藏量不均衡的现象，法律图书馆应在关注本校学者研究成果的同时，积极收集其他学者的相关著作，从而提高学者著作收录的均衡性。

2. 学科建设与藏书结构

藏书的学科偏好受高校自身定位及优势学科的影响。在此层面，传统政法院校、综合性大学、老牌工科学校、以其他特色学科为主的院校存在明显差异。

(1)综合性大学

综合性大学图书馆收录的法律书籍更具全面性。此类学校的代表为北京大学、清华大学、复旦大学、浙江大学、中山大学、武汉大学与南开大学。这些大学学科门类齐全,其藏书不仅兼顾各法学部门,还囊括大量与法学相关的其他学科著作,实现了对人文社科领域研究成果的关照。

人文社科类著作的广泛收录,得益于综合性大学多元的学科体系与深厚的人文积淀。在法学、历史学、哲学、社会学等学科相互渗透的背景下,综合性大学在资源整合中也彰显出更强的优势。

(2)传统政法院校

政法类院校在藏书规模上稳居前列,且传统学科著作、法律实务著作收录比例普遍较高。但是,在此类院校中,法学以外的相关学科著作却明显少于综合性大学。这与政法类院校特殊的人才培养模式有关。在以法律职业人才培养为核心目标的大学中,应用型技能的训练与理论传授同等重要,因此,图书馆中法律实务著作更加丰富。而历史学、哲学、社会学等人文社科专业招生规模偏小,相关研究机构的规模不及综合性大学,因此图书馆中的法律书籍仍以传统法学著作为主,跨学科著作相对较少。

政法类院校内部也存在藏书资源的分层。具体而言,共分为三个梯队。第一梯队为中国政法大学与华东政法大学。其中,中国政法大学的藏书总量更多,其传统学科著作、法律实务书籍的种类在百所高校中更是位居第一。相比之下,法学以外的人文社科类著作在两所院校的收藏现状不甚理想。其中,中国政法大学中人文社科类著作收藏量略高。第二梯队为西南政法大学与中南财经政法大学。两所院校法学在教育部法学评估中均属于A类,但其藏书规模远低于中国政法大学和华东政法大学,差距已接近1000种。其中,西南政法大学的劣势在于,其法学以外的其他学科著作仅有275种,勉强达到百所高校的平均水平(276种);而中南财经政法大学的劣势在于,其法律实务著作仅246种,属于政法类院校的特例。第三梯队为甘肃政法学院等地方政法院校,其法学藏书规模偏小,传统学科著作及法律实务著作的收藏量均处于下游水平。

(3)老牌工科学校

工科大学图书馆的法学著作总量少,尤其在传统学科领域,与综合性大学、政法类院校存在很大差距。例如,中南大学、北京理工大学、河海大学、华北电力大学等高校的法学院创建较晚,在发展历史与办学规模上存在劣势。受工科背景的影响,此类大学图书馆中法律书与其他人文社科类著作的规模均居于下游。

以中南大学为例,该校于 2000 年由中南工业大学、长沙铁道学院、原湖南医科大学合并而成,以工学和医学见长。⑯ 近年来该校法学院的教学科研水平进步显著,于 2012 年入选国家首批卓越法律人才教育培养基地,并于 2017 年教育部学科评估中获得 B + 。然而,中南大学法学院虽在短期内实现了教育部评估上的突破,但在藏书层面仍存在短板。该校图书馆的法律书相对匮乏,仅为 1263 种,其馆藏文献对法学研究的贡献度有待提高。

然而,对工科学校的藏书情况也不可一概而论。虽然院校性质的分类标准相对固定,但每所法学院的传统各具特殊性,需要具体分析。其中最为典型的是清华大学。清华大学自 1952 年院系调整后曾一度作为工科大学存在,但其法学著作收藏相当全面,足见其悠久的法学传统和深厚的人文底蕴。

(4)以其他特色学科为主的院校

除政法类院校,在以财经、师范、工商等其他特色学科为主的大学中,法律书的收录规模并不均衡,呈现两极分化的现象。收录法学著作最多的为福建师范大学,共 3918 种;最少的为华东理工大学,仅有 1017 种。院系传统深深影响着专科大学图书馆中法学著作的收藏量。以浙江工商大学为例,该校虽以金融、工商管理等学科著称,但法学藏书规模也较为可观,共 3059 种。原因在于,该校法学院由法律专科学校合并而成,其法学教育的发展史可追溯至 1979 年。⑰ 法学院悠久的历史传统,使该校法律书的收录水平在众多高校中居于中上游。

---

⑯ 参见中南大学学校概况,http://www.csu.edu.cn/xxgk.htm,最后访问日期:2019 年 5 月 6 日。

⑰ 参见浙江工商大学校情总览(历史沿革板块),http://www.hzic.edu.cn/13/,2019 年 5 月 13 日访问。浙江工商大学法学院是在原浙江政法管理干部学院和杭州商学院法学院的基础上发展而来的。浙江政法管理干部学院的法学专科教育可以追溯到 1979 年的浙江法警学校。杭州商学院于 1994 年设立商法专业,后成立法律系,并于 1997 年更名为杭州商学院法学院。2001 年原杭州商学院法学院与浙江政法管理干部学院合并,组建为新的杭州商学院法学院,2004 年更名为浙江工商大学法学院。

值得一提的是,此类院校对法律书籍的收藏呈现明显的学科偏好。每所大学的优势学科各不相同,对法律书籍的选择也各有侧重。例如,海事类大学对海商法著作更为关注。上海海事大学海商法著作种类丰富,其中司玉琢教授的著作高达60种,位列全部院校的第一名。在科技类大学中,知识产权领域的相关著作收藏量也显著增加。以华中科技大学为例,该校图书馆中吴汉东的著作达124种,郑成思的著作达137种,远高于百所高校知识产权著作的平均收录水平(45种)。

优势学科与法律书籍之间具有关联性,但也存在例外。在财经类院校的图书馆中,经济法、民商法著作理应更为丰富。这一猜想在民商法领域得到验证,但在经济法领域并不适用。在中央财经大学、西南财经大学、江西财经大学、广东财经大学等高校图书馆中,一方面,民商法著作数均高于该学科平均藏书量,广东财经大学的民商法著作甚至高达平均值的2倍;另一方面,经济法著作种类与平均水平持平,未呈现明显的藏书偏好,财经类大学与经济法学著作的关联并不紧密。

3. 地域分布与藏书情况

地方法学院校法律书籍的收录量普遍较低。例如,青岛大学的藏书总量仅为1284种,扬州大学为1553种,宁波大学为2521种,烟台大学为2538种,均低于平均水平(2605种)。其原因在于,地方法学院的办学规模小,资金投入一般低于非地方院校,其图书馆资源的整合力度也略显不足。因此,无论是法学传统学科著作,还是广义上的人文社科类著作,在地方法学图书馆中均不丰富。

与东部法学院校相比,中西部院校图书馆的法学著作偏少。以兰州大学、新疆大学、云南大学、内蒙古大学、重庆大学为例,以上高校的藏书总体规模均处于下游,且外国学者著作的数量明显少于东部高校。可见,受区位因素的影响,东、中、西部高校教育资源不平衡的现象也影响着法学著作收录的全面性。

五、结论

法学院的藏书情况一直是高校评估体系中被忽视的因素。本研究以此为切入点,通过检索中国教育部排名前百所高校法学院图书馆对100位中外法学家著作的收录情况,试图在一定程度上展现我国知名法学院学术资源的深度和广度。在对100位中外学者的选择中,本研究考虑了学科分布、学校地域分布、性别年龄比例的平衡,并加入一定数量的外国学者与人文社科类学者,最终得出一份有代表性的百人学者名单。

经过检索发现,教育部排名与高校图书馆的整体藏书量存在正相关性,其中A、B类高校间的差距较B、C类高校间的差距更为显著。但是,也有部分院校的藏书情况与评估排名不相符,如复旦大学虽归属于B类高校,但以4900种藏书量位居中国法学院校第一。

对于不同类型藏书的收录情况,法学传统学科著作是法学院藏书的主体,其数量基本与藏书总规模呈正相关关系。与之相对,法学新兴学科著作与藏书总规模的相关性较弱,多数法律图书馆兼顾了新兴学科的著作收藏,但也有少数需要提高对新兴学科的关注度。另外,法律实务著作的平均占比不足5%,远低于理论著作的收录规模。其中,政法类院校在实务著作的收录表现中相对更佳,而综合性大学则对人文社科类著作的收录更为全面,在此层面教育部排名的指导意义大幅度削弱。

就外国学者著作的收录情况而言,在总量上北京大学和复旦大学位于前列,然后以综合性大学为主,最后主要是政法类院校和其他高校。总体来看,与国内著作相比,外国著作比重较低,仅占藏书总量的15%。另外,收藏外国学者著作越多的大学,外文书的比例也越高。值得一提的是,国内法学院对20世纪前的外国经典著作更为偏爱,并以国家学说为最。这一现象与美国法律图书馆对中国著作的收藏情况形成鲜明对比。

至于不同年代学者所著图书的收藏情况,这在各法学院的分布情况基本一致。总的来说,出生于1950~1959年的学者的著作最多,此类著作种类与法学院藏书规模的相关性也最强。此外,民国学者著作的收录情况与法学院的历史沿革呈现出紧密的关联,“70后”学者的著作在多数法学院图书馆中尚不丰富。

最后考虑院系特色与藏书的相关性,高校图书馆对本校学者的著作收藏得更为全面,同时也存在针对自身定位的藏书偏好。比较而言,综合性大学图书馆收录的法律书更具全面性,政法类院校在藏书规模、传统学科和法律实务著作收录比例上普遍较高,工科大学图书馆的法学著作总量多数较少,专科院校的藏书规模则呈现两极分化的情况,具有明显的学科侧重。另外,地方法学院校法律书的收录量普遍较低,高校教育资源不平衡的现象也影响着法学著作收录的全面性。

本研究的意义在于,倡导法学院应当重视图书建设,努力提升收录书籍的数量和质量,积极收集他校学者著作、实务著作、外国著作以及不同年代的著作,为法学院老师和学生提供更好的学术资源。同时,高校评估应当纳入藏书情况这一衡量标尺,这是和学校教学研究密不可分的硬件设施。就读法学专业的学生,也可以此为窗口,多方面地了解相关法学院校的情况。

本文的另一意义在于研究视角的转向。当我们在谈论高校法律图书馆的藏书情况时,实则是将关注视角由抽象的法学理论转向更具生活气息的问题,从法学生的实际生活情境出发,探讨每所法学院自身的理念与特质。本文虽是对检索与分析工作的总结,但更像是一个新的开端。后续的研究可以更多地考虑高校法学院电子书与数据库的资源现状,沿着本文的思路,将全新的问题意识贯彻于研究过程中,相信会得出更多有趣的结论。

A Great Library

—The Key to a Great University

A Survey on the Book Collections of Chinese Law Schools

This paper examines the current academic resources of well-known Chinese law schools by searching for the works of one hundred Chinese and foreign jurists in the law libraries of hundreds of Chinese universities. The results show that a university's book collection is positively correlated with its ranking in the Ministry of Education, but exceptions are also found. For instance, based on their book collections, some colleges and universities, particularly in class B and C colleges and universities, are unworthy of their rankings. In terms of book types, the total collection size shows a strong correlation with collection size for traditional legal disciplines, but less of one for new disciplines. Universities and colleges of politics and law have better collections of practical literature, while comprehensive universities and colleges have more comprehensive collections on humanities and social sciences. Meanwhile, colleges and universities in China generally devote small percentages of their collections to foreign works, and those with larger collection of foreign works also tend to have more original books in foreign languages. Regarding scholars' generations, the collection of works by scholars of the Republic of China is closely related to the historical evolution of law schools in China. Works from scholars born in the 1950s are the most common, while those of ones born after the 1970s are not abundant. Finally, college and university libraries always have more comprehensive collections of works by their own scholars. Their preferences for book collections are based on their own positioning. This study has revealed an innovative yardstick for measuring the strength of law schools, and provided an alternative possible perspective to help teachers and students learn about law schools.

Key words: Chinese Law Schools; Libraries; Book Collections; Law School Rankings

附表 1　60 位中文学者

姓名	学校	出生年份/年	备注
民国时期			
钱端升	北京大学	1900	宪法学
史尚宽	中山大学	1898	民法学
周鲠生	武汉大学	1889	国际法
瞿同祖	西南联合大学	1910	法律史
现当代			
法学理论			
季卫东	上海交通大学	1957	
张文显	吉林大学	1951	
公丕祥	江苏省高级人民法院	1955	
信春鹰	全国人大常委会副秘书长	1956	
封丽霞	中共中央党校	1973	
法律史			
何勤华	华东政法大学	1955	外国法制史

续表

姓名	学校	出生年份/年	备注
武树臣	北京大学	1949	中国法律思想史
张晋藩	中国政法大学	1930	中国法制史
严存生	西北政法大学	1940	西方法律思想史
宪法学			
林来梵	清华大学	1963	
韩大元	中国人民大学	1960	
张千帆	北京大学	1964	
李步云	湖南大学	1933	
行政法学			
姜明安	北京大学	1951	
江必新	最高人民法院	1956	
章剑生	浙江大学	1964	
王万华	中国政法大学	1973	
章志远	华东政法大学	1975	
刑法学			
张明楷	清华大学	1959	
陈兴良	北京大学	1957	
赵秉志	北京师范大学	1956	
刘艳红	东南大学	1970	
高铭暄	中国人民大学	1928	
马克昌	武汉大学	1926	
民商法学			
崔建远	清华大学	1956	
梁慧星	中国社会科学院	1944	
王利明	中国人民大学	1960	
王泽鉴	台湾大学	1938	
谢鸿飞	中国社会科学院	1973	

续表

姓名	学校	出生年份/年	备注
吴汉东	中南财经政法大学	1951	知识产权法
郑成思	中国社会科学院	1944	知识产权法
王保树	清华大学	1941	商法
司玉琢	大连海事大学	1937	海商法
巫昌祯	中国政法大学	1929	婚姻法
诉讼法学			
范愉	中国人民大学	1953	民事诉讼法
齐树洁	厦门大学	1958	民事诉讼法
左卫民	四川大学	1964	刑事诉讼法
张思之	律师，中央财经大学兼职	1927	刑事诉讼法
经济法学			
张守文	北京大学	1967	
邵建东	南京大学	1962	
李昌麒	西南政法大学	1936	
程信和	中山大学	1947	
董保华	华东政法大学	1954	劳动法
环境与资源保护法学			
吕忠梅	中南财经政法大学、清华大学	1963	
国际法学			
张乃根	复旦大学	1955	国际经济法
何其生	武汉大学	1974	国际私法
蒋新苗	湖南师范大学	1964	国际私法
何志鹏	吉林大学	1974	国际私法/国际经济法
沈木珠	南京财经大学	1955	国际经济法
石静霞	对外经济贸易大学	1970	国际经济法
邓瑞平	西南政法大学	1963	国际经济法

续表

姓名	学校	出生年份/年	备注
军事法学			
丛文胜	中政法	1953	
相关社会科学学科			
吴敬琏	经济学	1930	
费孝通	社会学	1910	
黄仁宇	历史学	1918	
俞可平	政治学	1959	

附表2　20位英文文献学者

姓名	年份/年	国籍	备注
Jeremy Bentham 边沁	1748	英国	
Alexander Hamilton 亚历山大·汉密尔顿	1755	美国	宪法
Louis D. Brandeis 布兰代斯	1856	美国	律师
Lassa Francis Lawrence Oppenheim 奥本海	1858	德国	国际法
Roscoe Pound 庞德	1870	美国	
Benjamin Cardozo 卡多佐	1870	美国	法官
Oliver Wendell Holmes 霍姆斯	1841	美国	法官
Alfred Thompson Denning 丹宁	1899	英国	法官
Clive M. Schmitthoff 施米托夫	1903	德国	国际贸易法
Herbert Hart 哈特	1907	英国	
William Wade 韦德	1918	英国	行政法/财产法
Ronald Myles Dworkin 德沃金	1931	美国	
Richard Allen Posner 波斯纳	1939	美国	法律经济学
William Alford 安守廉	1948	美国	中国法
Erwin Chemerinsky	1953	美国	宪法/民事诉讼
Cass Sunstein 凯斯·桑斯坦	1954	美国	宪法/行政法/环境法
Gary Born	1955	美国	律师,国际仲裁
Akhil R. Amar	1958	美国	刑法
Ian Ayres	1959	美国	民商法/经济学
Mark A. Lemley	1966	美国	知识产权

附表 3　20 位德日法学者

姓名	年份/年	国籍/语言	备注
Rudolph von Jhering 耶林	1818	德	法学理论
Friedrich Carl von Savigny 萨维尼	1779	德	法学理论
Karl Larenz 拉伦茨	1903	德	法学理论
Georg Jellinek 耶利内克	1851	德	法学理论
Hans Kelsen 凯尔森	1881	德	宪法
Gustav Hugo 古斯塔夫 胡果	1764	德	民法
Georg Wilhelm Friedrich Hegel 乔治 · 威廉 · 弗里德里希 · 黑格尔	1770	德	相关学科
芦部信喜	1923	日	宪法
我妻荣	1897	日	民法
穗积陈重	1855	日	民法/法理
美浓部达吉	1873	日	宪法/行政法
山口厚	1953	日	刑法
山本敬三	1960	日	民法
滋贺秀三	1921	日	法律史
Leon Duguit 狄骥	1859	法	宪法/行政法
Rene David 勒内 · 达维德	1906	法	民法/法理
Jean Bodin 博丹	1530	法	法学理论
Sieyés 西耶斯	1748	法	法学理论
J. J. Rousseau 卢梭	1712	法	相关学科
Michel Foucault 米歇尔 · 福柯	1926	法	相关学科

图书在版编目(CIP)数据

清华法律评论. 第十卷. 第一辑 /《清华法律评论》编委会编. -- 北京 : 法律出版社, 2021
ISBN 978 - 7 - 5197 - 5436 - 5

Ⅰ. ①清… Ⅱ. ①清… Ⅲ. ①法律-文集 Ⅳ. ①D9 - 53

中国版本图书馆 CIP 数据核字(2021)第 044685 号

清华法律评论(第十卷第一辑)
QINGHUA FALÜ PINGLUN (DI SHI JUAN DI YI JI)

《清华法律评论》编委会 编

责任编辑 高 山 曲 杰
装帧设计 乔智炜 鲁 娟

出版发行 法律出版社
编辑统筹 学术·对外出版分社
责任校对 晁明慧
责任印制 陶 松
经 销 新华书店

开本 710 毫米×1000 毫米 1/16
印张 16.75 **字数** 269 千
版本 2021 年 3 月第 1 版
印次 2021 年 3 月第 1 次印刷
印刷 中煤(北京)印务有限公司

地址:北京市丰台区莲花池西里 7 号(100073)
网址:www. lawpress. com. cn
投稿邮箱:info@ lawpress. com. cn
举报盗版邮箱:jbwq@ lawpress. com. cn

销售电话:010 - 83938349
客服电话:010 - 83938350
咨询电话:010 - 63939796

书号:ISBN 978 - 7 - 5197 - 5436 - 5
定价:88.00 元

凡购买本社图书,如有印装错误,我社负责退换。电话:010 - 83938349